ケン・ロビンソン＋ルー・アロニカ 著
岩木貴子 訳

CREATIVE SCHOOLS

THE GRASSROOTS REVOLUTION THAT'S TRANSFORMING EDUCATION

創造性が育つ世界最先端の教育

KEN ROBINSON＋LOU ARONICA
TRANSLATED BY TAKAKO IWAKI

TOYOKAN BOOKS

ウェイクフィールドの
ブレトン・ホール・カレッジ（一九四九年～二〇〇一年）と、
同校を旅立ったすべての人へ

謝辞

私は人生を教育にかけてきた。その中で、あらゆる分野において数多くの素晴らしい先生や研究者、実践者にインスピレーションを受けてきた。よく言うように、一人ひとりにここで感謝を述べるのではとても追いつかない。読者諸兄姉が本書を読み進めるにつれ、こういった方々、特に、本書で取り上げた活動を学校などで行っている方々にどれほど恩恵を受けていることか、お分かりになることと思う。とはいえ、本書の執筆において直接お世話になった幾人かには、ここで謝辞を述べないわけにはいかない。

まず、共著者でコラボレーターであるルー・アロニカ。本書で取り上げたインタビューやケーススタディの多くは彼が実施し、書き起こした。一貫してその専門知識と見識を提供してくれた。この頼もしいパートナーに深謝する。ありがとう、ルー。

背景調査と事実確認の大半を行ったのはジョン・ロビンソン。その他多くの形でリサーチ作業全体に大きく貢献し、このプロジェクトを私にとって重要なだけでなく楽しめるものにしてくれた。

敏腕エージェントのピーター・ミラーは、いつも通りプロの技で本書がベストな形で世に出られるよう尽力してくれた。ペンギンブックスの腕利き編集者のキャサリン・コートとタラ・シン・カールソンは本書をこの形で世に送り出してくれた。

ジョディ・ローズは相変わらずの達人ぶりで、複雑に絡み合ったプロジェクトのスケジュールに変更が生じる中、全項目をきちんと優先順位通りに並べて、私が本当に重要だと思った事柄が実は重要ではなかったときにはそのことに気づかせてくれた。

教育問題に私と同じく情熱を注いでいる娘のケイト・ロビンソンは、いつも建設的に支えてくれた。息子のジェームズはもっと明確に言いたいことを伝えるように、そして本心から発言するようにといつもながらうるさく言ってくれた。

何より、仕事と人生のパートナーであるテリーには言葉で言い表せないくらい多くの点で感謝している。この活動には意味がある、という彼女の強い信念が私の支えとなっている。選ぶべき正しい道を誤ることなく選び、守るべき正しい価値観を守る彼女の姿に、私は毎日襟を正す思いだ。彼女はいつも私を導いてくれるメンター的存在で、そんな妻なしに自分に何ができるのかは、想像することすら難しい。

文明は、教育と破滅の競争である

H・G・ウェルズ

イントロダクション：午前零時の一分前

教育が心配？　私も同感だ。

私が抱いている最大の懸念のひとつに、世界中で教育制度の改革が展開する中、そういった改革の多くが政治的、商業的な利益のために推し進められているということがある。それでは人々がどう学ぶのか、優れた学校がどう教育を行っているのかを理解できない。その結果、無数の若者の将来が損なわれている。そのうちに、あなた自身や周囲の人々にも影響が良くも悪くも出てくることだろう。

こういった教育改革がどういうものなのかを理解することは重要だ。間違った方向に進んでいると思うのなら、すべての子どもたちの多様な才能をはぐくむ、よりホリスティックな教育法を取り入れようということの運動にあなたも参加してくれることを願っている。

本書では、教育標準化の文化がどのように生徒や学校をダメにしているかを提示し、教育を別の視点から見つめてみたい。また、どこの誰であっても教育制度を変える力を持っていることも示すつもりだ。変革は起こっている。世界中で、優れた学校、素晴らしい教師、インスピレーションを与えてくれるリーダーたちが、生徒が必要としているパーソナライズ化された、思いやりの心に満ちた、地域社会に根差した教育を子どもたちに届けるために創造的な活動をしている。学区全体で、または国全体で同じ方向に向かっているところもある。あらゆるレベルで教育に関わる人々が、私が本書で論じている変革のために尽力しているのである。

二〇〇六年に、私はカリフォルニアで開催されたTEDカンファレンスで「学校教育は創造性を殺してしまっている」というタイトルの講演を行った。その主旨は、誰もがありあふれる生来の才能を持ってこの世に生まれてくるが、学校を卒業するまでにあまりに多くの人々がそういった才能をなまらせてしまう、というものだ。そのときお話ししたように、非常な才能に恵まれた人々の多くが、得意なことが学校で評価されず、それどころか批判されていたため、自分はダメだと思い込んでしまうのである。これは個々人にとっても、コミュニティーの健康にとっても悲劇的な影響を及ぼす。

この講演はTEDで過去最高の閲覧回数を記録した。オンラインでの閲覧回数は三〇〇〇万回を超え［2019年3月現在では5600万回を超えている］、世界中で三億人が見たと推定されている。それはマイリー・サイラスには到底かなわないが、私はトゥワーク［腰を落としてお尻を激しく振るヒップホップのダンス］するわけではないから。

講演の動画がネット上にアップロードされて以来、世界中の生徒から「先生や親に見せた」という声が寄せられ、保護者からは「子どもに見せた」、教師からは「校長に見せた」、そして教育長からは「みんなに見せた」という声が寄せられた。これは、こういうことを考えているのは私ひとりではない証拠だ。それに、教育に対する懸念は最近の話ではない。

昨年、米国中西部のある大学で講演を行った。昼食中に、教員のひとりが「もう長いんでしょ」と私に話しかけてきた。「何がですか？」とたずねると、「教育変革。もうどれくらい経ちました？　八年かな」と言う。「八年って？」と私が聞くと、「あのＴＥＤ講演から八年」という答えが返ってきた。「ええ。でもそのずっと前からですから……」

私は教師、研究者、トレーナー、試験官、アドバイザーとして四〇年以上教育の仕事に従事してきた。あらゆるたぐいの人々や機関、教育制度、企業、政府機関、文化団体と仕事をしてきた。学校や学区、政府を相手に実践的なイニシアチブの指揮を取り、大学で教え、新しい機関の創立に関わってきた。一貫して、よりバランスの取れた、パーソナライズ化された創造的な教育法のために尽力してきたのだ。

特にここ一〇年では、試験や標準化が自分や子どもや友人に及ぼす甚大な影響にうんざりだという声がいたるところから聞こえてくる。無力感をおぼえ、教育を変えるために自分にできることは何もないと言う人は多い。ネット上で私の講演を見ておもしろいと思ったが、教育制度を変えるために自分には何ができるか言ってくれないのがもどかしい、と言う人もいた。

それに対する私の答えは三つ。まず、「あの講演は一八分しかないんですよ。勘弁してください」というもの。次に、「本当に私の意見に興味があるのなら、このことについてほかにも本や報告書や戦略をたくさん出していますから、参考にしてください」というもの[1]。三つ目の答えが本書である。

同じ質問をよく聞かれる。「教育は何が間違っているのか、なぜ間違っているのか？」「教育をつくり直すことができたら、どういうものをつくる?」「学校はつくる?」「いろいろな種類の学校を?」「そういう学校では何をするの?」「誰もが学校に通わないといけない?」「何歳から?」「試験はある?」「私に教育を変えることができるというなら、まず何をすればいい?」

もっとも根本的な問いは、**教育は何のためのものか**というものだ。これに対する答えは人によってはっきりと違う。〝民主主義〟や〝正義〟と同じように、〝教育〟もウォルター・ブライス・ガリーの言うところの「本質的に論争を呼ぶ概念」なのだ。人によって、文化的な価値観や、民族、ジェンダー、貧困、社会的階級など、教育に関連した問題についての見解次第で意味が異なる。だからといって、教育について論じられない、何もできないというわけではない。ただ、用語の意味合いを明確にしないといけない[2]。そのため、先に進む前に、たまに混同されることもある〝学習〟、〝教育〟、〝トレーニング〟、〝学校〟などの用語について簡単に説明しよう。

学習とは、新しい知識やスキルを習得するプロセスのことを指す。人間は非常に好奇心の強い、学習する有機体である。生まれた瞬間から、子どもには旺盛な学習欲がそなわっている。多くの人にとって、その学習欲は学校時代に低下する。そのため学習欲を保つことが教育改革のカギとなる。

教育は、学習の組織的なプログラムを意味する。学校教育は、「若者はひとりでは学べないことを知り、理解し、習得する必要がある」という前提に立っている。その学ばなければならないことが何なのか、また生徒がそういったことを学ぶのを手助けするために教育はどのように組織されるべきか、という点がここでの中心的な問題となる。

トレーニングは特定のスキルの習得に重点を置いた教育である。教育とトレーニングが区別しがたいことについて学生時代に真剣に論じ合ったことを覚えている。対象が性教育なら区別ははっきりしている。保護者の大半は、十代の我が子が学校で性教育を受けたと聞いたら喜ぶだろうが、セックストレーニングを受けたと聞いたら喜びはしないことだろう。

私が**学校**というとき、子どもたちが通う従来の施設のことだけを指しているわけではない。一緒に学ぶために集まった人々のコミュニティーのことを指している。本書で私が〝学校〟というのは、幼稚園から大学、それ以降のホームスクーリング［学校に通わず家庭で学習する教育方法のこと］も、アンスクーリング［カリキュラムではなく子どもの関心事に基づいて学校以外の環境で教育を行う教育方法のこと］も、気楽な対面式やネット上での集まりも含む。従来の学校には、学習とはほとんど無関係で、学習の邪魔になるような部分もあった。学校がどういう仕組みになっているのか、そして何が学校とされるのかを見直すことも、私たちが起こさなければならない革命のうちである。また、従来とは違う教育の物語を信じることも。

物語が真実でなくても、人は物語が好きなものだ。私たちは成長する中で耳にする物語を通じて世界について学んでいく。家族や友人の世界の中で起こった特定の出来事や人物についての物語もあれば、何世代も人々を魅了してきた生き方についての神話や寓話、童話など、より広い世界の文化の一部となっている物語もある。よく語られる物語では、事実と神話の境目がぼやけてどちらかわからなくなってしまうことも多い。教育について多くの人々が信じているある物語も、本当の話ではないのだが、真実だと思われている。それは次のような物語だ。

小さな子どもは読み書き、計算の基本的なスキルを学ぶために小学校に通う。こういったスキルは中高で良い成績を取るために欠かせない。大学に進学し、優秀な学位を取得して卒業すれば、高収入の仕事に就くことができて、国も栄える。

この物語では、勉強に必要なのは本物の知性である。この知性の高さは子どもによって生まれつき異なる。そのため、学校で良い成績を取る子もいれば、取れない子もいる。知性が高い子はほかの学力の高い子とともに大学に進学する。一流大学を卒業すれば高収入の専門職に就き、オフィスに自室がもらえる。知性が劣る生徒は当然学校の成績も劣る。中には落第、中退する生徒もいる。高校を卒業後、進学せずに低収入の仕事に就職する生徒もいる。大学に進学する生徒もいるが、学術的ではない職業訓練コースを選び、普通のサービス業の仕事や肉体労働の仕事に就いて自分の工具をもらう、というわけだ。

このように露骨な書き方をすると、この物語は風刺のように聞こえるかもしれない。しかし、多くの学校で起こっていることに目を向けると、子どもたちに何を期待しているのか何人もの保護者の声に耳を傾けると、そして世界中で多くの政策立案者が実際にやっていることを考えると、現行の教育制度は健全なものだが、水準が落ちてしまったため本来出せるはずの成果が出せていないのだと彼らは心から信じているようである。その結果、競争の激化とアカウンタビリティ［学校に課せられた学習基準や評価に基づく成果責任］の強化によって水準を上げることに重点が置かれている。あなたもこの物語を信じていて、「それの何がいけないのか」と思っているかもしれない。

この物語は危険な神話だ。これほど多くの教育改革の試みがうまくいかない大きな理由でもある。問題を解決するどころか、解決するはずの問題をかえって悪化させてしまうのだ。憂慮するレベルの高校・大学の中退率や、生徒や教師の深刻なストレスや鬱病（自殺に至ることもある）、学位の価値の低下、学位を取得するためにかかる費用の高騰、大学を出た人もそうでない人も直面している失業率の上昇などの症状である。

すべてのシステムは独自の方法で挙動する。私は二〇代の頃、地元のリバプールで食肉処理場を訪れたことがある（なぜかはもう思い出せないが、おそらくデートか何かだろう）。食肉処理場は動物を殺すために設計されている。そして、きちんとその目的を果たす。逃げ出して、食肉処理場生存者の会を立ち上げる動物はほとんどいない。ツアーの終わり近くに、〝獣医〟と記されたドアを通り過ぎた。この先生は一日の終わりには相当まいってしまうに違いないと思い、どうして食肉処理場に獣医がいるのかガイドに聞いてみた。もう獣医さんの出る幕はないのでは？　それが、無作為に選んで解剖を行うために定期的に来るのだという。この環境ではさぞかし研究もはかどることだろう、と思った。

何か特定のことをさせるためにシステムを設計したなら、システムがその特定のことをしたからといって驚きではない。個性や想像力や創造性を抑圧する教育標準化と標準準拠を軸にした教育制度を運営すれば、個性や想像力や創造性が抑圧されたからといって驚きではない。

症状と原因は同じものではない。教育制度の不調は多くの症状に表れているが、症状の根っこのところにある深い問題を理解しないかぎり、解決はできない。ひとつは公教育の工業的な性質である。この問題は簡単に言えばこういうことだ。発展国の大半が一九世紀半ばまで大衆の公教育制度を敷いていなかった。そういった制度は主に産業革命で生じた労働力の需要に応えるために創設された。教育標準化運動はこの制度の効率性とアカウンタビリティを高めることに重点を置いているとされている。問題は、この教育制度は二一世紀に一変した状況には本質的に合わない、ということなのだ。

過去四〇年間で、世界人口は三〇億弱から七〇億超に倍増した。同時期にこれほど多くの人類が地球上に存在したことはかつてなく、しかも人口は急勾配で上昇している。同時に、デジタル技術が仕事、遊び、考え方、感じ方、人との付き合い方を一新させている。この革命はまだ始まったばかりだ。旧来の教育制度はこのような世界を対象に設計されていない。従来の水準を高めることで教育制度を改善しても、今私たちが直面している問題に対応できるわけではない。

誤解を避けるために言うと、すべての学校がひどい有様だとか、教育制度全体が腐っているとか言うつもりはない。もちろんそんなことはない。公教育はいろいろな形で何百万人もの人々に恩恵を与えてきた。私もそのひとりだ。英国で無償の教育を受けていなかったらこのような人生はとても送ることはできなかった。一九五〇年代にリバプールで労働者階級の大家族の一員として育った身としては、人生はまったく違う方向に進んでいただろう。教育のおかげで周囲の世界に目を向け、その後の人生の礎を築くことができた。

数え切れないほど多くの人々が、公教育のおかげで満たされた人生を送ったり、困窮や背負っているものから脱却したりしている。無数の人々が学校で優秀な成績を収め、その後の人生で活躍している。これを否定するのはばかげている。しかし、あまりにも多くの人々が何年にもわたる公教育から受けるべき恩恵を受けていない。学業優秀者の成功は、その他大勢の犠牲のもとに成り立っている。教育標準化運動が盛り上がりを見せる中で、成績不振の代償を背負う生徒はますます増えている。成功者は主流の教育文化のおかげではなく、それに逆らって成功を手にしているというケースがあまりに多い。

そこであなたに何ができるだろう。あなたが生徒であっても、教育者であっても、保護者であっても、学校経営者であっても、政策立案者であっても、どのような形でも教育にたずさわっているのなら、教育改革の一端を担うことができる。そのためには、教育を三通りの形で理解しなければならない。現状の**批判**と、あるべき姿の**ビジョン**と、前者から後者へ移行するための**変化の理論**である。本書では、私自身やその他多くの方々の実体験に基づき、この三つを提示する。分析、原理、実例の三種類の内容で本書はつづられている。

教育を変えたいのなら、どのような制度なのか見極めることが肝要だ。教育制度は一枚岩でもなく、不変でもない。だからこそ、どうにかすることもできる。多くの顔、多くの交差し合う利害関係、多くの変革を起こせるポイントがある。このことを知れば、なぜ、どうすれば変革を起こせるかを理解するのに役立つ。

私が提唱する革命は、教育標準化運動とは異なる原理に基づいている。個の価値、自己決定の権利、自分をつくり変えて充実した人生を送る力を私たちが持っていること、市民としての責任と他者への敬意の重要性といったものへの信念に基づいている。論を進める中で、私が教育の四大目的だと考える〝個人的な目的〟、〝文化的な目的〟、〝社会的な目的〟、〝経済的な目的〟について説明する。私の考えでは、**生徒が満ち足りた個人かつ積極的で思いやりの心に満ちた市民になれるように、周囲の世界と自分自身の才能が理解できるように手助けすること**が教育のねらいなのだ。

本書ではいろいろな種類の学校の実例を紹介している。教育改革に取り組む何千もの人々や団体の活動を参考にしている。また、すでに結果を出している最新の研究成果にも支えられている。本書のねらいは、緊急に求められる学校教育の変革の筋道立った概観を提示することである。それには教育を一変させる状況、変化する学校のダイナミクス、そして学習、教授法、カリキュラム、評価、政策の中核的な問題が含まれる。全体像を語ると必然的に細かい詳細はぼやけてしまう。そのため、本書ではさらっと扱うことしかできなかったいくつかの問題について、より深く切り込んでいるほかの著者の作品をしばしば紹介している。

教育にかけられている強烈な政治的重圧は重々承知している。圧力をかけるための手段となっている政策は問いただし、変えていかなければならない。本書の（いわば）訴えは、劇的な変化の必要性を認めてほしいという、政策立案者自身に向けた訴えでもある。しかし、革命は法整備を待ってはくれない。革命は教育現場で生まれる。教育が起こるのは議会の会議室や政治家の演説においてではない。学校で、実際に学習者と教師の間で起こるものなのだ。あなたが教師であれば、生徒にとっては**あなたこそ**が教育制度だ。学校長なら、地域社会にとってはあなたこそが教育制度だ。政策立案者なら、管轄の学校にとっては**あなたこそ**が教育制度なのである。

どのような形でも教育にかかわっているのなら、あなたには三つの選択肢がある。制度の中で変革を起こすか、制度に対して変革を迫るか、制度の外で行動を起こすか、の三つだ。本書で挙げた実例の多くが、現行の教育制度の内側で起こした変革に当たる。制度全体を変革することも可能であり、多くの点で実際に制度自体も変わりつつある。制度内で変革の気運が高まれば、全体として進化する可能性も高まる。

私は人生の大半を英国で暮らし、働いてきたが、二〇〇一年に家族と米国に移り住んだ。それ以来、全米を回って教師や学区、職能団体、教育にたずさわる全レベルの政策立案者と一緒に仕事をしてきた。そのため、本書は特に米国と英国で起こっていることに焦点を当てている。しかし、教育に影響を及ぼしている問題はグローバルなものなので、本書全体を通して世界各国の例が取り上げられている。

本書は主に幼児教育から高校修了までを対象としている。論じている問題は高等教育に対しても大きな影響を及ぼすもので、大学の多くは世界とともに劇的な変化を遂げている。本書ではこういった変化に一通り触れているが、きちんと吟味するにはそれだけで一冊かかってしまうだろう。

最近インタビューで私の〝理論〟についてたずねられたが、ただの理論ではないと私は返した。提案するアプローチについてさまざまな理論的な観点をたしかに提示はするが、私が主張していることは仮説ではない。長年の経験と、何が生徒や教師にベストを尽くす気にさせて、何がその効果がないのかといった、実際の教育現場の研究に裏づけられている。私が推奨するアプローチは古代にさかのぼる教授法と学習の歴史に深く根づいている。一時の流行ではない。昔から変革的な教育にインスピレーションを与えてきた原理なのだ。ほかにどんな功績があろうとも、工業的教育はこの原理を組織的に排斥してしまった。

地球上で私たちが直面している課題も、理論上のものではない。すべて現実の問題であり、その大半は人々が生み出したものだ。二〇〇九年にBBCのシリーズ番組「ホライズン」［科学・哲学の問題を取り上げるドキュメンタリー作品］が「地球上で何人が生活できるか」というトピックを取り上げていた。その回のタイトルは「地球上で何人が生活できるか」（さすがBBC……）。今や七二億人が地球上に暮らしている。これは一九七〇年の二倍近い数字で、二一世紀の半ばまでに九〇億に達し、世紀末までには一二〇億に達する。生活するために誰もがきれいな空気、水、食物、燃料という基本的な必需品を必要としている。地球は一体どれくらいの人口を維持できるのだろうか。

番組では、人口、水、食糧生産、エネルギーの世界的な専門家に意見を聞いていた。平均的なインド人と同じ度合いで地球上の全人類が消費したら、地球が維持できる最大の人口は一五〇億人だと彼らは結論づけた。その計算ではもう半分近いところまで来ている。問題は、全人類が同じ程度の消費をするわけではないという点である。平均的な北米人と同じように全人類が消費したら、地球が養える最大の人口は一五億人だという。現在の世界人口はすでにその五倍近い。

誰もが北米人と同じように消費したいとしたら、そして実際のところそのようだが、二一世紀の半ばまでに地球があと五個分なくてはそのレベルの消費は実現できない。考え方、生き方、人との付き合い方を大胆に変える必要性は、これ以上ないほど差し迫ったものになっている。その中で、文化的な相違や資源をめぐる経済的な競争で、人類の分裂はかつてなく深まっている。

地球を救わなければならない、とはよく言われることである。それはどうだろうか、と私は思う。地球は誕生してから五〇億年近く経ち、太陽に衝突するまであともう五〇億年。私たちが知るかぎり、現生人類が誕生したのは二〇万年前もいかない。地球の歴史を一年になぞらえると、人類が登場したのは一二月三一日の真夜中まであと一分を切ったところだ。危険にさらされているのは惑星ではなく、惑星上で人類が生き残っていくための環境なのだ。「人類という種は試してみたけれども大したことなかったな」と地球は結論を出してしまうかもしれない。細菌のほうがずっと厄介事を起こさない。それが何十億年も細菌が生き延びてきた理由なのかもしれない。

おそらく、未来を描いたSF作家のH・G・ウェルズはそういうことを念頭に置いて、文明は教育と破滅の競争だと言ったのだろう。実に、教育こそ最大の希望だ。一九世紀と二〇世紀初頭のニーズに合わせて作られた旧来の工業的教育ではなく、私たちが直面する問題や、誰もが奥深くに秘めている本当の才能に適した新しいスタイルの教育のことである。

非常に不確かな未来に直面している今、「これまでやってきたことを改善する」のが答えではない。何か別のことをしなければならないのだ。この制度を手直しするのではなく変えること、**改変**するのではなく**一変**することこそ、挑むべき課題なのだ。教育が現在抱える不調を思うと何とも皮肉だと思うのは、実は解決策は分かっているのである。ただ、大規模に実施していないだけで。それを変えていくために、これまでになく創造的な、技術的なリソースを活用できる状況に今私たちはある。若者の想像力に働きかけ、徹底的にカスタマイズされた「教え」と「学び」の形態を提供する無限の機会に今や恵まれているのである。

今日、教育はグローバルな問題ではあるが、必然的に草の根的なプロセスでもある。それを理解することが、教育改革のカギとなる。世界で革命的な変化が起こっている今、教育にも革命が必要なのだ。革命は往々にしてそうだが、この革命も長年かけて醸成されており、多くの国々ですでに本格化してきている。上に押し付けられるのではない。下から起こすものなのである。

第3章　学校を変える

第4章　生まれながらの学習者

第5章 教える技

第6章 学ぶべき価値があることとは

第7章 試験の問題

第8章 校長のための教育方針

第9章 家庭で教える

第10章 環境を変える

第1章 基本に立ち返る

米国ジョージア州ニューナンにあるスモーキーロード・ミドルスクール〔第五学年または第六学年から第八学年まで〕に校長として赴任した初日、校長室に回転ドアがついていたとしてもDr.ローリー・バロンは驚かなかっただろう。創立五年目のこの学校は、すでに四回も校長が代替わりしていたのだから。「校長のリーダーとしての手腕が鈍いというわけではないんです」とローリー。「実際、前任者の先生方のほとんどが立派な業績をお持ちで、私よりも年上でした。そのうちの三名は教育長になっています。手腕の問題ではなくて、校長が定着しないせいです。何か事を起こそうにも、すぐ学校を去ってしまうのですから」

これはいろいろと名誉でない数値を抱えるスモーキーロードでは特に問題だった。アトランタから六〇キロ近く離れたニューナンでは住民の二〇パーセント近くが貧困線以下の暮らしを送り、スモーキーロードに通う生徒の実に六〇パーセント以上が恵まれない家庭の子どもたちである。ローリーが二〇〇四年に赴任した当初、学区内の五校中、同校の成績は安定の最下位。欠席者数は一番多く、問題行動の件数も最多、少年犯罪の件数も最多。それに、問題行動が理由でオルタナティブ・スクール〔従来の学校教育とは異なる教育を行う学校〕に入れられる生徒の数も最多。スモーキーロードはさまざまなレベルで助けを必要としていた。しかし、まず必要なのは安定と安全だとローリーは考えた。

「初年度はテーブルを飛び越えて喧嘩に割って入るなんていうことはしょっちゅうでした。データについて聞かれると、『テーブルを飛び越える毎日なんですよ、データなんて知りませんよ』と答えていました。几帳面な性格なので実は大のデータ好きです。でも、スモーキーロードでの九年間で取っていたノートを見てみると、初年度分がない。一年目にやったことと言えば、とにかく学校を安全な場所にすることでした。それこそありとあらゆるたぐいの争いごとがいつも何かしら起こっていて、どの子も安心して学校にいられなかったんです」

ローリーが最初の年に取り組んだのは、子どもたちに喧嘩をさせないこと。心ならずも停学にすることもしばしばだった。そうせざるを得なかったのだ。誰かに喧嘩をふっかけていなければ、誰かに喧嘩を売られることを恐れているような環境では、生徒はとても学ぶことなどできないとローリーは考えた。一年目の終わりごろには、学校内にきまりごともちゃんと浸透し、どういう行動が求められているのかが生徒たちにも分かり始めてきた。何より、ローリーは一年で学校を去らなかった。ころころ変わる校長がとどまってくれたことで、同校は生産的な長期計画にとりかかることができた——スモーキーロードの文化にまで浸透してしまった習慣を打ち破るための計画に。

「世間では優良校としては見られていませんでしたが、それが当たり前になっていました。スモーキーロードの成績なんて、誰も気にしない。『こんな学校でよくやってるじゃない』とでもいうみたいに。問題校だろうと誰もかまわなかったんです。でも二年目になると、皆、何を目指すのか真剣に考え出しました。スモーキーロードに通いたいと子どもたちに思ってもらわないと。一年かけて、ミッションやビジョンをじっくりと練り上げました。そうするうちに、子どもたちのことを知らなくては、と気づいたんです。これは教師、生徒、ビジネスパートナー、それに地域社会の協力も必要な、長期に渡るプロセスでした。スモーキーロードにPTAを創設しました。子どもたちを信頼している先生も大勢いたと思います。でも、学校全体としては子どもたちのことを信じていなかった。地域社会の皆さんも。今でもスモーキーロードで教えている優秀な先生の幾人かはすでに当時在籍していましたから、子どものことを信じている先生もいましたが、全体像のビジョンがなかったんです」

このビジョンは、四段階計画という形にまとめられた。第一段階は、そもそも子どもたちが学校にきちんと通うようにすること。スモーキーロードの出席率は非常に低かったが、学校に行くことは大事だと子どもたちが感じられるような文化を作り上げてこなかったことにローリーは気づいた。そして、それは**自分**にも責任があることにも。「喧嘩したら停学処分にしていましたから。学校に来てほしい、というメッセージにはなっていなかった」

次は、登校した生徒が安心して学校にいられる環境づくり。負傷者が出るほど大事になる喧嘩は滅多になくても、子どもたちが安心して勉強に集中できるようにするためには、そこら中で喧嘩が頻発する現状は変えなければならなかった。

その次の段階は、生徒が人として大事にされていると感じられるようにすること。一人ひとりのニーズや好きなことを分かった上で生徒と向き合わなくてはならないということを学校側が理解した時、大きな転換点が訪れた（くわしくは後述）。

第四段階は生徒の将来に役立つ適切なカリキュラムを組むこと。ローリーがこのことを最終段階としてとらえたのは大事なポイントだと思う。カリキュラムは重要だが、それはあくまでほかの目的が達せられてからの話だ。教師の評価についても同じことが言えた。

「授業自体には重点を置きませんでした。これまでもずっと先生方は授業で教えてきたのですから。教師の教え方がなっていないのが問題なのだとは思いませんでした。障害があまりに多すぎて、教科を教えるところまでたどり着けない、というのが実情だったのです。この先生方に子どもたちを七五分間預けることができれば、授業はしてくれる。ほかのことをどうにかすれば、教師にも目が向けられます。でも、それまでは教師の問題かどうか分からないのです。校内暴力や学級崩壊の問題かもしれないし、子どもたちと関係性を築けていないのが問題なのかもしれない。どのクラスも毎週見学していました。教頭先生がふたりいて、三人で毎週どの先生のクラスも見学しました。そういうことは、毎日校長室に七〇名の問題児が送り込まれているような状況ではとてもできません」

子どもたちにとって何が大事なのかということについてローリーが考え始めると、スモーキーロードに初めて変化が訪れた。「何であれ、生徒にとって重要なことが一番重要です。アメフトでも、ブラスバンドでも、数学でも、国語でも、他よりも重要なことなんてありません。アメフトは重要じゃない、重要なのは数学だ、なんて生徒たちに言うつもりはありませんでした。『あなたにとってアメフトが大事なら、どんなことをしてでも、あなたがアメフトを続けられるようにする』というのが私たちのやり方でした。この方法を採り出してから、『あなたたちが大事にしていることを先生たちも大事に思っているんだよ』ということが生徒たちに伝わると、生徒たちはこちら側にとって重要なことをやってくれるようになりました。子どもたちと関係性を築けるようになると、先生をがっかりさせたくないと思ってくれるようになったんです。数学は好きじゃない子でも、数学の先生を失望させたくない。これでようやく、先生方は生徒指導報告書をまとめるのではなく教科を教えられるようになったんです」

「アメフトなんてどうでもいいという先生もいましたが、それでもアメフトの試合を観に行ってボビーを応援して、その翌日は授業でボビーに化学反応式を解いてもらう。ボビーはこの先生のためなら化学だってがんばるわけです」

このアプローチを実践するためには、州政府や連邦政府が出す教育モデルは忘れ、当時まだ残っていた〝うちでは今までずっとこうやってきた〟という考え方もきれいさっぱり捨てなければならなかった。しかし、この新しいアプローチで多くの場合生徒の行動改善に大きな成果が得られた。ある生徒は優秀なスポーツ選手だったが、三三回も問題行動が報告されたおかげで第六学年は落第してしまった。が、自分にとって人生で何より大事なのはスポーツだということを先生たちは分かってくれている、と生徒がようやく納得すると、問題行動は減っていった。「第七学年、第八学年の二年間で問題行動は二件だけ。全国共通テストもすべて合格しました。黒人で、特別支援学級、昼食費用免除の生徒。典型的な問題児のパターンです。ほかの何よりアメフトに力を入れてもいいけど、それには私たちの助けがいることを分かってもらいました」

こんなケースも。「合唱団に入っている女の子がいて、こちらは白人、特別支援学級、低所得家庭。第四学年の時にお父さんが亡くなっています。第六学年では落第ギリギリ。それが、合唱団の顧問の先生が彼女に可能性を感じて、ソロパートを与えたんです。一一月には見事にソロパートを歌いきって、その後は成績もオールA。そんな成績はとても無理だったはずなのに。あの子はとにかく歌いたいんだと先生が言っていました。子どもにとって何が大事なのか、きちんと見てあげないといけないんです」

「スモーキーロードの先生方は、クラスに向かって『数学の試験に全員合格すること』なんて言いません。一人ひとりに、『ブラスバンドに入りたいんでしょ。首席になりたい？　数学の成績が上がるといいことあるよ』と語りかけるんです。誰でも頼み事は聞いてくれます。でも、集団に命令を聞かせるのは無理ですからね」。スモーキーロードに起こった変化は誰の目にも明らかで、統計的にも大きな違いが現れた。試験の点数はどの分野でも伸び（特別支援学級の試験成績は数学とリーディングが六〇パーセント上昇）、出席率は大きく上がり、問題行動の件数は激減した。

そのあざやかな変身ぶりに、スモーキーロードは経済的な問題を抱える家庭の生徒を多数擁する優秀校として、ジョージア州タイトルI事業優秀校と二〇一一年度メットライフ財団・NASSP大躍進校に選出される。また、ローリー自身は二〇一三年度メットライフ財団・NASSP全米中等学校最優秀校長に選ばれた。[1]

改革を必要とする、崖っぷちに立たされた学校――それがローリーの見たスモーキーロードだった。州が課す義務や連邦政府の学習基準によりもたらされる改革ではなく、生徒たち、教師たちを心から理解したときにこそ起こる、手作りの改革。そういった、学校で真に必要とされている改革をローリーは実践したのだ。しかし、改革というのは人によって意味合いが違う。

教育標準化運動

教育界では「教育改革」というのは何も新しい話ではない。これまでもずっと「何のための教育か」「何をどうやって教えるべきか」ということが議論されてきた。しかし、今回は別物だ。現代の教育標準化運動は全世界的に起こっている。教育界の国際情勢の第一人者であるパシ・サールベルクは、この動きをグローバル教育改革運動（グローバル・エデュケーション・リフォーム・ムーブメントの頭文字をとってGERM）［〝germ〟には「病原菌」の意味がある］とうまいこと命名している。GERMには感染力があるようで、多くの国々がこの〝病〟にかかっている。教育政策はかつて一国内の問題だった。それが今では、各国政府は国防政策と同じくらい真剣に他国の教育制度を吟味している。

政治家にとって教育政策の重要度は高い。一九九二年にビル・クリントンは〝教育担当大統領〟として知られたいと言った。ジョージ・W・ブッシュも一期目は教育改革を最重要課題のひとつに掲げていた。二〇〇二年一月、マーティン・ルーサー・キング牧師記念日を控えた週末に、教育は現代の市民権だとブッシュは言い、「キング牧師が立ち向かった、社会に深く浸透した偏見を克服した今……すべての子どもたちに人生のチャンスが与えられるようにしなくてはならない」と語った。[2] オバマ政権でも教育改革は最重要課題のひとつに挙げられていた。中国は国家変革の中心的政策として大々的な教育改革を推進している。[3] ブラジルで女性初の大統領であるジルマ・ルセフ大統領は教育改革を核に据えた国家刷新戦略を策定した。[4] こうして世界中の各国政府が教育を重要視しているのだ。

二〇〇〇年以来、経済開発協力機構（OECD）生徒の学習到達度調査（PISA）が教育標準化運動を邁進する原動力となってきた。パリに拠点を置くOECDは、世界各国で一五歳の生徒を対象に数学的リテラシー、読解力、科学的リテラシーの分野で標準テストを三年毎に実施し、その成績に基づいて各国生徒の習熟度を調査している。参加国は二〇〇〇年には三二ヵ国だったのが二〇一二年には六五ヵ国に増え、調査対象の生徒は二〇〇〇年には二六万五〇〇〇人だったのが二倍近くの五一万人まで増えている。[5]

PISAの政治的な影響力も高まりつつある。二〇〇一年には、欧州のメディアはPISAの調査結果に大した興味を示さなかった。二〇一三年にはPISAの調査結果は世界中のマスコミに大きく取り上げられ、各国政府を震え上がらせるようになっていた。[6] 教育担当大臣は二頭筋を見せつけ合うボディビルダーのように他国とランキングを比べ合った。マスコミ同様、ＰＩＳＡのランキングを教育政策の実績を測る絶対的な基準としてとらえているようだ。

　中国の上海地方が二〇〇九年に初めてＰＩＳＡに参加すると、三分野すべてで一位の座に君臨した。この結果に西側諸国は愕然とした。二〇一二年にはふたたび上海がトップを飾り、シンガポール、香港、台北と続いた。〝アジア型の教育モデル〟の威力を欧米のマスコミはさかんに取り沙汰し、グローバル競争に取り残されないように学力向上を自国の政治家に呼びかけた。

　米国のアーン・ダンカン教育長官は、「二〇一二年ＰＩＳＡ調査は、学力の伸び悩みという厳然たる米国の現実を明確に示している」と述べた。ＰＩＳＡの調査結果は、「教育の現状に満足し、低い期待値しか持たない米国への警鐘として受け止めなければならない。一五歳の生徒の学力が以前よりも低下していることが問題なのではなく……米国の生徒が要するに世界の中で落ちこぼれつつある［ことが問題なのだ］。上位国に引き離されて、足踏み状態である」[7]。いみじくも、オバマ政権の教育イニシアチブは一位をめぐる競争《レース・トゥ・ザ・トップ》と呼ばれる。この学校教育改善のための全国的な助成金プログラムは、学習基準やテストにより推し進められている。[8]

　政治家たちはどうしてここまで教育を重要視するのだろうか。第一に、**経済的**な理由が挙げられる。教育は国家の経済的な繁栄に大きな影響を及ぼす。この二五年間で、急速なＩＴ技術の進化や爆発的な人口増加によりビジネスのあり方は変貌を遂げた。その過程で、貿易、製造、サービスの分野で経済的競争が激化した。高学歴の労働人口が国家の経済的繁栄に欠かせないことを知っている各国政府は、変革、起業、〝二一世紀型スキル〟などといった謳い文句を散りばめた政策を打ち出している。だからこそ政府は教育に莫大な予算を投じ、教育が世界で最大の産業のひとつになっているのだ。米国一国でも、二〇一三年に教育と研修にかかった支出は六三二〇億ドル[9]。全世界では四兆ドルを超える[10]。

第二の理由は**文化的**なものだ。地域社会は主に教育を通じて価値観や伝統を次の世代へと継承する。他国からの影響に抵抗して文化を守るための手段としてとらえる人もいる。一方で、他文化への寛容性を養うためのものだと考える人もいる。教育の持つこの文化的な重要性があるため、学校カリキュラムをめぐって政治上の対立が起こるのだとも言える。

第三の理由は**社会的**なものである。「どういう家庭事情を背負っていても、豊かな未来を手にし、積極的に社会参加する市民になるための機会をすべての生徒に授ける」というのが公立学校の存在意義のひとつとされている。実際には、社会の安定性をもたらすために必要だと政府が考える思想や言動を助長するというねらいもある。それがどのような思想かはもちろん政体によって異なるが。

第四の理由は**個人的**なものだ。教育政策にはたいてい、「すべての生徒が力を発揮して、充実した、生産的な人生を送ることができるようにする必要」という旨の文言が含まれる。

それでは、こういう目標を各国政府はどうやって達成しようとしているのだろうか。

政府主導の教育改革

今や各国政府は公立学校の手綱をしっかりと握り、教える内容を指示し、学校にアカウンタビリティを課すための試験制度を導入し、落第する学校には罰金を科している。教育は昔から国主導、という国もある。一方で、これまで政治家は学校教育に口を出してこなかった国もある。たとえば米国では、教育を担当するのは主に州政府で、最近まで連邦政府の役割はわりと小さいものだった。しかしそれも、二〇〇一年に「どの子も置き去りにしない法」（ＮＣＬＢ法）が議会で可決されると一変した。それ以来、連邦政府と州政府の支出を合計すると八〇〇〇億ドル以上が教育プログラムや新規の試験制度に投じられている。[11]

国によって大きな違いがあるとは言え、各国の教育改革の戦略にはさまざまな共通点が見られる。教育改革の典型例を紹介しよう。

優秀な教育制度は経済繁栄と国際競争のかなめである。学力の水準は最大限に高めなければならず、学校は水準を高める教科と教育方法に重点を置かなければならない。知識経済の成長を鑑みると、高等教育人口（特に四年制大学）を最大限増やすことが肝要である。

教育の重要性を考えると、学校任せにするのではなく、学習基準を設けて、教科内容を指定し、学習基準を満たしているかどうか体系的な試験を実施し、アカウンタビリティ達成度と競争力を高めて教育の効率性を改善することで、政府主導の教育を行うべきである。

さきほど説明した教育の一般論と同じく、この教育改革論ももっともなことを言っているように思える。だが、実は大きな欠陥を抱えていることをこれから本書で明らかにしていく。まずは、この教育改革論が教育現場ではどのように実践されているのか見てみよう。

学力の向上

教育水準を上げるというのは良い考えのように思える。下げていいわけがない。しかし、一体何の基準なのだろう。どうしてその基準にするのか、どうやって基準を守らせるのか。よく言われるのが、学校教育は「初心にかえり、基本を大切に」しなければいけないということである。耳に優しい飾らない響きで、地に足の着いた常識的なアプローチのように聞こえる。ちゃんと野菜を食べてしっかり寝なさい、という教えのように。学校が大切にしないといけない基本とは何だろう。教育改革運動には、基礎学力（読み・書き・算術）の向上、学力向上、STEM教科（科学《サイエンス》、技術《テクノロジー》、工学《エンジニアリング》、数学《マスマティクス》）、大学進学という四大目標がある。

英米などの国々では、**識字率**と**数学**の学力水準が低すぎるというのが長年の悩みだった。改革論者はこの点において間違っていない。このふたつは問題であり、しかも昨日今日の話ではない。一九八三年に、米国の教育省は「危機に立つ国家」を発表した。[12] この報告書は、国家経済と社会の福利の未来を脅かす「凡庸性の増長」の中で米国は溺れつつあると警鐘を鳴らした。教育改革者は正しい文法、スペル、句読法、それに数学の基礎を重視する。

教育標準化運動はとりわけ**学力水準**の向上を目指している。これももっともなことのように思える。しかし、学業成績は教育のほんの一部でしかない。特に言葉や数を用いたある種の解析的な論理的思考や、〝命題的知識〟と一般的に呼ばれている知識に重点を置いている。後述するさまざまな理由から、教育というとそういう発想に支配されているのである。

皮肉にも、教育標準化運動は生徒たちを仕事の世界に向けてそなえさせ、海外の競争相手に挑むことが目的ともされている。そのためＳＴＥＭ教科に重点が置かれている。ここに奇妙な矛盾があると思うかもしれない。政治家は学業を奨励する一方で、教育の経済への影響が大事だと言う。しかし、学者というのは現実の世界とは隔絶された象牙の塔でひねもす純粋な理論をこねくり回している、というのが世間のイメージだ。学術研究が現代社会で国家経済の救い手として見られるようになった経緯は興味深いものであり、のちほど考察する。

そして、多くの国々で大学進学率は上昇している。欧米では五〇年代と六〇年代に大学に進学するのは大体二〇名にひとりだった。一九七〇年から二〇〇〇年の間に、大学進学率は世界的に三〇パーセント近く上昇した。[13] 少なくとも発展国では、高校卒業後三名にひとりが大学に進学する。大学進学は今や世間では高校教育の最終目標とみなされている。[14]

それでは、どうやって教育改革者たちはこの目標に向かって邁進しているのだろうか。答えは、標準化、競争、民営化の三つの戦略だ。

標準化

学校教育はカリキュラム、授業、評価という三つの要素からなる。そのすべてをできるだけ標準化するのが基本戦略だ。今では英国、フランス、ドイツ、中国、ほか多くの国で、学校教育の内容について、たいてい年ごとの確固としたガイドラインがナショナルカリキュラム［国定の教科課程］として定められている。フィンランド、スコットランド、それに現時点では米国とシンガポールも、やや緩い枠組みを採用している。

ナショナルカリキュラムは基本的に各教科を別々のものとしてとらえている。たいてい、教科は重要度でランクづけされている。最重要なのが読み書き、数学、それにＳＴＥＭの他教科。その次が歴史、地理、社会などの文系教科。教育標準化運動は学業を重んじるため、芸術、演劇、舞踏、音楽、デザイン、教育などの実践的な教科や、コミュニケーション学、メディア研究などの〝楽な教科〟など、学問的でないとみなされる教科はそれほど重要視していない。芸術の中でも、たいてい視覚芸術と音楽のほうが演劇と舞踏よりも重要度が高い。演劇と舞踏は教科として採用されないことも多い。職業科、家庭科などの職業教育の科目もまた多くの学校で教えられなくなっている。〝本質的ではない〟教科はどれもカリキュラムから姿を消している国もある。

学習指導の中身を見てみると、教育標準化運動ではグループアクティビティよりも、事実などの情報や技能の直接指導や一斉授業が好まれる。創造性、自己表現、発見や想像を働かした遊びによる言語や数式を使わない学習方法は、保育園や幼稚園でも疑問視される。

評価については、生徒の解答が体系的に処理しやすいように、多肢選択式の設問を多用した正式な筆記試験を重視する。また、課題や学習ポートフォリオ〔学習成果や活動の記録による総合的な評価方法〕、教科書持込可の試験、成績簿、相互評価など、すっきりと数値で測ることができないアプローチには懐疑的だ。それもあって、生徒は長時間デスクに向かってひとりで勉強することになる。

競争

試験の目的のひとつに、生徒間、教員間、学校間の競争を強化するというものがある。競争は水準を引き上げると考えているからだ。この新しい教育環境では、生徒は競い合い、教師は主に生徒の試験結果で評価され、学校や学区はリソースをめぐってしのぎを削る。学習基準に基づく試験は予算配分や教員の昇進、廃校の決定や校長のすげ替えに影響を与える。そのため、〝大きな賭け《ハイステークス》〟テストと呼ばれている。今や競争は国際的なものになりつつある。

民営化

一世紀以上にわたって、工業国での大衆教育は税金でまかなわれ、公益のためだとされてきた。それが今では、民間企業や起業家に教育へ投資するよう呼びかけている国もある。製品やサービスの販売から営利目的の学校経営まで、関わり方はいろいろだが。教育標準化運動の矛先を意図的にゆるめて、アカデミー［国の補助金で運営する英国の公立学校。ナショナルカリキュラムが適用されない自由な運営］やチャータースクール［州や学区の認可を受けて民間が設立する米国の公立学校］、フリースクール［民間が設立する国の補助金で運営する英国の公立学校。ナショナルカリキュラムが適用されない自由な運営］など、さまざまな種類の公立学校を増やそうとしている。

その目的はいくつかある。ひとつに、競争の促進。第二の目的は学校制度の多様性の促進。第三の目的は、国庫負担の低減。第四の目的は収益だ。先述した通り、教育は世界で最大の産業のひとつなのである[15]。

現状

教育標準化運動が思惑通りに進んでいるのなら、もうこれ以上言うことはない。しかし、ことはそううまく運んでいない。たとえば、基礎学力はどうだろう。何十億ドルもかけたにもかかわらず、教育標準化運動はよくて部分的な成功にすぎない。米国や英国といった国々は、リテラシー［識字能力］とニューメラシー［計算能力と数学的表現の読解力］を向上させようと多くのものを犠牲にして必死で取り組んできた。それなのに、そういった教科での試験結果はほとんど改善していない。

二〇一二年に、米国の高校卒業生の一七パーセントが自由に読み書きできず、スペル、文法、句読法の基礎につまずいていた（ＰＩＳＡの習熟度レベル２未満）[16]。成人の五〇パーセント以上が識字能力では習熟度レベル３未満だった[17]。「近年、全米学力調査（ＮＡＥＰ）ではいくつかの得点が少しずつ上がってきてはいるものの、多くは結局のところあまり変わっていない。全米の学校の八〇パーセントがＮＣＬＢ法に適合しないという判断が二〇一四年に下されるだろう、と二〇一三年三月にアーン・ダンカンは議会に警告している」と、全米音楽教育協会元会長ポール・Ｒ・リーマンは言う[18]。

問題は〝基礎的技能〟にとどまらない。初歩的な文化知識でも苦戦している。二〇〇六年に、「ナショナル・ジオグラフィック」誌が米国の文化知識に関して調査を行った。一八歳から二四歳までの青少年の二一パーセントが地図上で太平洋を示せなかった。それ以上に恐ろしいことに（少なくとも私にとっては）、六五パーセントが地図上で英国を示すことができなかったのだ。これは誰に聞いても嘆かわしいことだと言うことだろう[19]。どこにあるのか知らないが、英国という国でも状況はたいして変わらない[20]。

教育標準化運動は世界が直面する**経済的**な問題に取り組んではいない。最重要課題とされる目的には、若者を仕事の世界にそなえさせる、というものもある。それなのに、世界各国の若者失業率は過去最高のレベルだ。全世界で、一五歳から二四歳の人口は約六億。そのうち約七三〇〇万人は長期的な失業者となっている。[21] これは過去最多で、この年齢層の一三パーセント近い。二〇〇八年から二〇一三年にかけて、欧州の若者の失業率は二四パーセント近くまで激増している。[22]

失業問題は、やるべきことはすべてやって大学も卒業した若者にまで影響を及ぼしている。一九五〇年から一九八〇年の間は、大卒なら良い仕事が保証されたも同然だった。会社が取り合ったくらいだった。今は事情が違う。[23] どの大学を出たかではなく、いくつ大学を出たかが大事なのだ。学歴は一種の通貨のようなもので、どの通貨もそうだが、市況によって価値が変動する。大卒という資格にはかつて大きな価値があった。その資格を有する者が比較的少なかったからだ。大卒者があふれている現在、かつての価値は失われてしまった。

二〇〇八年の世界金融危機で、若者たちの多くは大学の四年間で学んだことを活かせる仕事を得るのに四苦八苦していた。普通、大学を卒業してすぐに専門分野の仕事にありつけるわけではない。とは言え、二〇〇八年以来、失業者や不完全就業者（学位が必要とされないような職に就いている労働者）の数は増えている。さらに、不完全就業者の仕事の質が低下している。新卒の多くが今では生活のために低賃金の仕事やパートタイムの仕事に就かざるを得なくなっているのだ。[24]

世界の多くの地域で大卒者の前途は下り坂になっている。中国は一九九九年に四年制大学の大規模な拡大に着手した。それ以来、大卒者の失業問題はますます深刻なものになってきている。一九九九年に大学の学生数は八四万人だった。二〇一三年の新卒者数は七〇〇万近い。中国政府の教育部は、「大卒者の八〇パーセントが何らかの形で職に就けたとしても、莫大な数の失業者が生まれる」と悲痛な声をあげている。[25]

仕事によっては、大学卒業資格はいまだに重要な場合もある。結局のところ、大卒のほうが大卒の資格を持たない人よりも生涯賃金はずっと高いだろう。しかし、大卒だから仕事にありつけるということはどの分野でもすでになくなっており、場合によっては高額な学費を払ってまで大学に行くことはなかったということもある。

もちろん、学術研究のために大学に進学する人もいる。しかし、卒業率の低さ（学位を取得しない米国の大学生は四〇パーセントを超える）[26]を見ると、特に西洋ではかなりの数の若者がただ「高校を出たから次は大学」とばかりに進学する。入学時に目的意識は特にない者も多く、中退者も多い。卒業したらしたで次に何をするべきか見当もつかない。学費捻出のために借金を背負い込む者も多い。[27]米国では、二〇一四年に四年から六年かけて大学を卒業した平均的な学生は、二万ドルから一〇万ドルの学費ローンを抱えている。二〇〇四年以降、学費ローンは増加の一途をたどり、三〇〇〇億ドル強から二〇一三年には一・三兆にまで膨れあがっている。これはあらゆる種類のクレジットカードの負債額を合計した額よりも大きい数字だ。[28]

学校が教えるスキルと実社会で実際に必要とされているスキルの間には大きな溝があり、この溝は広がる一方である。[29]皮肉なことに、多くの国々で仕事自体はたくさんあるのだが、教育に巨額の予算が注ぎ込まれているのにもかかわらず、あまりに多くの人々が仕事に必要なスキルを習得していないのだ。教育標準化運動は何につけても仕事に就ける力を謳っているのに、若者を就労にそなえさせる直接的な学科ではなく、学力向上に焦点を当てている。

赵勇はオレゴン大学教育学部のグローバル・オンライン教育インスティテュートの会長兼ディレクターを務める。同氏によると、一九七七年から二〇〇五年の二八年間で、米国の企業では年一〇〇万件以上の雇用が失われたという。同期間に、新しい企業が年三〇〇万件以上の雇用を創出している。新しい職の多くが、失われた以前の職とは大きく異なるスキルセットを必要とし、どういったスキルセットが必要となるのか事前に判明することはあまりない。そういう能力をすでに習得しているか、職業の変更に適応していける創造的な起業者としての能力をそなえた人が新しい仕事を獲得した。[30]

　地域社会は実にさまざまな才能や役割、職業に支えられている。電気工、建設者、配管工、料理人、救急医療隊員、大工、整備工、技師、警備員。その他もろもろの職業人（学位があってもなくても）が、私たち一人ひとりの暮らしの質を保つために絶対欠かせない。こういった職業人の非常に多くが自分の仕事を心から楽しみ、大きなやりがいを感じている。学校教育で学業を強調することで、こういった職業に重点が置かれなくなり、たいてい、成績が良くなかった人向けの二流の進路だと思われてしまうのだ。

　できる生徒は大学に行くと言われている。そうでない生徒は中退して就職するか、手に何らかの職をつけるために専門学校に入学する。どちらにしても、学歴としてはランクがひとつ下になる。この学業の下に職業訓練を置く風潮は、教育界をむしばむ問題の中でも最大の部類に入る。

この壁をつくることでどういう問題が生じるのか、実際のケースを見てみよう。カリフォルニア州セバストポルにあるアナリー高校では、米国の学校の大半と同じく、職業訓練プログラムはまるで重要性がなくなっていた。メインの工作室は工作室とは名ばかりの物置状態。同校はあくまで進学と全国共通テストに力を入れていて、職業訓練プログラムは二の次になっていた。

しかし、セバストポルはメイカーズムーブメント〔デジタル・ウェブツールを駆使した個人によるものづくりの新しい潮流〕の先鋒である『メイク』誌の本拠地でもある。『メイク』誌は、３Ｄプリンターや CAD などによるものづくりの可能性を模索しないかと、アナリー高校の学生たちをオフィスに招待した。このプログラムが好評を博し、出版社のオフィスでは手狭になってしまったので、アナリー高校が職業訓練プログラムにテコ入れをするなら機器を寄付すると申し出た。

同校で教えるケイシー・シェイは、この提案を歓迎した。工作室をきれいにして、新しい機器を運び入れた。地域社会の人々からも資材や機器、資金や専門知識の提供があった。このプログラムはあっという間にアナリー高校の目玉プログラムになった。それも、〝工業生〟以外の生徒にも。

「『代数1』で苦労している生徒から『AP微積分』を履修している生徒まで」とケイシーは

言う。「その少なくとも半分くらいは、従来〝進学コース〟と呼ばれるコースの生徒です。3Dプリンターとか電子機器とか、ロボット工学とか、そういうかっこいい要素があるからだと思います」

このプログラムで生徒はビニールカッターの使い方よりずっと多くのことを学ぶ。「このプログラムの革新的なところは、起業についても学べるところです。大学にただ行くよりもずっと役に立つはずです。自分たちのアイディアから売れる商品が生まれるという経験ができるのですから。『それじゃビデオ店で働くか』というのよりもずっと多くの新しい身の立て方が見えてくると思います。とても素敵なクリスマスのオーナメントを生徒たちがデザインしたんですが、その売り上げは何と一〇〇〇ドル以上。また、地元のクラフトビール醸造所のためにコースターセットを作りました。ほかにもアート好きな人々や零細企業が地元には大勢いますから、このクラフトビール醸造所と同じことをしてくれるはずです。子どもたちは企業をまわって売り込み、資材と時間とその他かかるものすべてを分析して費用を計算しないといけません。生徒が実際にビジネスを行って起業を学ぶビジネスクラスにしなくては、と金融担当の先生と考えています」

経済が堅調であるためには、新しいビジネスのアイディアや、その事業を成長させて雇用を生み出す能力が必要とされる。二〇〇八年に、IBMは組織のリーダーが従業員に何より求める性質について、八〇ヵ国で一五〇〇人のリーダーを対象に行った調査結果を発表した。最重要とされたふたつの資質は、**変化への適応力**と**新しいアイディアを生み出す創造力**だった。非常に有能な大卒者でも、このふたつの資質に欠ける人が多いという[31]。起業家に必要な能力のうち、教育改革論者があれほど重視している戦略で育まれるものはほとんどない。それどころか、標準化された教育では創造性と変革の精神がつぶされてしまう。このふたつこそ、今日の世界経済を支えているというのに。

当然ながら、赵勇が指摘するように、PISAランキングで上位に入る国と、起業がさかんな国とは反比例する[32]。

先述したとおり、PISAの最新ランキングで最優秀なのは上海だった。この結果を上海は他国ほど喜んでいないようだ。上海市教育委員会の高官である尹后慶は、先日、この結果をうれしく思うが生徒の成績に驚いてはいないとコメントした。何と言っても、こういうたぐいの試験で良い点を取るための丸暗記に熱心な教育制度なのだ。しかしそれは大事なことではない。教育委員会はそのうちにPISAとは別の方向に進むことを検討しているという。「上海はいわゆる〝ナンバーワン〟の学校を必要としているわけではありません」と彼は言う。「健全な教育方針に従い、生徒の心と体の成長の原理を大切にして、生徒が一生を通じて成長していくための確固とした土台を築いてくれる学校を必要としているのです[33]」

一九八二年、アイスホッケーの世界の得点王はウェイン・グレツキーだった。その秘訣は単純だ、と彼は言う。ほかの選手はたいていパックがあるところを目がけるのだが、彼はパックが向かうところを目指す。狂ったように標準化を急ぐ中で、パックがどこに行くかではなく、どこにあるかに多くの国々が気を取られていると思わずにはいられない。

失業は経済的な問題というだけではなく、人々の人生や地域社会全体を破滅させかねない疫病だ。〝社会的排除〟が問題となってきている国は多い。発展国では富裕層、中間層、貧困層のギャップが広がっている。二〇一二年に米国国勢調査局が実施した調査では、米国の〝貧困ギャップ〟[貧困層の平均所得が貧困ラインをどの程度下回っているかを示す指標]は一七八〇億ドル[34]。貧苦と社会的な困窮は若者の学業に重くのしかかる。境遇に決然と挑み、克服する者もいれば、そうでない者もいる。教育だけが所得格差の原因ではないが、教育標準化運動が推し進めている学校教育は所得格差を広げている。おもしろみのない標準化教育では、貧困にあえぐ生徒たちにたいしたインスピレーションも力も与えられない。

外部性

教育標準化運動は掲げた目標を達成していない。その一方で、生徒の授業に取り組む姿勢が悪化し教師のやる気がそがれるという悲惨な結果を引き起こしている。

一九七〇年代、米国は高校卒業率が全世界で一位だった。それが今では最下位グループ。OECDによると、全米の高校卒業率は現在約七五パーセントで、これは調査対象の全二八ヵ国中二三位。州や学区によってはさらに下がる[35]。全体では、高校中退者の数は日に七〇〇〇人で、年五〇万人近い。中退者の中にはたとえばコミュニティーカレッジ[米国のコミュニティーカレッジは二年制の開かれた公立大学]などに進学したり、GEDテスト[米国の大学入学資格検定・高卒認定試験〕を受けたりする人もいる。とはいえ、大多数が従来の教育制度は自分には合わないという結論を出してしまう。ほかの国々でも同様に惨憺たる数値が出ている。この社会的、経済的コストは莫大な額にのぼる。

一般的に、高卒のほうが中卒よりも職探しに有利で、賃金も高く、納税額も高い。大学などの教育機関に進学する可能性が高い。地域社会にかかわる可能性が高く、生活保護のお世話になる可能性は低い。ある推計によると、中退者の数が半分になれば、生活保護にかかる支出の削減と税収の増加で得られる米国経済の純利益は年九〇〇億ドルになるという。これはたった一〇年超で一兆ドルにも迫る、莫大な額だ。[36]さらに、何十万人もの若者が毎年より生産的で充実した生活を送れるようになることで、社会全体がどれほどの恩恵にあずかることだろう。

ＮＣＬＢ法の重要事項として、社会経済的集団間の学力差の解消がある。が、解消されたことを示す証拠はほとんどない。「ＮＣＬＢ法が成立してから一二年」と全米教育長協会事務局長のダニエル・ドメネクが二〇一三年に述べている。[37]「学習基準とアカウンタビリティ・ムーブメントが全米を席巻し、続いて登場した教育改革政策はしばしば教育者以外の主導によるものだった。今日でも黒人とラテン系の生徒の半数が高校を卒業していない。中退者の数が非常に高い。大学に進学する生徒、卒業する生徒の数は悲惨なものだ」

一方、教師の離職率は不安をあおるほど高い。米国では毎年二五万人の教師が教職を離れており、新任教師の四〇パーセント以上が最初の五年以内に教師を辞めている。この傾向は低所得層出身の生徒が多い学校では特にひどく、離職率は年約二〇パーセント。[38]

離職の大きな原因として、多くの教師が置かれている労働環境が挙げられる。「人員補充の問題は学校運営のあり方と教員の扱われ方にあり、教員の質と量を安定して改善するためには教職の質を改善する必要がある[39]」

学校から刑務所へ

高校を卒業しないことで人生に大きな影響が出ることもある。米国の収監率は世界でもっとも高い。おおよそ三五人にひとりの成人が留置所や拘置所に収容中か刑務所で服役中、または執行猶予中か仮釈放中と、何らかの形で刑事司法制度のお世話になっている。もちろん、高校を中退したからといってかならず犯罪に手を染めるわけではない。いわゆるドロップアウトにも大きな成功をつかんだ人はたくさんいる。ただ事実として、長期失業者やホームレスの人々、生活保護受給者、刑事施設収容者のうち、高校中退者は非常に高い率を占めている。米国では連邦・州刑務所に収容された男性服役囚のうち三分の二以上が高校課程修了資格を有していない。

高校生ひとり当たりの教育に、米国では平均して年一万一〇〇〇ドルかかる。刑務所に収容するのにはひとり当たり年二万ドル以上[40]。年間の支出額は七〇〇億ドル近い。一九九八年から二〇〇七年で予算は一二七パーセントの増額。これに対し、同期間中、高等教育の予算は二一パーセントしか増えていない[41]。よく言うように、ありえない。

さきほど「いわゆるドロップアウト」と書いたのは、若者が教育制度から脱落したというニュアンスがあるからだ。教育制度が彼らの役に立てなかったというほうが正確な場合も多い。どの中退者にも、学校を中退する個人的な理由がある。家庭の事情や周囲の影響があるのかもしれないし、単に高校を卒業する意味がないと思っただけかもしれない。理由が何であっても、子どもたちが中退するというのは教育制度全体により根深い問題があることを示唆している。事業を経営していて、毎年三分の一以上の顧客を失っているようなら、本当の問題は顧客側にあるのか、自分のビジネスにあるのかと考え出すはずだ。

無気力な生徒

高校中退率は絶望的に高い。しかしこの数値は、学校を辞めてはいなくても、学校教育にあきあきして不満をいだいている何百万人もの生徒たちを勘定に入れていない。ある北米の研究機関は、学校に無関心な高校生の率を六三パーセントとしている[42]。こういう生徒はいやいや学校にとどまりはするものの、学校生活にほんとど興味がなく、卒業して人生が始まるのを待っているばかりなのだ。

不安とプレッシャー

ＰＩＳＡランキングの順位を上げようとこうして世界中の国々がはげんでいる中、生徒と教師は一体どういう代償を支払っているのだろうか。たとえば韓国はＰＩＳＡのどの分野でも上位五位以内に入っている。韓国は生徒ひとり当たり約八二〇〇ドルの教育費をかけている。これは同国ＧＤＰの八パーセント近い数字で、ＯＥＣＤ諸国の中で二番目に高い[43]。韓国の保護者たちは家庭教師や塾などに何千ドルもかける。それどころか、韓国はＰＩＳＡで上位争いをするためにもっと大きな代償を支払っている。今や、ＯＥＣＤ諸国の中で自殺率が一番高いのだ[44]。

この四五年間で、全世界の自殺率は六〇パーセント上昇し、今では一五歳から四四歳の間で自殺が三大死因のひとつになっている。この数値に自殺未遂は含まれず、自殺未遂は自殺の二〇倍の頻度で起こっている。かつて自殺率が高いのは高齢者層だった。それが、若い人の間で自殺率がどんどん高まり、今では発展国でも発展途上国でも自殺のリスクがもっと高い年齢層は若年層となっている[45]。

基本に立ち返る

教育標準化運動は、学校の教育水準を心から憂える人々が始めた。生徒の学業に影響を与える要素はいろいろとある。たとえば、生徒のやる気であったり、貧困であったり、社会的に不利な境遇であったり、家庭の事情であったり、学校の施設と予算が不充分だったり、試験や評価のプレッシャーだったり、ほかにも原因は無数に考えられる。こういった要素は無視できないものなので、学力向上を試みるのならこういった要素をきちんと考慮しなければならない。しかしそれだけではない。富裕層が通う学校でも、生徒が不満をいだいていて成績がふるわない学校もある。境遇というのは絶対的なものではない。このことを説明するために、本書では〝貧困層〟の地域にある問題校でも、創造的な教え方と学び方を採用したおかげで成績が大きく伸びた実例を紹介していく。

中には、学力が低いのは明らかに学校自体と学習指導の質と方法に問題があった場合もある。〝進歩的な教育〟の中核的な概念が間違って実践されていたり、〝伝統的な教育〟と間違った形で決別したりしていたケースなどを後で紹介する。理由は何であっても、どの教科でも学力を向上させるために大事なのは、成績を上げたい、成績は上げられるという生徒自身の気持ちであることが、研究でも実践でもこれまで何度も証明されている。そのために一番良いのは、授業の質を向上させて、内容が充実していてバランスのとれたカリキュラムを組んで、生徒の役に立つ、有益な評価制度を確立することだ。しかし、政界はこれに反する対策をとってきた。カリキュラムを縮小して、できるかぎり内容も教え方も評価方法も標準化してきた。これが失策だったことは結果が示している。

教育標準化運動がその基準に照らしてみてもおおかた失敗に終わりつつあり、問題を解決するどころか作り出していることを示す証拠は枚挙にいとまがない。一方、PISAのランキングという限られた条件づけの中で上位につけている国々の中には、その方針から離れて、教育標準化運動が徹底的に抑え込んできた生徒の技能や姿勢をはぐくもうとしている国もある。教育方針の転換は喫緊の課題だ。

子どもたちと地域社会は、教育標準化運動を推し進めている教育方針とは異なる方針に基づく、異なるたぐいの教育を必要としている。それが一体どういう教育なのか理解するためには、それこそ基本に立ち返らなければならない。何か特別な教科やメソッドや評価法というわけではない。何のための教育なのかという、教育の根本的な目的を見直さなくてはならないのだ。

そのために、学校というものをどうとらえるか、どう運営するべきかという考えに大改革を起こす必要がある。これまでの工業的モデルから、まったく違った原理とやり方に基づくモデルへと転換するのだ。生徒は標準的なサイズや形に収まらない。生徒の能力も、性格も。この基本的な事実を理解することが、今の学校教育がどこで間違ってしまっているのか、またどのように変革できるのかを理解するためのカギとなる。そのためには、物語を書き直さなければならない。教育をより的確にとらえたメタファーを見つけよう。

第2章 新しいメタファーを見つける

建築家のスティーブ・リースは成人した子どもたちとカンザスシティに暮らしていた。ある日、さまざまな危険にさらされた市内の生徒たちの問題に力を入れているチャータースクールのデラサル教育センターに招かれて、キャリアを考える昼食会に参加した。デラサルの生徒の多くがほかの学校を退学になっており、過去に問題を抱えていた生徒が相当数にのぼることは知っていた。昼食会で知り合った生徒たちは、思いも寄らないほど切実に自分の人生をどうにかしたいと思っていた。

「自分に合うコースを見つけられなかった子が多かった」とスティーブは言う。「学習障害や心の問題や社会的な問題を抱える子もいたけれど、大きな可能性を秘めていました」。スティーブはデラサルと積極的に関わっていくことにした。まず、上級生がジュニアカレッジ〔米国の二年制の私立大学〕の授業を受講できるプログラムを設立。また、カンザスシティで事業を営んでいる大人たちとデラサルの生徒をふたり一組にして、メンタープログラムも立ち上げた。大人たちは担当の生徒を昼食に連れ出し、食事後は職場に連れていく。後日また昼食に誘う。子どもたちは「こういう人生が拓けるんだ」と未来をのぞくことができ、メンターは生徒と心のつながりをはぐくみ、多くにとっては思いがけない絆に大きな充足感を得ることとなった。

このプログラムは大きな成果を残したが、それでもこれはとっかかりにすぎないとスティーブは思った。この頃、建築事務所を売却し、国を二年間離れているが、その間も、デラサルのことや、子どもたちに受けた影響のことを考え続けていたという。「子どもたちには根性があったよ。間違った方向に向いていたけれども」

地元に戻ったスティーブはデラサルに出向き、創造性と起業について学ぶための授業を持たせてもらえないかと学校経営者に申し出た。返事は即答で「お願いします」だった。「授業ではつまようじで橋を作ったり、本をどうやって書くか、いろんなことをどうやるか考えたりしました。物事のプロセスを考えさせるきっかけにしたかったんです。床屋を経営するとはどういうことだろうか。年収八万ドル稼ぎたかったら、床屋でどうやってそれだけのお金が稼げるだろうか、とね。それから、『ニューヨーク・タイムズ』紙のビジネス欄をたがいに読み聞かせるということもやっていました」

この積極的な一歩で、生徒たちは授業に主体的に参加するようになった。しかし、事態が本当に大きく動いたのはこのすぐ後のこと。スティーブは自称〝車オタク〟で、自動車のコンセプトのデザインにも生徒たちと一緒に取り組んでいた。「自動車の中身ではなくて車体をデザインしました。子どもたちはそれぞれ小型モデルを作って、その中からひとつみんなで選んでフルサイズのモデルを発砲スチロールで作ります。すると、子どもたちが『本物の車を作れない？』と言い出したんです。ばかげた質問でも物おじせずにする子たちですから。『そんなことはできないよ』と何度も答えたのですが、一〇〇回目くらいに、『この子たちは自由な発想をしているじゃないか。何とかして実現させる方法を見つけなくては』と思ったんです」

スティーブは大破したインディカーを見つけてきて、生徒たちに渡した。つまようじや発泡スチロールを使って想像していた生徒たちが、自動車の復元というはるかに現実的なものに取り組むことになった。もともとレーシングカーなので、自動車は非常に軽量だった。このレーシングカーを電気自動車に改造すれば、同時に環境に対する責任と新しいテクノロジーを教えることができる、とスティーブは思いついた。

こうなるとこのプログラムはデラサルの手に余ったので、スティーブは非営利団体を創立してマインドドライブと名付けた。資金提供してくれたブリジストンが試験施設でマインドドライブの一号車をテストすると、燃費は一リットルあたり約一九〇キロ相当だということが判明した。「自分たちは何かすごいことをやってのけたんだ、と子どもたちは突然気づいたんです。このプロジェクトで彼らは機械工学とテクノロジーとチーム作りを学びました」

マインドドライブの生徒たちの作品は、本書執筆時点で、リサイクルした一九九九年製ローラ・チャンプカー、リサイクルした二〇〇〇年製レイナード・チャンプカー、一九七七年製ロータス・エスプリと完全に電子自動車に改造した一九六七年製カルマンギアの四台。二〇一二年に、ロータス・エスプリをサンディエゴからジャクソンビルまで走らせた。道中四〇ヵ所で充電のために休憩し、そのたびに学校団体や専門学校、市民団体、[自然保護団体の]シエラクラブなどを対象にプレゼンテーションを行った。

二〇一三年にはカルマンギアをアクロンからワシントンDCまで走らせた。この自動車には、ソーシャルネットワークで名前があがると、すべて〝ソーシャル燃料〟に変換される機器が搭載されている。さまざまなソーシャルメディアがこのキャンペーンを取り上げ、海外でもニュース番組で報道され、リチャード・ブランソンやナンシー・ペロシなど名だたる人物がSNSで話題にした。

マインドドライブには今やデラサル以外にも地域内の七校が参加している。「自動車は自由の象徴だから、子どもたちはみんな車が好きですね」とスティーブ。「それに、お金のかからない交流の手段だから、インターネットにもみんな関心がある。最初は学校のカウンセラーに生徒を紹介してもらっていたんです。それが、口コミでマインドドライブのことが広まって、今では参加する子を選ぶのが大変なくらいで。去年デラサルで『一〇時半に体育館でミーティング』と書かれたポスターを貼っただけで、一八〇人の在校生のうち五三人が出席しました。子どもたちはせっかくの土曜日に登校してまでマインドドライブに参加したいんですよ」

「このプログラムで、子どもたちは何かを成しとげることによって自信をつける。なかなか素晴らしい経験をするわけです。電気自動車で全米横断するとか、いつも最終的には何かあっと驚かせるようなことをするようにしています。やりとげると、何でもできるように思える。それがまた学校のほかの子たちに影響を与えます。マインドドライブの子たちを成功者として見ているんです。うちの子たちも自分を特別な存在だと思っている。マインドドライブのTシャツを学校にも着ていってますよ」

マインドドライブの実績はそれ自体が素晴らしいものだが、何より勉強になるのは、そういうことを成しとげたのが長年劣等生として見捨てられていた生徒たちだという事実である。

「学校教育の底辺二〇パーセントにいた落ちこぼれ予備軍だったわけです。子どもたちはもうすっかり出来上がっていたようなもので、高二でプログラムに参加した子が定規も使えないという具合でした。学力が非常に低い子にも良い影響が出てきています。それまでとは違う未来が思い描けるようになるんですね。情熱をかけられることを見つけて、人生を逆転させることができる。ある女の子は赤点ばかりとっていてお先真っ暗と皆に思われていたのに、それが今ではすっかり優等生で大学進学も決まりました」

「このプログラムの真価は学校成績が示しています。ほぼ例外なくどの子も成績があがっている。今年の三年生は一二名いましたが、全員卒業して、そのうち八〇パーセントが大学に進学します。でも、進学しようとしまいと本当はかまわないんです。本当のところ、私たちの目標は生きる力をつけさせることですから。子どもたちが結婚して、マイホームやマイカーを持つようになってほしいんですよ」

別の選択肢

数年前、ロサンゼルスで開催されたオルタナティブ教育プログラムの会議に招待された。オルタナティブ教育プログラムとは、学校で落ちこぼれそうになっているか、すでに中退してしまった若者を学校に呼び戻すためのプログラムだ。会議では、科学技術、芸術、工学、ビジネスや職業訓練のプロジェクト、コミュニティスクールなど、ありとあらゆるオルタナティブ教育プログラムが取り上げられた。それぞれ違いはあっても、いくつか共通項がある。劣等生や孤立している子ども、自己評価が低い子ども、将来に希望がまるでもてない子どもなど、従来の学校教育で底辺にいる生徒たちと向き合うためのプログラムなのだ。不満をかかえた若者に、これまでとは違う学習体験を提供している。

その内容としては、実践的なプロジェクトだったり、地域社会で人々の手助けをしたり、アート作品の制作や公演だったりすることが多い。生徒たちはグループで協力し合う。学校の教師だけでなく、エンジニアや科学者、テクノロジスト、芸術家、音楽家、経営者など、他分野の専門家も生徒を導いてくれるお手本となる人物として教育に参加する。こういったオルタナティブ教育プログラムは目を見張るほどの成果をあげていることが多い。

学校で力を発揮できなかった生徒たちが活躍する。自分は頭が良くないと思っていた生徒たちが、自分は頭が良いことを知る。自分には何も成しとげられないと思っていた生徒が、成しとげる力を見つける。自分の力を発見していく中で、目的意識と自尊心を育てていく。たいてい、普通教科の成績も大きく向上する。大学に進学できる可能性など自分にはないと思っていた子も、大学進学が夢ではなくなる。そして大学には行きたくない子は、人生には進学に負けず劣らず価値のある別の道があることを知る。

驚くべきは、こういったプログラムが〝オルタナティブ〟（代替）教育と呼ばれていることだ。従来の学校教育でこういった成果が出せていれば、代替教育の必要はない。もちろん、マインドドライブのようなプロジェクトも、オルタナティブならば自動的にかならず成功するわけではない。大人たちの側では生徒を思う心と熱意、専門知識が必要で、生徒側ではプログラムを信頼し、率先して真剣に取り組む姿勢が必要だ。どのプログラムでも、マインドドライブで生徒たちが制作する自動車と同じくらい、丁寧に生徒との関係性を育てていかなければならない。こういう生徒たちは学習能力がなく、落伍者になることを運命づけられているわけではないということを、オルタナティブ教育プログラムははっきりと示している。学校教育という制度自体が、彼らを疎外し、ないがしろにしてきたのだ。学校にとどまる生徒の中にもそういう生徒は数多くいる。その本質的な理由は、大衆教育がマインドドライブに見られる教育方針とはまったく異なる原理の上に成り立っているからだ。大衆教育の教育方針とは一体どういうものなのか。そもそもどうして学校教育制度はそのようなものになったのだろうか。

工業的な教育

発展国では、五歳くらいで学校に通い始め、大体一二年は義務教育を受けるというのが常識になっている。学校に通うというのは、道路の右側（もしくは左側）通行と同じように世の習いとして受け入れられている。しかし、大規模な公教育は割と最近になって新しく生み出されたものなのだ。その大半が、一九世紀の中頃、欧州で産業革命が盛り上がりを見せるようになってから約一世紀後に、産業革命の一環として誕生した。

それ以前は、人々の大多数が地方に暮らす農民だった。都市部は主に商業の小さな中心地だった。一六世紀の欧州では、都市部の人口は全人口の約五パーセント[1]。国民の大多数は農村部に暮らし、領主である貴族の統治下にあった。その生活は季節の移り変わりと宗教儀式によって形づくられていた。大半は字が読めず、職人であれ商人であれ、生きていくために学んだ技能や商売以上の教育はほとんど受けなかった。学校教育は富裕層や聖職を選んだ者のためのものだった。

それも産業革命によって一変した。一八世紀の半ばから、特に羊毛や綿などの製造方法が一連の技術革新によって変貌を遂げた。また、鉄鋼製でまったく新しい種類の製品も作られるようになった。工作機械や蒸気機関のおかげで輸送に革命が起こった。鉄道や鉄橋、機械船のおかげで、世界中どこでもかつてなく遠くまで迅速に乗客や製品を運べるようになった。工業化により石炭やガスによる電力の莫大な需要が生まれ、それにともない鉱業や原材料の精製など新しい産業が興った。農村部から都市部へ人口の大移動が起こり、人々は工場や造船所、製作所で働くようになった。工場の動力である石炭や鉱石を地下で採掘する人々もいた。

一九世紀に入って産業革命が本格化すると、新しい種類の社会が形成され始めた。この社会の根底を支えるのは、工業化という巨大な機械を動かす労働力となる、都市部に暮らす労働者階級の男性、女性、子ども。彼らは困窮し、病に苦しみ、つねに負傷や事故死の危険にさらされていた。こういった人々が工業化を支える顔のない歩兵だったのだ。

労働者階級と古くからの貴族階級の間に、新しい経済の中で隆盛する〝中産階級〟が誕生した。工場主や実業家、弁護士、医者、会計士、それに起業家や彼らを支える投資家や資本家などで構成される。中には自分の才覚と不屈の意思で貧困から脱却した者もいる。中産階級の人々は全体的に向上心が強く、野心をかなえる財力も手段もそなえていた。理由は違っていたが、労働者階級も中産階級も国家統治について発言権を求めて政治的に活動し始めた。それにより封建時代から続く貴族階級の支配力が弱まり、新しい政治秩序が生まれつつあった。

その中で、欧州と北米の全土に渡って、商業、貿易、技術、そして芸術と科学の間でアイディアの交流をうながすための機関がいくつも創立された。同時に、新しい慈善団体は労働者階級の窮状を救うために保健、教育、福祉の慈善プログラムを立ち上げようとした。

こういった怒涛のような時代の流れの中で、大衆教育の制度化を求める声があがるようになった。税収による国庫と豊かになった中産階級の資金力のおかげで資金源が確保された。こうして、大衆教育制度の誕生には多くの要素が関わっている。

工業化の目的

工業化によって、鉱山や工場、鉄道、造船所で過酷な単純作業にたずさわる**肉体**労働者が大量に必要になった。機械工や、鉱業、製造業、建設業に関連したすべての職業において熟練技能を習得した**技能**労働者も必要になった。新たに生まれた商業と製造業の煩雑な事務作業を担当する**事務職**も大量に必要になった。それよりも人数は少ないが、専門家を雇うゆとりのある顧客に専門サービスを提供する弁護士、医者、科学者、学者などの**専門職**も必要になった。英国などの工業国には植民地を抱えている国もあり、そういった国々は国内外で帝国を運営するために外交官、大使、公務員など、さらに少数の**支配者**階級を必要としていた。

大衆教育にはその誕生からはっきりとした特別な目的があった。米国では、民主主義国家がたちゆくように教養のある市民を生み出すという目的があった。トーマス・ジェファーソンが言ったように、「文明を有する国家が無知蒙昧で自由であることを期待するのであれば、それは古今東西存在しないものを期待しているのである」[2]。大衆教育を社会的な機会と平等を促進するための手段としてとらえている者も多かった。正しい学校に行って正しい人々と交流することこそ中流階級、上流階級にとって必要不可欠な社会に出るための準備だと考える者もいた。今でもそうだ。

こういった目的は、大衆教育の**構造**と**組織原理**にはっきりと出ている。

工業化の構造

工業化では、大卒者よりも肉体労働者がずっと多く必要とされた。そのため、大衆教育は一番下が全員の受ける義務教育である初等教育、その上は少し狭まった中等教育、さらに先細って頂点に高等教育というピラミッド型で構成された。

小学校では読み書きと計算能力に重点が置かれた。世界中ほとんどの国で、中等教育には教科教育を主体とする学校と、より実践的な教育を行う学校という異なる種類の学校が用意された。たとえばドイツでは、将来商業にたずさわることになると思われる子どもたちにはハウプトシューレ、銀行員などの頭脳労働者のためにはレアルシューレ、大学に進学する予定の生徒にはギムナジウムが設置された。一九四四年に英国政府は三種類の中等学校を設定した。グラマースクールは管理職や専門職、大学進学のための学校で、商売の道に進むだろう生徒のためにはテクニカルスクール、残りは肉体労働者としての未来に向けてセカンダリーモダンスクールに通った。

工業時代に入ってからは、若者の大半が一四歳になる前に学校を出て、たいていは肉体労働者や使用人になった。私の両親も、祖父母もそうだ。中には事務職や技術職の訓練を受けたり、丁稚奉公で仕事を学んだりする人もいた。大学に進学して専門職に就くのは少数派だった。私は一九六八年に一族で初めて大学進学をはたした。正しい家柄で正しい大学を出ていれば政府や植民地統治に参加することもありえた。私はそうしなかったけれども。

工業化の原理

工業生産の目的は同じ製品のまったく同一のものを作ることだ。ぴったり**一致**しない品は廃棄か再加工。大衆教育制度は特定の要件に合わせて生徒を型にはめることを目的としている。そのため、みんながみんな学校を卒業できるわけではなく、中にははじかれてしまう生徒も出てくる。

工業プロセスでは特定の規則や基準の**順守**が求められる。教育にはこの原理がいまだに当てはめられている。教育標準化運動はカリキュラム、教え方、評価方法の順守に基づくものなのだ。

工業プロセスは**直線型**である。順序だった段階を経て原材料が製品へと姿を変える。各段階で何らかの試験に合格すると次の段階に進んでいく。大衆教育も小学校から中高、大学へと流れのある段階として設計されている。生徒はたいてい学年ごとに分けられ、生年月日によるまとまり《バッチ》ごとに先の段階へと進んでいく。国によって違いはあるものの、たいていは定期的な試験によって、いつ、誰がどのルートを進んでいくかが決められる。[3]

工業生産は**市場の需要**に関係している。需要の変動にしたがってメーカーは生産量を調節する。工業国で必要とされる管理職や専門職の人数は比較的少ないため、大学に入学できる人数は厳重に統制されている。近年では知的労働の需要が高まり、大卒者の労働人口を増やすために大学への扉は大きく開け放たれた。ＳＴＥＭ教科が重視されているのも、市場原理が学校教育に当てはめられている良い例だ。

典型的な工場と同様に、とりわけ中高や大学は**分業**を基本として組み立てられている。中高での一日は通常決まった長さのコマに分けられている。予鈴が鳴ると作業内容を（しばしば教室も）変え、何か別の作業を始める。教師は特定の教科を専門としていて、部品ごとに分かれたクラスからクラスへと渡り歩く。

こういった原理は工業製品の製造にはうまく作用するのかもしれないが、人の教育に関してはありとあらゆる問題を発生させてしまう。

人間の問題

規格への合致を教育に当てはめることの問題は、人々はそもそも標準化されていないということだ。ここは誤解のないように言っておくが、学校を基準に準拠させるという考え方に異議を唱えるからといって、何も反社会的な行動を擁護しているわけではない。社会はすべて、一定の行動様式の上に成り立っている。それを常に軽んじていたら社会の崩壊を招きかねない。基準準拠とここで言っているのは、生徒をあるひとつの能力基準で測り、基準に満たない者を

〝能力が劣る〟、〝能力がない〟、つまり規格外品とみなす学校教育の傾向のことだ。この意味では、準拠の対となるのは乱れを許容することではなく、多様性を歓迎することである。生徒一人ひとりの才能はいろいろな形を取るもので、多様な方法ではぐくまれるべきなのだ。

人はひとりとしてほかと同じ人はいない。身体も、才能も、性格も、関心も異なる。浅慮に準拠を求めると、教育制度にはじかれるか、是正措置の対象となる規格外の生徒がかならず大量に生産されることになる。システム仕様に合う生徒はうまくやっていけるだろうが、合わなければそうはいかない。

これは、厳格な**準拠**を教育に求める文化の核心にある問題のひとつだ。私が言っているのは行動や社会的行為の基準ではなく、質問をすることや、別の選択肢や変わった答えを探すこと、そして創造力と想像力を発揮することが奨励されているかどうか、どのように奨励されているか、ということなのだ。厳格な準拠を求めることは製品の製造工程においては重要だが、人はそういうものではない。一人ひとりそれぞれ違うというだけではない。状況さえ許せば、人は豊かな想像と創造性を働かせる。規格社会では、そういった能力はここぞとばかりに抑圧され、敵視すらされる。

直線型という原理は製造業には合っているが、人間には合っていない。子どもを年齢で分けて教育するというのは、生徒のもっとも重要な共通項は製造年月日だという前提に立っている。実際には、生徒はそれぞれ異なる教科を異なる進度で学んでいく。ある科目では年長の子どもにも負けない子が、ほかの教科では年下に負けることもあるだろう。バッチ生産方式は学校以外で子どもに当てはめられることはない。一〇歳児をすべて九歳児とは別の施設に入れて隔離することはないのである。

需要と供給の原理も、人の人生には適用できない。なぜなら、人生そのものが直線的ではないからだ。中高年の人に、高校の頃思い描いていた通りの人生が送れていますかと聞いて、ええ、と答える人は数少ない。人生は、いろいろな流れや逆流によって形づくられるのであり、その大半が予想のつくようなものではないからだ[4]。

真の代償

一般に工業プロセスでは、仕掛品《しかかりひん》に関係ない原材料の価値は見過ごされている。教育でもそれは同じことだ。特定の教科や能力ばかりが注目されているということは、つまりほかの才能や関心事がほとんど組織的に無視されるということだ。必然的に、学校では自分の本当の能力を知らないまま。その結果、貧困にあえぐ人生を送る羽目になることもある。

工業プロセスではたいてい廃棄物や価値の低い副産物が大量に出る。教育も同じことだ。先述した通り、中退者や無関心者。傷つけられる自尊心。学校教育で成果が出ない、または才能が認められない生徒は、就職の機会がかぎられてくる。

工業プロセスは環境に大被害をもたらすことがある。その後始末は人任せということも多い。経済学者はこういった問題を〝外部性〟と呼ぶ。化学薬品や有害廃棄物が河川や海に流れ込み、環境を汚染し、繊細な生態系を損なう。工場とエンジンから出る煙が大気を汚染し、それを吸い込む人々にもいろいろな健康上の問題をもたらす。環境破壊のツケは、金額にすると何十億ドルにもなる。しかし、ツケを支払うのはたいていメーカーではない。納税者たちなのだ。企業は廃棄物が自分たちの問題だとは思っていない。学校にも同じことが言える。

標準化と試験による現行の教育制度の中で疎外感をおぼえる生徒は学校を辞めるかもしれない。そして、失業保険などの社会保障の給付を負担することになるのは納税者だ。こういう問題は標準化教育がたまたまもたらす副産物ではない。こういった制度の構造によるものなのである。ある一定の才能と経済のニーズにより人を処理するようにつくられた制度なのだから、その考え方に沿った勝者と敗者を生み出すに決まっている。事実、そうなっている。こういった外部性の多くは、真の能力を探求して最高の人生を送るための機会をすべての生徒に等しく与えていれば避けられるものだ。

産業の原理が教育には向かないのなら、どういう原理ならよいのだろうか。教育とは一体どのような制度で、どのように変えることができるのだろう。教育改革を考える手始めは、別のメタファーを考えることだ。教育を「以前ほどうまく作動しなくなった機械的なプロセス」としてとらえると、直すために「ちょっと手を入れてちゃんと標準化すれば、永遠に効率的に作動するようになる」と、その修理方法についても間違った思い込みを持ちやすい。実際のところ、それでは直らない。なぜなら、政治家がどう言おうと、教育とは実際にはまったくそのようなプロセスではないからだ。

機構と有機体

私の前著、『才能を引き出すエレメントの法則』でリチャード・ガーヴァーという人物を紹介している。英国中部のグランジ小学校の校長を務め、学校内であらゆる〝仕事〟を生徒がおこなう労働者の〝町〟であるグランジトンの設立に尽力した。町での仕事を通じて、生徒たちは通常見られないほど積極的に学校生活に取り組みながら、基本教科やそれ以上のことを高いレベルで学んだ[5]。

リチャードが校長に就任したとき、同校は長年にわたって成績不振が続き、入学者数も減っていた。評判はかんばしくなく、全般的に閉校寸前といったありさま。当時、基本に立ち返るということが口々に言われ始めていた。リチャードも同じことを考えたが、その内容は違っていた。

「私が考える〝基本〟というのは、驚異の学習有機体として私たちをこの世に送り出してくれる、生物としての才能のことです」とリチャードは言う。「必要とするすべての技能、すべての基礎が、生まれながらにそなわっています。赤ちゃんや小さな子どもたちは信じられないくらい直観的で、生まれながらに創造的で、好奇心旺盛です。グランジをどうしようかというとき、この生来の学習能力を何とか活用することはできないか、この能力が教育制度の中で抑制されてしまうのはどういうわけか、という考えにとりつかれていました。その答えが見つかれば、想像を超える学習環境が作り上げられるはずです」

「それで、『子どもたちの学び方を見てみよう。幼稚園や保育施設で子どもたちをじっくり観察して、学習方法を盗めないだろうか』ということになりました。ロールプレイや体験学習にどっぷり浸かる生来の傾向があることは明らかでした。味わったり、においをかいだり、目で見たものを真似したりして学ぶんです。これこそ、三次元学習法です」。保育園や幼稚園という、学校ほどきっちりと制度化されていない教育環境におけるこのダイナミックな学習法を学校で再現したいという思いから、グランジトンが生まれた。

「テレビ局やラジオ局もある、ひとつの町にしました。それなら、幼稚園児だけじゃなく、うちの子たちも喜びますから。自分の面倒を自分でみることを幼稚園児に学んでほしいなら、まねっこの診察室をつくる。するとお医者さんごっこをするんですよ。それで、『読み書きや言語学習の大事さをわかってもらうために、テレビ局とラジオ局を作って、実際の状況でそういうスキルを試せるようにしよう』と思い立ちました。一一歳児たちも、お医者さんごっこに熱中する五歳児のように夢中になってくれるだろうと思って。当時、私たちが大事にしていたのは体験とシチュエーションの豊かさでした」

次に、プレイをしてもらうためだけにプレイ環境を構築するのではない、優秀な保育士たちの高いスキルを見直した。「保育所などの計画づくりの根底にあるのは、スキル発達の明確な目標です。チームワーク、回復力、自信、コミュニティーに対する責任感を育てるためにこのロールプレイをメインにした体験をどのように活かせばよいのか、模索したいと思いました」

グランジトンによる変革の成果はあらゆるレベルではっきりと出ていた。やる気がなさそうに学校に通っていた生徒も積極的になり、熱心に参加するようになった。同校の全体的な成績は予想をはるかに上回る伸びを見せた。学区内最底辺をさまよう不人気校が、三年ちょっとでどの分野でも一位に躍り出た。

「グランジの学業成績は上位五パーセントに食い込みました。うちの子たちも職員も標準的な学校よりもずっと懸命に努力しましたが、それでも不満は出てこなかった。真の成果が現れてきているとみんな分かっていたからです。課題は大量に出しましたが、みんな一〇〇パーセントの力で取り組んでいました」

グランジ小学校の変革は、本書の三つの中核的なテーマを実証している。現行の教育制度でも抜本的な変革を行う余地はあること。変化をもたらすビジョナリー・リーダーシップの力。そして、生徒が活躍して全力を尽くすことができる学校環境を校長や教師が整える必要性の三つだ。

これまで紹介した実例は、どれもこの三つのテーマを体現している。また、政治家が教育を工業的プロセスのように扱うことはあっても、教育は決してそんなものではないことも示している。教育制度は有機的なプロセスなのだ。無生物ではなく、生きた人を扱う。生徒を製品やデータ点のように考えると、教育がどうあるべきかを見失ってしまう。ねじから航空機まで、どのような製品でも、自分たちがどのように生産されるのか、自分たちに何が起こるのかということに意見や感情を抱くことはない。人はそうではない。人にはやる気があり、感情があり、境遇があり、才能がある。自分に起こる出来事に影響され、それを跳ね返そうともする。反抗もすれば協力もするし、耳を傾けるかと思えば締め出したりもする。このことが分かれば、大衆教育と工業化のさらなる類似が見えてくる。

これまで、教育を製造と比べてきた。「それはいいけど、生徒が部品で学校が工場だと本気で考える人はいない」という声が聞こえてきそうだ。そうかもしれないし、そうではないかもしれない。いずれにしても、工業的な教育と比べられるのが工業的な農業である。

産業革命は生産過程に変革を起こしただけでなく、農業にも変革を起こした。先述した通り、産業革命以前は人口の大半が地方に暮らしていた。大半が農家で、作物や家畜を先祖伝来のやり方で家族や地元の人々のために育てていた。一八世紀になるとそれもすべて変わり始めた。耕運機や脱穀機、それに綿やサトウキビや穀物などを加工するための農耕具の発明により、産業革命の激震が走った都市部と同じように、農村部にも産業革命が訪れた。工業化によりあらゆる種類の作物の植え付け、収穫、加工の効率性が段違いに高まった。二〇世紀になると、化学肥料と農薬の普及によって収穫量と生産性が大いに向上した。こうして工業的農業と食糧生産に変革が起こると、それが爆発的な人口増加を支えることになった。

工業型農業システムの主目的のひとつは農畜産物の生産量を上げることだ。そのためにしばしば用いられたのが巨大な単作農園である。広大な土地に化学肥料と農薬の助けを借りて単一作物を栽培する。収穫量の点では見事な成功を収めており、人類に多大な貢献をしてきた。しかし多くの工業プロセスと同様に、この成功の裏には大きな代償があった。

殺虫剤や肥料が河川や海に流出し、深刻な公害をもたらした。昆虫を見境なく殺したことで、昆虫なしには成り立たない生態系そのもののバランスが崩れ、レイチェル・カーソンの言う〝沈黙の春〟を引き起こした。[6] 作物生産の代償として、世界中で土壌劣化が起こり、農作の持続可能性が深刻な危険にさらされている。

同様の問題が畜産物の工業生産でも起こっている。工場のような農場に取って代わられ、産業革命以前に行われていた放牧は姿を消した。今や莫大な数の家畜が、最低限のコストで最大限の生産量をあげるために管理された室内環境で飼育されている。家畜のサイズと価格を上げるために成長ホルモンの使用も行われている。あまりに不自然な環境に置かれているため、疾病を制御するためにどの農場でも強力な抗生剤の使用に次第に頼るようになっていった。それにともない、こういった産業技術は人間の健康にも悪影響を及ぼしている。[7]

特にここ三〇年で、別の選択肢として有機農業を行おうという動きが高まってきている。有機栽培では、作物ではなく土壌をはぐくむことを大事にする。工業的な農業と根本的に異なる点は、作物生産はすべて土壌の生命力と長期的な持続可能性にかかっていることを理解している点だ。生態系が多様でよく保たれていれば、作物の健康も収穫量とともに高まる。農業を、より大きな生命の網の一部としてとらえるのがその目的だ。同じアプローチが家畜の扱い方でもとられている。有機農業には幅広い農法があるが、その根本には以下の四つの原理がある。[8]

健康　土壌から作物、家畜、地球全体にいたるまで、農業に関わるありとあらゆるものの健康が同等に重要であり、その健康と福利を損なうようなやり方は避けなければならない。

生態系　農業は生態系やそのサイクルに寄り添うものでなくてはならず、生態系のバランスと相互依存を維持することが重要である。

公正　農家から労働者から消費者まで、すべての関係者が公平に扱われなければならない。

ケア　新しい技術や技法を導入するときには、現在、そして将来にわたってそれが生物環境にどのような影響を及ぼすかということをしっかりと検討しなければならない。

農業と同じように、工業的な教育の重点はこれまで生産高に置かれていた。試験の点数を上げて、ＰＩＳＡのランクを上げて、大卒者の数を増やすということが重視されてきた。その傾向はますます高まっている。

工業的な農業と同じように、生徒も教師も成長を抑制するような環境に置かれている。退屈し、関心を失うことがあまりに多く、人工的に注意力を保たせる薬物でなんとかつながれているケースが増えてきている。一方、外部性のコストは破滅的に高く、しかも日々増加の一途。工業的な学校制度は、一時はうまくいっていたものの、今では疲弊しきっている。多くの生徒や教師も疲弊している。その代償は学習文化の破滅的な損壊だ。

教育も命あるシステムであり、人々はある特定の環境でしか活躍できないことを理解しないかぎり、教育制度が真の意味で改善されることはない。私たちが早急に構築しなければならない教育制度には、有機農業の四つの原理がそのまま当てはまる。教育に合わせて表現を変えてみよう。

健康　有機教育は、生徒の成長と福利を、知性においても、身体上も、精神面でも、社会的にもはぐくむものである。

生態系　有機教育は、生徒個人とコミュニティー全体の育成に関わるあらゆる側面において相互依存が重要であることを認識している。

公正　有機教育は生徒がどのような境遇に置かれていても生徒それぞれの才能と可能性をはぐくみ、生徒と関わる人々の役割と責任を尊重する。

ケア　有機教育は生徒の育成のために、思いやりの心と経験、実践知に基づき、最高の環境を作り上げる。

優れた学校は昔からこれらの原理を実践してきた。すべての学校が実践するようになれば、革命は順調に進んでいると言えるだろう。とはいえ、今私たちが直面しているのは、学校の生産高を上げるために生徒の主体的な学校生活を犠牲にしてはいけないという問題だ。学校の生活文化自体に活力を与えないといけない。それこそ、これらの原理の目的なのである。

学校文化は、どのような教育の基本目的をはたすべきなのだろうか。私の考えでは、**経済**

的、文化的、社会的、個人的という四つの目的がある。順に見ていこう。

経済的目的

教育は、生徒が経済的な責任を持ち、自立できるようにしなければならない。

ときに、「教育はそれ自体が重要で、学校で行われることは企業や経済のニーズのような〝外部〟の利害に影響を受けてはならない」という主張を耳にする。世間知らずな意見だ。大衆教育にはかならず経済的な目的があり、あったからといって何もおかしいところはない。とはいえ、目的が経済的なものだけしかない、というわけではない。ほかの目的についてはこの後取り上げよう。しかし、個人にとって、地域にとって、国家にとって、教育が経済的な重要性を持っていることは否定できない。

政府がこれほど多額の教育費を支出するのは、高学歴の労働人口が経済的発展にとって重要であることを分かっているからだ。生徒も保護者も分かっている。だから、インドでは貧困層の家庭の八〇パーセントが、生活費を除いた収入の三分の一を教育にかけている。世界中の国々の保護者と同じように、教育によって子どもたちが仕事にありつけ、経済的に自立できるようになると考えているのだ。私もそう考えている。子どもたちに独立して欲しいとどれほど切に願っていることか。それもできるだけ早くに。仕事の世界にこれほど大きな変革が起こっていることを考えると、そのために今子どもたちが必要としている教育とはどのようなものなのか、ということが問題になってくる。

現行の教育制度が想定している仕事の多くはどんどん消えていっている。その一方で、特に変革的なデジタル技術の影響により、新しい形態の仕事が数多く誕生している。今日の生徒たちがこれから五年後、一〇年後、一五年後にそもそも就職しているとして、どのような職に就いているかを予測するのはほとんど不可能だ。

最近、〝二一世紀型スキル〟を学校教育で奨励するべきだとさかんに論じられている。米国に本拠地を置く二一世紀型スキル・パートナーシップは一九の州と三三社の企業パートナーからなる協会だが、以下の分野を含む幅広いカリキュラムと教育を促進している。[9]

学際的なテーマ

・グローバルな意識
・財務・経済・ビジネス・起業に関するリテラシー
・市民としてのリテラシー
・健康のリテラシー
・環境に関するリテラシー

学習スキル

・創造性と変革
・批判的思考と問題解決
・コミュニケーションとコラボレーション

生活と職業スキル

・柔軟性と適応性
・自発性と自立性
・社会的・異文化的スキル
・生産性とアカウンタビリティ
・リーダーシップと責任感

上記のいくつかについてはまたのちほど取り上げる。ただ、ここでひとつ断っておきたいのは、これらは〝二一世紀型〟の専売特許というわけではない。二一世紀が始まるずっと前から、多くの学校や教育者が上記のスキルを教えてきた。昔から重要なスキルだったのが、今日ではその重要性がいや増しに高まっているというだけなのだ。教育標準化運動もこういったスキルの重要性を論じてはいるが、教育標準化運動が推し進める学校教育にはこういったスキルを教える余地はほとんどない。新たな喫緊の課題は、持続可能性と環境の健康状態というグローバル経済の問題への取り組みを青少年にうながすような教育を提供することである。世界の自然資源を略奪し枯渇させるのではなく、その健康と再生を支えるような経済活動を目指すようにうながすことなのだ。

青少年が経済的目的に取り組むようにするには、学校は才能や関心の多様性をはぐくむ必要がある。また、普通科と職業学科の別をなくし、どちらの分野も等しく重んじる。さらに、仕事の世界と実践的なパートナーシップを提携し、青少年がさまざまな職場を実際に体験できるようにしなければならない。

文化的目的

教育は、生徒が自国の文化を理解し、その真価を認め、異文化の多様性を尊重できるようにするべきである。

人はしょっちゅう一緒にいる人と、考え方でも行動でも深い影響を与え合う。時がたてば、密に集結している人の集団は、どれも共通の慣習や価値観を生み出す。文化を築きあげる。私の言う文化とは、**異なる社会集団を特徴づける価値観や行動様式**を指している。端的に言えば、「文化とは、ここらでのしきたり」ということだ。

地域社会の文化には、宗教、法の慣習、働き方、社会的に認められた関係性、食品、服装、芸術活動、言語や方言など、数多くのより合わさった糸がある。こういった要素すべてが互いに作用しあうところに文化が生まれる。文化には、文化全体のさまざまな側面に特化している個人や集団が形成するサブカルチャーがたいてい数多く存在する。そういった側面とは距離を置いている個人や集団もサブカルチャーを形成する。たとえば、ブルジョワ社会にまつわるもろもろのことは拒絶しても、高速道路でハーレーダビッドソンを乗り回すヘルズ・エンジェルズなど。

今でも人里離れた山奥に暮らす部族はあるが、そのように長い間ほかと断絶されていないかぎり、地域社会の文化は異文化との交流に影響を受ける。世界人口が増え、地球が狭くなり人々の交流が密になると、文化は複雑さを増してきた。この間、今英国人であるとはどういうことかという笑い話をネット上で見つけた。「英国人であるとは、ドイツ製の車を運転して家に帰る途中でインドのカレーかイタリアンのピザを買いにお店に立ち寄り、帰宅したらスウェーデン製のソファでくつろいで、ベルギーのビールを飲んで、日本製のテレビで米国のテレビ番組を見ながら夜を過ごすということだ。そして何より英国人らしいのは、何であれ外国のものに不信感を持つことである」

人は、特に子どもは、さまざまな文化やサブカルチャーを持つ集団を行き来する。たとえば、七〇万人の生徒を抱えるロサンゼルス統一学区はニューヨークに次いで米国第二の学区だ。生徒の内訳はおおよそラテン系が七三パーセント、黒人が一二パーセント、白人が九パーセント、アジア系が四パーセント、フィリピン人が二パーセント。学区内では九二ヵ国語が話されていて、英語が第二言語である生徒は全体の三分の二を超える。

私が一九七〇年代にロンドン大学で博士号論文を執筆した際の指導教授のひとりに、ハロルド・ローゼンがいる。非常に優秀な教師で、活動家で、名高い英文学教授だった。ロンドンの学校における言語の多様性についての会議の後、彼と話したことを覚えている。たしか八〇ヵ国語だったか、あまりに多くの言語を生徒たちが学校で話すようになったため、教師の仕事が大変になったと会議でこぼす人がいた。ハロルドは、言葉を教える教師が言語の多様性を機会ではなく問題として見ていることに驚いていた。文化的な多様性は人間存在の栄光だと言える。どの共同体も、自文化と他文化の慣習と伝統を歓迎することで、はるかに豊かなものになるのである。

この多様性にもネガティブな面はある。価値観や信念の違いは憎しみや敵意を生み出すことがある。紛争の歴史をひもとくと、昔から、富、土地、権力のみならず、それに劣らず文化が原因になってきた。キリスト教とイスラム教、スンニ派とシーア派、カソリックとプロテスタント、フツ族とツチ族など、地域の紛争は深い文化的な対立が主因となることが多い。社会における敵対関係はどれも、白人と黒人、異性愛主義者と同性愛主義者、若者と老人など、世間で異種とされているものの間に起こる。人口が増え、異人種間の交流が密接になっていく中、生活の中で多様性を尊重するというのは、倫理上そうしたほうがいいというだけでなく、実際的にそうする必要があるのだ。

学校にとって文化的な優先事項は三つある。生徒が自文化を理解できるように手助けすること、異文化を理解できるように手助けすること、そして文化的な寛容性と共存の意識を身に付けさせること。これらの目的を果たすためには、狭量で貧弱なカリキュラムではなく、広範囲で豊かなカリキュラムが必要である。教育標準化運動はこういう複雑な問題に向き合おうともしていない。

社会的目的

教育は、青少年を活発で思いやりの心を持つ市民へと育てなければならない。

昔から公立学校は「社会的な階級や生まれ」に関係なく充実した、豊かな生活へと導いてくれる黄金の道だった。[10] この夢がかなった人もいるが、多くにとっては実現しなかった。富裕層と貧困層の格差は年々広がる一方で、これはアメリカにかぎった話ではない。また、特に有色人種にとっては学力差も拡大しつつある。

貧困にあえぐ者にとって、教育というはしごはガタガタになってきている。集まらないリソース、すぐ辞めてしまう教師、それに複合的な社会問題のおかげで、学校は輝かしい未来への入り口ではなく、教育の行き止まりになってしまっている。教育標準化運動はこういった格差問題の解決に努めるどころか、逆に悪化させている。

また別の問題もある。民主主義国家では、教育は市民の活発な社会参加をうながすものであるはずだ。私は現在ロサンゼルス在住だが、ロサンゼルスでは二〇一三年六月に市の首長たる市長の選挙が行われた。八名の候補者とその支持者は、選挙戦で合計一八〇〇万ドルほど費やした。それなのに、ロサンゼルスで選挙人名簿に登録している一八〇万人のうち、投票したのは一六パーセントにとどまった。[11] 英国など他国と同じく、この国では選挙権を求めて人々が命を落としたというのに。

　一九一三年に、英国の競馬シーズンでは一大イベントであるダービーステークスで大事件が起きた。イギリス国王ジョージ五世の所有馬は有力馬だった。競走馬の一団が最終コーナーに近づくと、エミリー・デイヴィソンという若い女性が競技場の手すりをくぐり抜けてコースに飛び出し、接近する国王の持ち馬の前に駆け出した。馬に蹴り倒され、搬送された病院で意識を取り戻さないまま三日後に亡くなった。自殺の意図があったのかどうかはわからないが、国王の馬に立ち向かった理由はエミリー・デイヴィソンが女性参政権の活動家だったからであり、彼女は女性参政権のために命を落としたのだった。

　その五〇年後の一九六三年に、マーティン・ルーサー・キング・ジュニアがワシントンＤＣで歴史的な「私には夢がある《アイ・ハブ・ア・ドリーム》」の演説を行った。彼が打ち立てた民主主義のビジョンは、少なくともその精神はアメリカ建国の父たちも心から絶賛するようなものだった。「包括的、実質的、かつ変革的」な民主主義を求めたのだ。それから五〇年、いまだ多くの人々に選挙権が与えられておらず、選挙権を持っていても投票しない者が多いのである。

　民主的な社会は市民の大半が投票し、地域社会に参加してこそ力を得る。投票は民主主義の最大の武器だ。多くの民主主義国で、その刃は恐ろしいほどさびれてきてしまっている。学校はそういう市民としての自覚を育てる重要な役割を負っている。それは「公民」を教えれば果たせるものではなく、日々の行いにおいてそういった原理を実践することで、果たせるものなのである。

個人的目的

教育は、青少年が内的世界と外的世界に向き合えるよう手助けするべきである。

教育はグローバルな問題だが、また非常に個人的な問題でもある。教育が今生きている人の考えと心を豊かにするためのものであることを忘れてしまっては、ほかのどの目的も果たすことはできない。現行の教育制度が抱える問題の多くは、この基本的なことが理解できないがゆえに起こっている。生徒は一人ひとりが希望、才能、不安、恐れ、情熱、野望を抱えた無二の個人なのだ。ひとりの個人として生徒と向き合うことが、成果を上げるための秘訣である。

人は誰しもふたつの世界に生きている。ひとつは、私たちが存在してもしなくても存在する世界。私たちが生まれる前からこの世界は存在し、私たちがこの世を去った後も存在する。物体、出来事、他者で構成される世界、外の世界である。もうひとつは、自分が存在するからこそ存在する世界――自分の考えや感情、観念で構成される個人的な世界、内なる世界である。

この世界は私たちが生まれたときに誕生し、私たちが死ぬときに消滅する。私たちは内的世界を通じてでしか外的世界を知ることはできない。五感で外的世界を認識し、自分の考えで外的世界を理解するのである。

西洋文化では、このふたつの世界を思考と感情、客観性と主観性、事実と価値として明確に区別してきた。のちに論じるが、こういった区別は見かけほど確かなものではない。外的世界についての考えは内なる感情に深く影響されることがあり、感じ方は知識や観念、個人的な経験により決定づけられることがある。人生はこのふたつの世界が絶え間なく相互に作用しあい、それぞれが他方に対する私たちの考えや行動に影響を与えることで形づくられている。

従来のカリキュラムはほぼ完全に外的世界のみに重点を置いており、内的世界にはあまり注意を払っていない。その結果が、倦怠感、無関心、ストレス、いじめ、不安感、鬱病、中退といった形で日々現れている。これらは人間としての問題であり、人間としての対応が必要だ。

前著の『才能を引き出すエレメントの法則』と『才能を磨く』で論じたように、人の外的世界への貢献は、内的世界との関わり方と大いに関係がある。教育を受けた結果、すべての生徒に知ってほしい、理解して欲しい、できるようになって欲しいことがある。しかし、生徒にはそれぞれ独自の適性や関心事、性質がある。教育はそういったことにも配慮しなければならない。生徒個人に合わせた教育を行うには、カリキュラム、学習指導、評価方法にも影響が出てくる。学校の文化を変革する必要も出てくる。実際には一体どのようなことが起こるのだろうか。

第3章 学校を変える

「あのさ、学校に行くのは昨日で最後だよ。きみは何したい？」マサチューセッツ州ハドリーにあるノーススター・セルフディレクテッドラーニング・フォー・ティーンズの共同創立者であるケン・ダンフォードは、勉強したがっているのにその思いに応えてくれない学校は退屈で、自分の居場所がないように感じている子どもたちにいつもこの質問を投げかける。

学校にもう通わなくていいよと伝えると、子どもたちはどういう反応をするのだろうか。「唖然としますね」とケン。「『ほんとに？　学校辞めても大学に行けて、仕事ももらえて、人にも嫌われない？』というような言葉が返ってきます。子どもたちはそんなこと一度も言われたことがなかったから」

ケンははなから因習打破主義者だったわけではなかった。教師になるために大学に進学し、マサチューセッツ州アマーストの中学校で教鞭をとった。彼自身は昔から学校が好きだったので、教壇に立つようになるとまったく思いも寄らない事実を知ることになった。「ひどいものでした。子どもたちは授業なんて受けたくないんです。誰も興味もない米国の歴史を何とか教えようとしました。『第八学年で歴史を学ばなかったら、**何ひとつ**できるようにならないぞ』と叱りつけてね。そう言いながら自分でバカみたいだと思っていました。帽子をきちんとかぶれだの、遅刻するなだの、トイレに行くときは許可証をもらえだの叱るんです。そういうことにうるさくしないと、学校側が口を出してくるので。そんな毎日はごめんでした。そういうことを真剣に子どもたちに言って、どうでもいいことで大騒ぎするのは嫌だったんです」

「『十代解放の手引き《ティーンエイジ・リベレーション・ハンドブック》』を読んだら、ホームスクーリングとアンスクーリングは『自分の人生をどうにかする。もう一日だって無駄にできない。一八歳まで待ってられない、今すぐ始める』という、学校制度に従わない人々の世界だと説明していました。実際に、そうして人生を謳歌する人は成功していたんです。それで、学校に通わないならどうすればいいのか考え始めました。何を学びたいか、本人に聞いてみたらどうだろうか。今、ここにいたいと思うかどうか。どこに行きたいか。誰と一緒に行きたいか。どれくらいの期間行きたいのか。歴史を先生と一緒に勉強したくないというなら、じゃあ、歴史を一緒に勉強しなくていい。読書したくないというなら、読書はなし。そんなことがどうやったら可能なのでしょうか」

「それは、学校ではない何かを作ればいい。コミュニティーセンターを建てて、プログラムを作る。そして、『自分の人生のことをみんながご両親と決めていけるように力を貸すよ。楽しい、すごく居心地のよい場所を作るから、いたいだけいていいし、来たくなかったら来なくてもいい。ここにいる間はしたいことをしていていい。嫌な態度さえとらなければね。いつでも好きなときに来て、好きなときに帰っていい。意外かもしれないけど、それでうまくいくと思うよ』とみんなに教えればいいんです」

ノーススターは、見失ってしまったか、抑圧されてしまった学習意欲を再発見する手伝いをするセンターだ（認可を受けていないので、ケンと同僚たちは決して学校とは呼ばない）。通常の〝学校〟ではないものの、多くの人にとっては非常に優秀な学校である。「ノーススターは主に、学校で惨めな思いをしていて、学校に通いたくないという十代の子どものためのものです。中には成績優秀者もいます。趣味がある子もいる。中には右も左も分からないありさまで、ありとあらゆる問題を抱えている子もいます」

「人が自分自身でいられるようにする、自分で選べるようにさせてあげるというのは、何か非常に深遠なものがあります。学校で教えているときにはそれは得られなかった。生徒たちは何がしたくて、私たちに何を求めているのか。それがまだ分からないのですから、何でも試して答えを見つけ出さなければなりません。すべてを拒絶して、人生を空っぽにして、しばらくの間何もしなかったらどうなるか試してみるのもありです。こんな楽しいことはないですよ」

ノーススターは中退者製造機のように聞こえるかもしれないが、実態はその反対だ。ノーススターの参加者の大半が、マサチューセッツ工科大学やブラウン大学、スミス大学、カリフォルニア大学ロサンゼルス校、コロンビア大学などに進学している。[1] ノーススター出身の子どもたちは自立性と知的好奇心が旺盛だと知られているため、ノーススター出身という経歴は大学側に高く評価されている。ケンがとりわけ強烈なケースを教えてくれた。

「第七学年のときに、ホームスクーリングの期間を経てうちに来た生徒がいました。センターに遊びに来て、みんなとしゃべって、人生の可能性を閉ざさないようにしていた。いつも数学の教科書を持ち歩いていて、ここでチューターについていました。一五歳でコミュニティーカレッジの『微分積分』のクラスを受講して、余裕でA。『微分積分学2』を受講するにはマサチューセッツ大学に行かないといけませんでしたが、それもまた余裕でA。夏季休暇中にマサチューセッツ大学でまた『微分積分2』以降のクラスをふたつ受講しました。この時点で一六歳になっていました。外部学生として取りたい授業を受講することがもうできなくなったので、入学課に行くと、『僕は一六歳です。四年間このクラスを取ったとか、三年間このクラスを取ったとか、そういう経験はありません。大学進学適性試験も受けたことがありません。ただ、上級の数学クラスを三つ取りたいので、そのためにはマサチューセッツ大学に入学しないといけないんです』と訴えました。そこで大学側は彼をコモンウェルス・プログラムに入れました。これは卒業生総代のためのプログラムです。二〇歳になる頃には、数学と中国語の二教科を専攻して卒業していました」

ノーススターの生徒たちみんながこういう経験をするわけではないが、たいてい、普通の学校では見られないほど熱心に勉強し、センターを卒業する頃には人生と前向きに向き合う心構えができている。ノーススターの教育モデルを参考にしたセンター創立を手助けするプログラムであるリベレーテッド・ラーナーズが創設された[2]。

ケン率いるノーススターは、学習法は人それぞれであること、子どもたちはみんながみんな同じように教えられるものではないこと、生徒にもっとも合った方法でもっとも関心のあることを教えれば、生徒は大きく成長することを理解している。ノースターがこの型破りな教育モデルで成功を収めたことは、すべての学校が生徒のためにどうすればよいか新しい方法を考える必要があることを示している。

ゆとりのある規則

「学区は生徒それぞれのニーズに応えたいのだけれども、州政府・連邦政府がそうさせてくれない」というようなことを言う人は多い。もちろん、これまでに述べた通り、全国共通のカリキュラムやハイステークス・テストを重視する州や政府の教育は、学校が独自の教育を行う柔軟性を大きく制限する。のちほど取り上げるが、こういった政策を抜本的に変革する必要がある。同時に、制度の内側から変化を起こすことも大事だ。第1章で紹介したローリー・バロンがスモーキーロードで実証したように、また本書で取り上げる数多くの実例が示すように、有機的な教育の四大原則に基づいて工夫や変革を行う余地はすでにあるのだ。

どの学校にも変化の機会は存在する。ハイステークス・テストを極端に重視する学校ですら。昔からやっているやり方だからこうするのだという学校は多い。どの学校でも、日々学校に関わる人々が実践している習慣やシステムが学校文化を作り上げている。こういった習慣の多くは義務づけられているわけではなく、自主的なものである。たとえば、年齢によるクラス分けや、授業時間の統一や、授業の始まりと終わりを告げる予鈴と終鈴や、生徒全員に同じ方向を向かせて教室の前方に教師が立つ配置、数学は数学の授業、歴史は歴史の授業でしか教えないという慣習などがそうだ。悪条件に苦しみ、いろいろな問題を抱えていた多くの学校が、その余地を活かして学校内から変革を推し進め、しばしば画期的な成果を手にしている。実際の教育制度のあり方が変革を可能にしているのだ。

二 制度物語

どのような状況でも、一変させるためには、現状の**批判**と、あるべき姿の**ビジョン**と、前者から後者へと移行するための**変化の理論**という三つの形式における理解が必要だと先述した。この三つの点において大きく異なり、まったく違った結果を生み出した公教育改革を二件見てみよう。

一九八三年に、米国教育省が発表したレポートによって世間と議会で論争が巻き起こされた。「危機に立つ国家《ネーション・アット・リスク》」は一流の教育者、政治家、経営者が構成する委員会によって作成された報告書で、米国の公教育の水準は危機的なほど低く、しかも低下の一途をたどっている、と警鐘を鳴らした。「米国民に以下を報告する」とレポートは述べる。「米国の学校や大学が歴史的に達成し、米国とその国民の福利のために貢献してきた実績について誇りを持つのはもっともなことであるものの、米国社会の教育基盤は現在、この国と国民の未来を脅かす、この国を席巻しつつある凡庸さに浸食されつつある。一世代前には想像もできなかったようなことが現実になりつつある。つまり、他国が米国の教育水準に追いつき、追い越しつつあるのだ」。報告書は続けて目が覚めるような比喩を用いる。「今日アメリカで見られる凡庸な教育水準を非友好的な他国が我が国に押し付けようとしたら、それは戦争行為とみなしたほうがよい。それが、我が国はみずからそのような事態を許しているのだ」[3]

レポートは大反響を呼んだ。レーガン大統領は、「この認識は、そして願わくばそれにともなう行動もだが、とうの昔にあって然るべきものだった。……教育を重んじるアメリカ人の心の上にこの国は築かれた。……現在我々が直面する課題は、合衆国の歴史を象徴する、あの教育への渇欲をよみがえらすことである」と述べている[4]。

その後、米国では学校の学力水準をあげるために何億ドルもの予算が費やされた。クリントン大統領も当選後教育問題に取り組み、改革の中核となる二〇〇〇年の目標を発表した。これは、学校教育においてどの教科でどの年齢までに何を教えるべきかについてコンセンサスを築き上げるという国家的イニシアチブである。リチャード・ライリー教育長官のもとで国家基準を定め、それを採用するかどうかは州の裁量ということになった。こういった大志を掲げ、いくつかは大きな成果をあげたものの、学校教育に連邦政府が口出しをするべきではないという反発が多くの州からあがり、二〇〇〇年の目標はしりすぼみに終わってしまった。

二〇〇〇年に当選すると、ジョージ・W・ブッシュは「どの子も置き去りにしない法（NCLB法）」を制定した。これにより莫大な額の予算と時間、労力が学校教育に投入され、さらに国家的な試験と標準化の文化が米国に浸透した。この戦略をオバマ政権も大体のところ踏襲している。全体的に、その結果は惨憺たるものである。本書執筆時点で、米国はいまだに高い中退率、ほとんど変わっていないリテラシーとニューメラシーの低さ、生徒、教師、保護者、実業界、そして政治家の間に広まった無関心といった問題を抱えている。どんなに良い意図があったとしても、米国の教育改革イニシアチブはそれ自身の価値基準で見ても不首尾に終わっている。間違った物語に根差しているかぎり、こういった改革が成功することはない。

学習基準に基づく教育改革運動の根底には、従来の学力水準は低すぎるので上げなければならないという**批判**がある。その**ビジョン**は、学力水準が非常に高く、できるだけ多くの人が学位を取得し、その結果完全雇用が達成される世界、というものだ。その**変化の理論**は、それを実現するための最善の方法は、学習基準を明確に示して、徹底した全国共通テストの実施で学習基準を厳守すること。

フィンランドの例はこれの対極にあると言ってよい。フィンランドは、二〇〇〇年にPISAが初めて実施されて以来、数学リテラシー、読解力、科学リテラシーで常にトップか上位の常連である。しかしいつもこうだったわけではない。四〇年前、フィンランドの教育制度は危機に瀕していた。しかし、フィンランドは標準化と試験の道を選ばなかった。その代わりに、まったく異なる原理に基づく教育改革が行われたのだ。

同国ではあらゆる学校が芸術、科学、数学、言語、社会科や倫理、体育など、幅広くバランスのとれたカリキュラムを採用しなければならないが、それに関して学校や学区はかなりの裁量権を与えられている。フィンランドの学校は実践的な職業訓練や創造性の育成に力を入れている。教師の訓練と育成に多額の予算を投入したため、教職は社会的地位の高い、安定性のある職業となっている。学校の運営については校長にかなりの裁量権が任されており、また専門家の支援も手厚い。政府は学校や教師に競い合うのではなく、リソースや考え、専門知識を共有することで協力し合うようにうながしている。学校は地域社会や保護者など生徒の家族と綿密に連絡を取り合うことが奨励されている[5]。

フィンランドはあらゆる国際的な評価基準において高い水準を保っているが、共通試験は高校卒業時に一度実施されるのみ。学力が高いのに加えてそういうことも実践している、というわけではなく、こういうことを行っているからこそ学力が高いのだ。あまりにも素晴らしい実績をあげているため、フィンランドで起こったという教育制度の奇跡を理解するために世界中から巡礼者がこの国に集う。フィンランドの教育制度は完璧なのだろうか。もちろん、完璧ではない。有機的なシステムはそういうものだが、今も進化を続けている。しかし、全体的に見て、同国の教育制度は他国が盛大に失敗しているのを尻目に成功を収めている。

米国とフィンランドを比較するのは現実的ではない、と言われるかもしれない。フィンランドは人口五五〇万人で、米国の人口は三億一四〇〇万人。フィンランドは面積約三三万七〇〇〇平方キロメートルの小さな国だが、米国の国土は約一〇三六万平方キロメートル。確かにそのとおりなのだが、それでも比較はできる。

米国では、教育は主に州レベルで実施されている。全米五〇州のうち三〇州がフィンランドと同程度の人口か、またはそれよりも低い。オクラホマ州の人口は四〇〇万人近いが、バーモント州は六〇万人強、という具合に。最近ワイオミング州を訪れたが、見渡すかぎり、人間は私しかいないようだった。もっと人口の多い州でも、教育政策などが決定されるのは学区レベルだ。米国には一万六〇〇〇近い学区があり、約五〇〇〇万人の学齢期の子どもがいる。平均すると一学区三〇〇〇人強となり、これはフィンランドよりもずっと少ない生徒数になる。

ここで言いたいのは、米国の政策立案者はフィンランド語を学べ、州都の名をニューヘルシンキに変えろ、ということではない。ほかに、フィンランドと米国では大きな違いがある。文化的には、フィンランドは米国の州のいくつか（すべてというわけではまったくないが）よりもずっと均質的である。フィンランドと米国では政治的な文化は大きく異なり、税制や社会福祉についても考え方が異なる。それでも、フィンランドが掲げた教育改革の原理は、米国など異なる文化背景を持つ他国でも適用できる。大きな成果を上げている世界中の教育制度を研究すると、成功するのはこの原理、条件のみだということが分かる。

人生の複雑さ

教育は工業的なシステムではなく、有機的なシステムとして考えた方がよい、と先に述べた。より具体的には〝複雑適応系〟［多くの要素から成り、要素と全体が相互に作用し合い複雑にふるまい、環境に適応するシステム］と呼ばれるものである。この考えを掘り下げてから先に進むことにしよう。

システムとは一連の関連したプロセスで、複合効果をもたらす。単純なものから複雑なものまで、さまざまな種類のシステムが世の中には存在する。てこは単純なシステムだ。硬い棒の先端近くに支点がある。もう一方の先端に加えられた力が、支点側の先端により増幅して伝わる。スイッチは、電気の流れを入れたり切ったりする単純なシステムだ。マイクロプロセッサも同じことである。

数多くの単純なシステムが統合されてできた複合システムもある。コンピューターや自動車、テレビ、原子炉は、どれも何百、または何千ものシンプルなシステムで構成される複合システムだ。

植物や動物、人などの命あるシステムは、**複雑**な複合システムである。有機体を構成する、一見別々のシステムに見えるものは、すべて密に関係し、あるひとつの有機体として健康でいるために互いに支え合っている。根が腐った植物は活力を失い、健全な花や実をつけることはない。根に何かあれば、その個体全体が困ったことになる。動物も、臓器の一部しかきちんと働いていないようでは長い間活発な活動はできない。生きていくには、すべての臓器がある程度は働いていなくてはいけない。

また、命あるシステムは適応し、進化する。物理的環境と**ダイナミック**で相乗効果的な関係性を持つ。有機体には、状況に応じて発現するあらゆる種類の潜在性がある。環境が間違った方向に変化すれば、有機体は苦しみ、死ぬかもしれない。または、時がたてば変化に適応して、何かほかのものに進化することすらあるかもしれない。

人は複雑適応系だ。人体は物理現象が複雑に組み合わさったもので、そのいずれも健康と生存に欠かせない。ほかのすべての生物と同じく、人類も生きるために必要な栄養素を周囲の世界から得ている。外的環境があまりに早く、または間違った方向に変化すると、私たちは危険にさらされることになる。または、その変化に適応し、生き方を変える。人間の命というのは物理的な要素のみで構成されるわけではなく、人間の適応能力は新陳代謝だけの話ではない。意識ある存在である人間は、考え方を変えて違うやり方をとることもできる。

教育制度もまた複雑適応系である。いくつかの点で**複雑**だと言える。生徒、保護者、教育者、雇い主、職能団体や営利団体、出版社、試験実施機関、政治家などなど、多数の利益集団から構成される。教育制度には、社会福祉、カウンセリングや心理相談、医療、試験実施機関など、常に相互作用し続ける複数のシステムが内在する。それぞれに特別な利害関係があり、それはほかと重なったり衝突したり、さまざまな度合いで影響し合ったりする。雇い主と政治家も保護者である場合もある。保護者も教育者であったり、または生徒自身だったりすることもあるだろう。

教育制度には大いなる**多様性**がある。多くの国家レベルのシステムには似たような工業的な特徴があるものの、国による規定や制御のレベルは異なる。宗教団体による学校、インデペンデントスクール［私立学校］、エリート校、特定の教科のみ扱う専門校など、学校には多くの種類がある。私立学校が少ない国もあれば、多い国もある。

どの国のどのような学校であろうと、あらゆる学校が、独自の関係性や経歴、感受性を持った人々が作り上げる、息が通ったコミュニティーである。どの学校にもその学校の雰囲気というものがある。独自のやり方やきまりごとがあり、性格があり、伝説や物語、内輪の冗談があり、行動規範があり、集団や派閥ごとにサブカルチャーがある。学校は世間の騒ぎとは無縁の聖域ではない。あらゆる点において、周囲の世界の出来事に巻き込まれる。活気にあふれた学校は、地域社会に希望と創造する力をもたらして、その社会全体の滋養となることができる。素晴らしい学校があるおかげで、その地域一体が活性化する実例を私は目の当たりにしてきた。一方、貧弱な学校は、生徒や家族の成長の機会を損ない、支えるべき存在である彼らの希望を枯らしてしまう。

また、学校の文化はその国の教育環境にも影響を受ける。その環境を生み出すのは、政府や地方自治体の法令や経済的な状況、そして主流となっている文化の状況や伝統などだ。

こういったすべての点において、教育は日々の中で人々や組織が実際に取る行動の中にさまざまな形で現れる生きたシステムなのだ。教育制度がこれほど複雑で多様であるからこそ、教育制度は変えることができ、**実際に**変わるものなのである。

あらゆる生きたシステムには、状況の変化に応じて新しい特徴を発現する傾向がある。「小さな要素が合わさって大きな要素を生み出すという相互作用」により「創発特徴」［個々の要素の単純な総和にとどまらない、全体に新しく現れた特性］を生じることがある。[6] 教育においては、学校やその文化のあり方に影響する社会的状況を変える創発特徴が今まさに大量に発生している。

たとえば、デジタル技術の普及により、多くの学校において教え方と学び方はすでに変貌を遂げている。[7]二〇一四年には、地球上でネットワークに接続された端末の数は世界人口と同じくおよそ七〇億だった。二〇一五年にはその二倍になっている。二〇一四年には、**一分間**でインターネット上では二億四〇〇万件のEメールが送信され、四万七〇〇〇のアプリがダウンロードされ、Facebookの閲覧数は六〇〇万、Googleの新規検索件数は二〇〇万、写真のアップロード数は三〇〇〇回、ツイート数は一〇万件、YouTubeの動画閲覧数は一三〇万回、アップロードされた新規動画は三〇時間。[8]毎分こうなのだ。一秒間にインターネット上で配信されるすべての動画を見るのに全部で五年間かかるだろう。

幅広いトピックを取りあげた『オープン』という名著で、デイヴィッド・プライスは、生徒の学ぶ世界と学ぶ手段のどちらも、普及が高まる洗練されたデジタルテクノロジーによって変貌しつつあることを説明している。[9]ありとあらゆる教科で学習と創造的な作業のための新しいツールや、すべての学習者のために教育をカスタマイズできる新しいプログラムやプラットフォームがほぼ毎日のように誕生している。こういった技術はまた生徒、教師、その他多くの分野における専門家の間に新しい協力関係を築き上げるのに役立っている。

マーク・プレンスキーやジェーン・マクゴニガルなどのゲームデザイナーの主張には説得力があるが、彼らが示したとおり、デジタルゲームの力学と美学を教育に活かせば、カリキュラム全体を通じて教育を生き生きとした活力にあふれるものにする効果が大いにある。[10]一方、モバイル技術のおかげで、アフリカやオーストラリア、南米の農村部など、これまで教育がまったく受けられなかった人々に教育が提供されるようになっている。のちほど紹介するが、シルヴィーナ・グヴィルツはブエノスアイレスの貧しい子どもたちの学習意欲をかきたてるためにネットブック［インターネット使用に特化したノートパソコン］を利用している。

これらの変化は技術面の変化だけにとどまらない。生徒の感覚を麻痺させるような共通試験に対して不満が高まる中、学校や地域社会はこの現象に対して抗戦を開始した。子どもたちに工業的な教育がほどこされる影響を懸念して、自分でどうにかしようと動き始める保護者が増えている。まだ少数派だが、ホームスクーリングやアンスクーリングを選択する動きも出てきている。ホームスクーリングについてはのちほどローガン・ラプラントが自分の体験について語ってくれる。

大卒資格の価値が思ったほどないことが分かり始めると、生徒たちは大学にそもそも進学するべきなのか考え、ほかの選択肢を真剣に検討し始めている。入学するはずの生徒が背を向け始めた今、大学はかつての魅力を失いつつあることを自覚するようになった。その結果、大学は新しい教育モデルの開発に取り組んでいる。マサチューセッツ州のクラーク大学の取り組みをのちほど紹介する。

これらは、技術や文化的価値観が互いに作用し合う中、教育が変化・適応していく姿をほんの数例挙げただけで、ほかにも例は数多い。教育を変えたいなら、まずはあなたが教育制度のどこに位置するのかを考えることだ。周囲の人が経験する教育を変えれば、彼らの世界を変えることができる。そうすると、教育制度全体のより大きな、より複雑な変化のプロセスの一部となることができる。

この考えに基づいてケン・ダンフォードはノーススターを創立した。本書で取り上げたほかの実例にもすべてこのことは当てはまる。また、私が英国で立ち上げた〝アート・イン・スクール〟プロジェクトが成功を収めたのもこの考えがあったからだ。あなたの学校や地元の教育制度で変化を起こすために必要なことがはっきりするかもしれないので、いったんこのプロセスについて詳しく説明しよう。

ふたつのプロジェクト

私が何年も前に関わったふたつのプロジェクトは、同じような目的のもとに行われたが、まったく異なる結果をもたらした。

私が初めてのちゃんとした（給料が出る）教育の仕事についたのは七〇年代半ばのことで、学校における演劇の役割に関する国家的な研究プロジェクト演劇「10 - 16」の、三名からなる中心的チームの一員になった。博士号論文の研究テーマはまさにこれだったので、私にとって夢の仕事だった。実際にお金がもらえるとなるとなおのこと。

このプロジェクトに資金を提供していたのは、当時英国のナショナルカリキュラム策定を主に担当していた学校評議会だった。これ以前の二〇年間で演劇を取り上げる学校が急増。専任の教師やスタジオ、劇場がそなわった演劇科が多くの学校で創設された。学区の大半がフルタイムの演劇顧問を擁していて、中には何人も顧問の先生がいるところもあった。専門大学や大学の演劇科では演劇の教師育成プログラムが提供され、演劇教育の真価や、ベストプラクティスがさかんに論じられていた。研究プロジェクトの役目は、学校で実際に演劇の先生が何をやっているのかを観察して、今後の発展のために助言することだった。

私たちは本格的な演劇プログラムがある六つの学区を選び、各学区の三校と学区の演劇顧問と綿密に協働した。初年度には学校を定期的に訪問し、演劇担当教師の教え方をじっくりと研究した。演劇教育の問題点を話し合う地域レベルや全国レベルでの会合を開催し、プロジェクトに参加しているすべての顧問や教師が意見交換や情報共有できるように合宿を実施した。

二年目には学校における演劇の概念的枠組を提示し、実際的な推奨事項をまとめた「演劇を通じた学習《ラーニング・スルー・ドラマ》」を執筆した。三年目にも学校評議会の依頼を受け、ワークショップやコース、会議などからなる国家プログラムで研究結果を発表した。プロジェクト予算は三年で終了し、メンバーはそれぞれ別の仕事にとりかかり、プロジェクト活動は終息していった。

この演劇プロジェクトは研究、開発、普及という典型的なプロセスを踏まえている。私たちは学校を訪問して実際に何が行われているのか調べ、提案をまとめ、その結果を世界に発表した。このプロジェクトの成果は全英の学校に大きな影響をもたらし、プロジェクト終了後もその影響は広まりつづけた。演劇教師を支援するための業界団体の設立にいくつか手を貸したものの、プロジェクト自体を継承するための特定の機関はなかった。期間限定のプロジェクトだったので、影響力も限られていた。

〝アート・イン・スクール〟プロジェクトは違っていた。

八〇年代後半に、マーガレット・サッチャー率いる保守党政府は英国にナショナルカリキュラムを導入する法律を成立させた。この一九八八年教育改革法は英国の教育界に激震を起こした。それまで、学校は何を教えてもよかった。カリキュラムは実際にはどの学校も似通っていたものの、理論上は学校が自由に決めてよかった。教育改革法により、この自由の時代にも終止符が打たれた。

ナショナルカリキュラムはそのしばらく前から検討されていて、実は検討を始めたのはサッチャー政権の前の労働党政権だった。それも中東の石油危機により西側諸国に激震が走った一九七四年までのことだった。オイルショックのみならず高い失業率にも苦しめられたジェームズ・キャラハン首相は、もう学校の好きにはさせないとお達しを出した。教育における国家的な優先順位を徹底的に議論して、何らかの合意に達する必要がある、と論じたのだ。

一九八八年の教育改革法制定を控えて、この新しいナショナルカリキュラムは偏重した、実利的なものだろうと危惧する人は多かった。特に芸術は片隅に追いやられるに違いないと心配する人もいた。先制攻撃として、独立系のカルースト・グルベンキアン財団が教育における芸術の役割を見直すために全英委員会を設置した。私は委員会に参加し、研究と、報告書「学校における芸術教育《アート・イン・スクール》──原則、実践、規定」の作成に加わった。

報告書は四つの目的を念頭に作成された。ひとつは、英国を揺るがしている教育の未来についての議論に、芸術をその根本的な部分として取り込むこと。この時点まで、芸術系教科はナショナルカリキュラムの策定においてほとんど論じられていなかった。第二の目的は、あらゆるレベルの政策立案者に対して、できるかぎり明確に芸術教育の利点を論じること。第三の目的は、実際的な問題でもそうでなくても、学校における芸術教育が直面するあらゆる問題点を特定すること。第四の目的は、学校と政策立案者に対して実際的な行動計画を提案すること。

「アート・イン・スクール」が出版されると、会議や実験的プログラム、実習コースなど、多岐に渡るプロジェクトが発足した。学校を離れて、特に若者向けの社会政策の一環としても芸術が重要であることが理解されるようにもなった。報告書の反響が大きかったため、私は報告書の勧告を実施する学校の支援を行う国家プロジェクトの立案と指揮を依頼された。

このプロジェクトを実施するにあたって、私は演劇10－16がもたらした、重要ではあっても部分的な影響のことを思い起こしていた。そのため、〝アート・イン・スクール〟プロジェクトは、まったく異なる変化モデルに基づいて作り上げた。このプロジェクトの目的は報告書の勧告を普及させることだけでなく、学校が自身の生徒、職員、コミュニティーを用いて授業内容を刷新することで、勧告を実践できるようにすることだった。それから四年間かけて、プロジェクトでは六〇を超える学区、三〇〇校、二〇〇〇人の教員などの専門家からなる、学校ごとに変革を起こすための全国ネットワークを構築した。このプロジェクトによって多くの学校がただちに、そして何より重要なのは持続的に、恩恵を得ることになった。それから三〇年経った今でも、「あのプロジェクトが学校や自分の行動を変えた」と人々が教えてくれることがある。

演劇10－16は優れたプログラムだったが、もたらした変化は限定的だった。〝アート・イン・スクール〟プロジェクトはそれよりも広範囲で恒久的な変化を生み出した。なぜ一方は他方よりも効果的だったのだろうか。それは、プログラムの立案と実践の方法に関係がある。後者は、学校を実際の姿のとおり、複雑適応系として扱った。つまり、教育制度を構成する、たがいに依存するさまざまな要素に向き合ったのだ。

〝アート・イン・スクール〟プロジェクトで取り上げた各学区は、変革の主戦場として参加校を選んだ。また、学校に支援と助言を提供し、学区内のプロジェクトの代弁者となり、プロジェクト成功のために最高の環境を作り上げる地元の顧問団を創設した。顧問団には教育関係の政策立案者、地元の文化団体の会員や資金提供機関、実業界の面々などが名を連ねた。

〝アート・イン・スクール〟プロジェクトは芸術教育の軽視という問題を解決することはなかった。芸術教育はいまだに米国と同様に英国でも教育標準化運動に迫害されている。しかし、教育制度の複雑さを理解し、同時に複数のレベルで教育制度に働きかけることで、このプロジェクトは参加した多くの学校や学区に永続的な変化を実際に引き起こした。教育制度の変革を試みるなら、同様のアプローチが必要になると私は確信している。

変革の責任を負うには、まず、自分に変化を起こす力があることを自覚しなくてはならない。〝アート・イン・スクール〟プロジェクトでやりがいを感じたことのひとつに、学校が私たちの提案を受け入れて、その学校が抱えている状況に合った対策をとったということがある。あれ以降、英国で何百校もの学校がプロジェクトの勧告を自分たちのやり方で実施してきた。

本書ではこの先、生徒とコミュニティーの両方に合わせてカスタマイズした学習方法に基づき、生徒のために教育改革を行っている学校の実例をさらに取り上げていく。こういった学校は、多くの学校で守られている慣習化された学校のあり方（年齢によるクラス分けや統一された授業時間、明確な教科の区別、直線的な評価パターン）を超越している。なぜなら、学校の根本的な仕事は試験の点数を上げることではなく、生徒の学習を手助けすることだと理解しているからだ。

問題の根っこにあるもの

前著『創造的な学習法 Out of Our Minds: Learning to be Creative』では演出家ピーター・ブルックの作品を紹介した。生涯を通じて、演劇を最大限に人の人生を変えるような体験にしたいという情熱が彼の活動の原動力となっている[11]。公演の多くにそういった力はないという。演劇を観に行っても観に行かなくても変わらない、一夜のひまつぶしなのだ。演劇の変革的な力を高めるためには、演劇の本質を理解することが重要だとブルックは言う。そのためには、典型的な観劇体験から何を取り去っても演劇たりうるかを考える。

緞帳も照明も、衣装もとっぱらっていい、とブルックは言う。そんなのは本質的ではない。脚本もなくていい。演劇の大半が台本なしである。演出家も、舞台も、スタッフも、劇場もいらない。演劇の多くはこういったもの抜きで行われてきた。

取り去れない唯一のものは、空間にいる演者とそれを観ている観客だ。演者はたったひとりで観客もたったひとりだったとしても、このふたつが削ぎ落せない演劇の本質的な要素なのだ。演者が劇を演じ、観客はそれを体験する。〝演劇〟とは、観客とその劇との間にある関係のすべてを指している。演劇が変革的な力を最大限に発揮するには、その関係性に集中して、できるかぎり濃密なものにすることが大事だ。この関係性を深めてくれるのでなければ、何も足してはいけないとブルックは言う。彼はこの信念を、画期的で国際的な評価を得た公演でこれまで実証してきた。

これは教育にもぴったりと当てはまる。イントロダクションでは、学ぶことと教育は違うと述べた。教育の根本的な目的は生徒が学ぶのを助けることだ。それが教師の役割である。しかし、現代の教育制度はありとあらゆる余計なものであふれている。政治的な思惑や国家の優先事項、労組の交渉における立場、建築基準、職務内容、保護者の野心、仲間の影響など、枚挙にいとまがない。しかし、教育の本質は生徒と教師の関係性にある。ほかのすべては、この二者がいかに実りのある、良い関係性を築いているかにかかっている。この関係がぎくしゃくしていれば、教育制度は立ち行かない。生徒が学べなければ教育とは言えない。何か別のものが行われているのであって、それは教育ではない。

学び――そして教育――の大半は、学校やナショナルカリキュラムという正式な場ではないところで行われている。それがどこであれ、学ぶ意欲がある学習者と、教える気がある教師がいるところで行われている。問題は、そういう場を学校の中で作り出し、維持することだ。根本的な課題は、生徒と教師の関係がうまくいく環境をつくりあげること。私の言う「教育を徹底的に改革する」とはそういう意味なのだ。この環境づくりには、責務の生態系が存在する。

・もっとも根本的なレベルでは、教育の重点は生徒が学びたいと思えて、学ぶことができるような環境づくりにあるべきだ。これがほかのことすべてを左右する。
・次に、教師の役割は生徒の学びを手助けすることである。これをきちんと行うのはそれ自体が芸術のようなもので、これについては第5章で論じる。
・校長の役割は教師がその役割を果たせる環境を学校に作り上げること。リーダーシップや学校の文化が関係してくる。
・学区、州、国家の政策立案者の役割は、校長と学校がこういった責務を果たせるような環境づくりをすることである。

公教育制度では、生徒が何を、どうして学ぶべきなのかということや、教師や学校に成果責任を負わせる方法について、何らかの合意がなければならない。こういった問題についても、のちに取り上げる。ここではまず、根源的な問題である学びについて考えてみよう。学校を良くするためには、〝学ぶ〟ということがどういうものかを理解しなければならない。どうすれば生徒がもっともよく学べるかということと、そのためのいろいろなやり方を理解しなければならない。学校や教育政策がこれを見誤ってしまえば、ほかのすべてが水の泡なのである。

第4章 生まれながらの学習者

新生児には周囲の世界のことを知りたいという貪欲な学習欲がある。たとえば、言語。たいてい、二歳か三歳で驚くほど流暢に話すようになる。子どもを育てたことがある人なら、話し方を教えはしないということは知っているだろう。教えることはできない。親にはその時間がないし、子どもは集中力が続かない。子どもは言語に接しているだけでぐんぐん吸収する。言葉の使い方を直したり、はげましたり、ほめたりはするが、子どもと差し向かいで、「話し合おう。というより、話してくれないか」というようなことはしない。そういうものじゃないのだ。そして、言語は人間にそなわった素晴らしい学習能力の一例に過ぎない。

第2章では、リチャード・ガーヴァーが英国のグランジ小学校で引き起こした変革を紹介した。彼のアイディアは大成功を収めたものの、世界中の学区が学校を町にするべきだとは考えていない。そうではなく、グランジトンの創設に至った、基本に立ち返るアプローチをとるべきだと彼は提案しているのである。「出発点として、大学でも、学校でも、職業訓練学校でも、すべての教育者がその学区で最高の保育施設を見つけて、そこでの教育を観察して学ぶべきです」と彼は言う。「それから、保育施設でやっていることから学んで、それをうちの生徒に合わせて実践するにはどうすればいいだろう、と考えるんです。それこそ、実践的で実証できる、ナチュラルラーニング〔米国の教育者ジョン・ホルトが提唱した、生徒の学習意欲に合わせた教育方法〕を謳歌する最高のやり方です」

学習の喜びと苦しみ

子どもはどれほど自然に学ぶものなのだろうか。スガタ・ミトラはその答えを見つけるために、一九九九年にニューデリーのスラム街である実験を行った。壁にパソコンを設置し、電源を入れ、インターネットに接続し、子どもたちの反応を観察したのだ。

この子どもたちは誰ひとりとしてパソコンをこれまで見たことがないだけでなく、ブラウザは誰ひとり読める者のいない英語で表示される。ところが、子どもたちはあっという間にコンピューターで何ができるのか学び、たがいに教え始めた。数時間のうちに、ゲームで遊んだり、自分で作った音楽を録音したり、堂に入ったやり方でネットサーフィンをするようになっていた。[1]当時Twitterがあれば、おそらく一ヵ月後には五〇万人はフォロワーを得ていたことだろう。

スガタはさらに野心的な実験を行うことにした。パソコンに音声入力ソフトをインストールして、かなりきついテルグ語なまりの英語を話すインド人の子どもたちに与えたのだ。テルグ語なまりは理解されず、音声入力ソフトは意味不明の文章を入力した。自分たちが言っていることがどうすればパソコンに分かってもらえるのか、子どもたちには見当もつかなかった。自分にも分からなかったとスガタは言う。それが、パソコンを彼らに預けておいて、二ヵ月後に戻ってみると、子どもたちはテルグ語なまりを矯正して、パソコンソフトが理解できる標準的なイギリス英語の発音で話すようになっていた。

それからほどなくして、タミル語を話す一二歳児が独学で、しかも英語でバイオテクノロジーを学べるかどうか試してみることにした。ふたたび期間は二ヵ月間としたが、スガタ自身たいして成果に期待していなかった。「試験すれば、ゼロ点になるはず」と彼は言う。「教材を与えて、期間が過ぎてまた試験をしたら、また結果はゼロ点。それで、『教師が必要なこともあります』という結論になると思っていました」

「二ヵ月が経ってふたたび子どもたちのもとを訪れると、二六人の子どもたちがとても神妙な面持ちで部屋に入ってきました。『それで、教材は読んでみたの？』と聞くと、『ええ、読みました』と言うんです。『いくらかでも理解できた？』と聞くと、『まったく分からなかった』と言う。それで、『まったくお手上げだと思うまで、どれくらい学ぼうとしたの？』と聞くと、彼らは『毎日読みました』と言う。『二ヵ月間も理解できない本を読んでいたの？』と言うと、ひとりの女の子が手を挙げて、『ＤＮＡ分子の複製が不正確である場合遺伝性疾患が発症するという事実以外、まったく理解できませんでした』と、こう言うんです」[2]

スガタは、効果的なツールを与えられたら子どもたちがどれくらい独学で学べるのか調べ続けた。最近、〝グラニークラウド〟という、Skype経由で生徒の学習と探索のお手伝いをする引退した教師の集団を発足させ、[3]二〇一三年末には「子どもたちが指導を受けながらインターネットで情報を主体的に入手して知的冒険に挑戦する」初のスクール・イン・ザ・クラウドを立ち上げた。[4]

彼の実験によって、子どもたちがとてつもない学ぶ力を秘めていることが判明した。[5]そのように生まれながらの学習者であるならば、なぜ学校では落伍者がこれほど多いのだろうか。教育というプロセスそのものに飽きてしまう子どもは、なぜこれほど多いのだろうか。これは、多くの点で教育制度自体と、そして教育制度に浸透している慣習のせいなのだ。

従来の高校では、生徒は前を向いて席に着く。教師は教え、説明し、課題を出す。学習様式は大部分が言語か数式による。つまり、書き、計算し、教師と議論するというのが主な生徒の勉強法だ。学習内容であるカリキュラムはさまざまな教科に分かれており、教科は通常それぞれ別の教師が担当する。しょっちゅう試験が行われ、試験勉強に多くの時間が充てられる。当然、生徒によって学習進度が速い教科もあれば遅い教科もあるが、クラス全体が同じ進度で、同じ時間をかけて学習することになっている。個々の生徒がクラス全体についていけるか、いけないかは、生徒の能力全般を示しているとされた。

学校での一日は通常四〇分くらいの同じ長さの時間に分けられ、それぞれに異なる教科が曜日ごとに割り振られた時間割が毎週繰り返される。授業の終わりにベルやブザーなどが鳴らされるとみんな作業を止め、別の部屋で待つ別の教師に次の教科を教えてもらいに移動する［米国では教科ごとに教科担当教師の教室に移動する］。

どうして学校はこのように運営されていることが多いのだろうか。最大の理由は、大衆教育がいまだに現代のシステムの動きに見て取れる、二本の柱に拠って立つものだからだ。二本の柱とは、学校の**組織**文化と**知的**文化のことである。第2章で論じたように、大衆教育の組織文化は工業化における製造プロセスに根差している。知的文化はもっと根が深く、古代、プラトンのアカデメイア（〝アカデミック〟という言葉の由来）までさかのぼる。

さきほど、教育は学力という考えに支配されている、と述べた。多くの人にとって、〝アカデミック〟は〝知的〟と同義語であり、〝アカデミックな成功〟は〝教育の成果〟と同義語であるらしい。しかし、〝アカデミック〟は正しくはもっと狭義である。実践や応用ではなく、主に理論的、学術的な知的活動を指す（このため、〝アカデミック〟という言葉は、非現実的だったり、純粋に理論上のものだと思われていたりする考えや人のことを意味することもある）。

アカデミックな活動には三大要素がある。ひとつは哲学者が命題的知識と呼ぶもので、「独立宣言は一七七六年に署名された」など、起こった出来事についての事実。次に、理論分析にも重点が置かれている。これは、たとえば民主主義や自由、運動法則、ソネットの構造など、概念や手続き、前提や仮説を対象とする。三つ目の要素はこれらふたつによるもので、手先の器用さや身体的スキル、反射神経、道具の利用などが関係する、技術的で実際的、応用的な活動ではなく、読み書きや数学を主に取り扱う机上の学問に重点が置かれている。

命題的知識は**事実**知とも呼ばれ、手続き的知識、または**方法**知とは区別される。手続き的知識は、物を作ったり実際的な作業を行ったりするときに用いる。絵の描き方を知らなくても美術史を学術的に学ぶことはでき、楽器を演奏できなくても音楽理論を学ぶことはできる。芸術や音楽を生み出すこと（そのおかげで学問する対象が存在するわけだが）には、**方法**知も**事実**知も関わってくる。手続き的知識はエンジニアリングや医学から舞踊まで、あらゆる実践的な分野で重要だ。学術研究で成功し、特定の分野の研究への情熱を見出す人もいる。一方、心から興味が持てるのはアイディアや技術の実践的応用で、特定の分野の専門職に情熱を傾ける人もいる。

もちろん、学問はそれ自体が重要で、理論は人生のあらゆる分野における実践に知識を提供することができ、またそうすべきでもある。しかし従来の学校カリキュラムでは、中央にどっかりと据えられているのは後者ではなく前者。学問が重要であることは論をまたず、すべての生徒の教育で教えられるべきだ。しかしそれだけでは足りない。学問は必要なのだが、すべての生徒が今必要としているたぐいの教育には、それだけでは不充分なのである。

人間の知性が内包するのは学力だけではない。芸術、スポーツ、テクノロジー、ビジネス、エンジニアリング、そして人生をかけて取り組んでいる人がいるその他のさまざまな職業において、成功者は知性に満ちあふれている。私たちの生活も未来も、幅広い実際的な能力とスキルを習得することにかかっている。学校はそのすべてを全生徒に教えることは到底できないが、少なくとも一般教育の中で実践的な教育にも学術的教育と同等のしかるべき場所を与えて、発展させていくための基礎を築くべきなのだ。

人間の知性は明らかにこれほど多岐に渡っているのに、学校がその特定の側面のみを重視するのを不思議に思われるかもしれない。その原因には、『創造的な学習法』で論じたように、欧州の啓蒙主義が高等教育と科学的手法の発展と、その工業化での応用に与えた影響がからんでいる。ここでまた説明はしないが、その結果、学校制度は今や生徒たちの多岐に渡る才能を充分に反映していない、学校運営のきまりごとや知的習慣が入り組んだ網となっている。

学校制度と折り合いが悪いため、自分は問題児だ、頭がたいして良くない、学習障害を抱えているんだ、とあまりに多くの生徒が思ってしまう。たしかに、学習障害を抱えていて特別な支援を必要としている人もいる。しかし大多数にとって、問題は彼らが学べないということではなく、どのように学ばされているかなのである。

誰の問題か

さきほど、教育はグローバルな課題であると同時に、非常に個人的な問題でもあると述べた。これは私たちすべての問題である。私は英国リバプールで労働者階級の大家族の一員として生まれた。六人のきょうだいがいる。彼らのことは前著の『才能を引き出すエレメントの法則』と『才能を磨く』でも取り上げた。英国で指折りのサッカーチーム、エバートンのホームスタジアムのすぐ近くにあるスペロー・レーンの小さなテラスハウスで両親に育てられた。よく親戚も一緒に暮らしていた。皮肉なことに、私は子どもの頃ポリオを患って特別な学校に入れられたため、優れた教育を受けることができた。

この学校で私はさまざまなメンターと出会い、そのうちに、社会的地位の低い〝セカンダリーモダン〟ではなく社会的地位が高い進学校の〝グラマースクール〟に進学できる生徒を決める、学力選抜試験のイレブンプラスに合格した。グラマースクールに行けば大学進学への道が拓け、客商売や肉体労働ではなくビジネスや専門職の仕事に就けるかもしれないのだ。グラマースクールに進学していなかったらこういう人生は送っていなかっただろうし、今こういう仕事もしていなかっただろう。ほかにも、兄弟のうちふたりが試験に合格し、グラマースクールに進学した。ほかの兄弟とレナもまったく能力で劣りはしなかったのだが、彼らはグラマースクールには進まなかった。

五〇年代前半にグウラディス・ストリート小学校に通ったレナは、学校が大好きだった。学校のゆったりとした雰囲気が気に入っていて、読み書きや図画工作、スポーツができて、友達と遊べるのも好きだった。それが、イレブンプラスで厳しい現実を知ることになった。子どもたちはみんな大事な試験だということは知っていたが、なぜ大事なのかはよく分かっていなかった。試験当日、知らない学校にバスで連れていかれ、他校の見知らぬ子どもでいっぱいの講堂に詰め込まれた。

席に着き、私語しないようにと言われた。制限時間の中で解かないといけない問題用紙と解答用紙が配られる。試験が終わると問題用紙と解答用紙は回収され、生徒たちは自分の学校に送り届けられる。数週間後、リバプール教育委員会から送られてきた茶封筒が自宅の郵便受けに届く。両親が封筒を開けて、不合格だった、とレナに結果をそっと教えた。彼女は驚かなかった。何も試験勉強はしなかったし、何をすればいいのかもわかっていなかった。次に届いた手紙には、スタンリーパーク・セカンダリーモダン女子校に入学が決まったと書かれていた。

一一歳から一五歳で卒業するまでレナはこの学校に四年間通った。その四年間を通してほとんどずっと、学校が嫌いだった。カリキュラムは決まっていて、選択科目はひとつもなかった。四〇人かそれ以上の同じ年齢の女の子と授業を受けたが、前を向いて、言われたことをやるだけだった。歴史、地理、数学、英語、理科の授業があった。レナはやらないといけないことをやって、淡々と学校生活を送った。シャイな性格なので、注目を浴びることを恐れて手を挙げはしなかった。

一番好きだった授業は、体を使って物を作ることができる科目だった。本物の料理ができる家庭科や、実験ができる化学や、布地を切って縫う裁縫の時間。それにのびのびと走ることができる体育の時間。しかし、こういった楽しい時間は、席について黙って物を書くその他大勢の授業の間にまばらに挟まっていた。

最終学年では職業指導員がクラスを訪れて、それぞれの適性に合わせて事務職やアシスタント、看護師、美容師、工員などの仕事を検討するとよい、とみんなに説明した。それで、彼女たちはその助言に従った。レナと四、五人の生徒は、選択肢のうちで美容師が一番おもしろそうだと思った。美容院で三年間修業することになり、それから週に一日は大学で芸術、化学、カットとスタイリングを勉強する。何より、自分にとって大事だと思えることを仕事にできる。レナはこの選択に満足していて、両親も喜んでいた。当時、娘の将来の仕事は両親の最大の関心事ではなかった。父が労災事故で首の骨を骨折し、四肢麻痺患者になったばかりだったのだ。そういうわけで、レナの選択に親は喜んでいたものの、きちんと注意を払ってはいなかった。

学校の最終日に校長がすべてのクラスをまわってアドバイスをした。また、いろいろな職業を読みあげて、その職業を選んだ生徒に起立させ、未来の看護師や事務員、工員に祝いの言葉を述べた。それから、美容師になることを考えている人はいるかと聞いた。レナとほか四人の女の子が立ち上がった。「さてさて」と校長は言った。「怠け者は楽な仕事を選ぶというわけね」。彼女たちは誇らしく、うれしく思って立ち上がったのに、困惑して恥じ入りながら着席した。レナはいつも一所懸命勉強してきた。誰にも怠け者だなどと言われたことはなかった。一一歳でスタンリーパークに入学したときには自分が落伍者だと感じたものだったが、一五歳で卒業する今もふたたび自分は落伍者だと感じた。校長に話しかけられたのはこれが初めてだった。

ところが実際には、レナは自分の店を構えるまでに美容師として成功を収めることになる。

しかし、学校が自分のことを分かってくれていたら、別の進路を勧めただろうと後年気づいたそうだ。彼女は非常に手際が良くて、人と関わることが好きなので、こういった才能がもっと活かせるような職業に就くべきだったと今では思っている。

しかし、彼女がセカンダリーモダンを卒業したのは六〇年代で、当時こういう子どもたち、特に女の子には、さほど期待は寄せられていなかった。「集団の一員として学校時代を過ごして、ほかの生徒たちと同じように評価されていたら、自分が何者か、本当はどういう能力を持っているのかなんて分からないじゃない？」とレナ。まったくそのとおりだ。

当時も今も、青少年の学習意欲や学習に関する問題は、その多くは教育制度そのものが原因となっている。制度を変えれば、こういった問題の多くは消えるものだ。学習に通常課せられている骨組みを外してしまえばどうなるか、別の実例を紹介しよう。

自由に学ぶ

舞台芸術とテクノロジーのためのブリット・スクールで長年芸術監督を務めたエイドリアン・パッカーは、エバートン・フリースクールの初代校長にならないかと誘われた。英国で人気の一流サッカーチームであるエバートンFCが創設した十代のためのオルタナティブ教育機関だ。私にとってはびっくりの偶然なのだが、この学校は私が子ども時代に暮らしたスペロー・レーンの廃棄物処分場だったところに建てられた。実家のほぼ真向いだった。そのことも手伝って、エバートン・フリースクールが境遇に関係なくすべての生徒のために「組織的に機会を与える」ことを目指していると聞いて私は心を動かされた。

フリースクールは英国では新しい。米国のチャータースクールと同様に政府が資金を提供するが、運営はナショナルカリキュラムの縛りは受けずに、授業時間や職員の雇用、予算などに関してより大きな裁量を認められている。[6] エバートン・フリースクールはこれまでの教育ではうまくいかない十代の子どもたちのために、一人ひとりに合った機会を提供するために創立された。

カラム・メインズはそのひとりだった。最初の頃は学校に通うのが楽しかったが、十代になると学校が人間味のない巨大な機構のように感じられるようになり、学校にほとんど行かなくなった。一三歳のときに父親が他界してから家庭に居場所はなくなり、興味が持てないクラスにばかり入れられていた学校にも逃げ場はなかった。カラムにとってエバートン・フリースクールは命綱のようなもので、彼がどういう人間なのか、どのような夢を持っているのかに関心を寄せてくれる学校に通えるチャンスだった。

「この学校では、先生が敵対関係ではなくて協調関係にある感じ」と彼が話してくれた。「先生たちも生徒のことを気にかけてくれていて、生徒の意見を考えに入れてくれていると思えるんです。フリースクールに来なかったら、今頃マリファナやってる連中の仲間入りをしていたと思う。そういう道に進まなくて済んだのはこの学校のおかげです。何でも自分のやりたいことができるんだって教えてくれましたから」

エバートン・フリースクールやほかに本書で紹介した学校は、ふたつの大事な点を証明している。第一に、すべての生徒に生まれつき素晴らしい能力がそなわっていること。第二に、その能力を育成する秘訣は、学力主義や基準準拠による制約を脱却して、生徒一人ひとりの本当の能力に合わせた制度へと移行することであること。

一人ひとりに合わせた教育を

数年前、新車を購入した。ずいぶんと時間がかかった。車のモデルを決めると、私の好みやニーズに合わせてカスタマイズできるオプションの説明がえんえんと続いた。色に始まり、仕上げ、シート、音響システム、内張り、ドアの数、エンジンのサイズなどなど。納税申告書に記入しているみたいだった。この自動車には実際のところ一体いくつのバージョンがあるのかと販売員に聞いてみた。いくつかは分かりませんが、これまで取り扱ってきた車と同じく、お客様の車も世界にただひとつの車になります、という答えだった。初めての車は二三歳のときに買ったが、そのときに聞かれた質問はただひとつ、「買いますか、やめときますか？」だけだった。

今日では、アプリからスマホ、洋服、Facebookのページまで、何でもカスタマイズできて当然だと思われている。医療に関しても同じことが言える。テクノロジーと生物学の理解が発展するにつれ、医療はますます患者一人ひとりに合ったものになっていくだろう。

このパーソナライズ化はありとあらゆる分野で起こっているようだが、教育ではまだ根づいていない。教育でこそパーソナライズ化がどこよりも緊急に必要とされているというのに、皮肉なことである。教育におけるパーソナライズ化とは何を指しているのか、まとめてみよう。

・知性が多様で多面的であることを認識する

・生徒が関心を持っている事柄や得意なことを追い求められるようにする

・生徒のさまざまな学習度に合わせてスケジュールを組む

・生徒の個人的な成長や達成を支えられるような形で評価を行う

知性の多様性

子どもは生まれながらの学習者だと述べたが、事実そうなのだ。年少の頃、世界や周囲の人々について膨大な知識を吸収し、人間の能力の中でも最高級の驚異の能力に数えられる能力が発達し始める。もちろん、人類以外の種も早くに学習する。動物の知性がどれほど高いか、その行動、能力、関係性がどれほど洗練されたものかが研究により判明してきた。

また、人間が意味する〝学習〟という行動を、動物は本当に行うのかどうかという議論もさかんになされているが、そう思わざるを得ないような例がいくつもある。たとえば、『豚は月夜に歌う』で著者のジェフリー・ムセイエフ・マッソンはピグレットの話を紹介している。毎朝海水浴に出かけていき、（お腹をさすってもらえるときは）子どもたちと一緒にいるのを好み、満月の夜には空に向かって歌う豚の話である。[7]

また、問題解決が得意な007というカラスの例もある。Dr・アレックス・テイラーが行った実験では八つの障害をくぐり抜けて（どれも解決策は異なる）、容器の奥深くに入れられた食べ物を手に入れた。[8] おそらくもっとも有名なケースは、ゴリラ財団に米国手話を教わったゴリラのココだろう。ココは一〇〇〇個以上のサインを覚え、新しい情報を伝えるためにサインを組み合わせて、口語英語をよく理解していることを示した。[9]

一時は、ある部分において人間の幼児よりも能力が高い動物もいる。意図を伝える能力ならココのほうが確実に幼児の大半よりも高い。しかし、人間はすぐにほかの動物とは一線を画した能力を現すようになる。象徴的思考だ。そのもっとも分かりやすい例は言語である。少なくともあるひとつの根本的な側面において、人間は地球上のほかの生物とは異なる。ほかの生物は世界と直接関わって生きているようだが、人類はそうではなく、アイディアや価値観という枠組みを通じて世界をとらえている。私たちはこの世界に存在するだけでなく、この世界について考えや理論を持っており、それがこの世界をどう理解するか、自分自身、他者をどうとらえるかに影響する。人類を地球上のほかの生物とは違う、特異な存在にしている能力はいくつかあるが、想像力と創造力こそ、決定的な違いを生み出すのである。

子どもは成長する過程で私たちがひとつではなくふたつの世界に存在していることを知る。さきほど述べたとおり、ひとつは自分がいようといまいと存在する世界、他者の世界、物体や出来事の世界。もうひとつは、自分が存在しているからこそ存在する世界。内的世界である。このふたつの世界とその関係性を理解するというのは人生の難問のひとつだ。

ほかの人々と密接に関わると、考え方や感じ方に影響を与え合う。一緒にいるための方法を作り上げ、同じ価値観や行動様式を示すようになる。成長の過程で、子どもは話し言葉に組みこまれている物事の見方や考え方、周囲の人々の価値観や生き方を吸収する。人類は洗練された言語や系統だった思考法、抽象理論、実用技術、複雑な芸術形式、入り組んだ文化的な習慣を作り上げてきた。こうして、私たちは生きる世界を文字通り創造する。そして、異文化の世界はしばしば驚くほど相容れないものである。

『創造的な学習法』では、人間の数多い感覚（五種類以上ある）と、それが他の種とはどう違うのかについて論じた。ほかの生物には人間が感知もできない世界の側面をとらえられるものもある。とはいえ、人類が授かった優れた思考能力と行動能力は、ほかの生物種とは種類が異なる。私たちは世界を体験するありとあらゆる方法で世界について考え、その考えを他者に伝達する。音や画像、動き、言葉、数字、そしてこういったさまざまな形式が可能にする方法で思考する。比喩や類推を用いて思考する。論理的に考え、共感し、推測し、仮定し、想像し、創造する。

人間の特徴として、個人の才能、関心、気質が非常に多様だということがある。心理学者など人間科学の研究者は当然ながらそれらを定義し、分類しようとする。ここ一世紀で最大の影響力をふるった知性についての理論はＩＱだ。人にはそれぞれ生まれながらにしてそなわった知性の容量があり、それは簡単に調べて数値化できる、という考えである。この理論の欠陥について某所で述べたので、ここで繰り返して皆さんの忍耐力を試すことはやめにしよう。[10] ただ、ＩＱが示している知性の概念は、人間の知性が本当はどれほど豊かで多様なものかということを見誤らせる狭義のものであると述べるにとどめる。

より広い意味で知性をとらえようとした理論はこれまでいろいろとあった。中でも大きな影響力があったのが、ハワード・ガードナーの多重知能理論だ。彼は多重知能《MI》のことを「ＩＱテストなどの単純な試験で充分に測定できる単一の知性があるという、知能に関する標準的な心理学的見解の批評」だと説明している。異なる情報源から得られた論拠に基づき、人間は比較的はっきりと分かれた知能をいくつか有していると彼は論じる。八種類の知能があり、それらすべてが個人個人で独自に組み合わさっているという。[11]

多重知能理論は広く論じられ、これに代わる概念も提案されてきた。この理論や、知性の多様性に関するほかの理論はどれも批判されてきた。理論というものはそういうものだ。理論の構造を疑問視する声もあれば（「知能には三種類あるのか、四種類か、八種類か、一〇種類か」）、科学的な証拠がないただの理論にしかすぎないので、証拠が提示されるまでは仮の推論として扱うべきだという声もある。両者とももっともな批評だ。カール・ポパーが論じたように、科学の進歩は直線的ではなく、「推測と反駁」に基づいている。[12] どんなに魅力的な理論でも、より優れた理論や、それを支えるか、疑義を投げかけるか、反証となる証拠が出てくるものだ。

この件で興味深いと思うのは、これらの多重知能理論が科学的に証明されていないので、多重知能理論が説明しようとしていることにはまったく中身がないと結論づける反対派もいることだ。しかし明らかに中身はある。

数年前、私は北欧の政府高官のもとを訪れた。知性の多様性に対して懐疑的な人で、証拠はあるのかと聞かれた。彼の執務室は一七世紀に建てられた建物の一室で、私たちはオーク材のパネルが張られた重厚な部屋の中で、マホガニー製の美しいテーブルをはさんで座っていた。壁には近代主義の画家による見事な絵画が飾られ、大型のフラットスクリーンのテレビは二四時間放送のニュース専門局に合わせられていて、ガラス天板のスチール製デスクには二台のApple社のパソコンが置かれ、床には伝統的で精巧な手織り絨毯が敷かれていた。彼の背後の棚には小説や詩集など、革装丁の書籍が飾られていた。そして、静かに流れるモーツァルトの曲。

これらはすべて、人間の知性と能力の途方もない多様性の産物であり、証拠である。「この部屋の中を見回して」と私は言った。「耳を傾けてみてください。知性の多様性がそこらじゅうで見つかりますよ」。彼はハッとしていた。

多重知能論の証拠は、地球上で人々の暮らしを彩るいくつもの文化や偉業にある。科学、芸術、哲学、宗教、技術に工学、スポーツや運動競技、そしてこういった人の活動が異花受粉させ合ってたがいをより豊かなものにしているところにあるのだ。

教育の四大目的を真剣に達成させようというのなら、人間がこの知性をもって外なる世界の中で行動し、内なる世界を理解しようとする、さまざまな形に応える必要がある。従来の学力だけでなく、自分の能力や感性の限界を探る機会がすべての生徒に与えられるべきなのだ。これは誰にとっても、カリキュラムの構造とバランスに根本的な影響を及ぼすものである。

生徒が自分の関心事や得意なことを追い求められるようにする

人には誰でも幅広い生来の適性があり、それは一人ひとり異なる。パーソナライズ化というのは、こういった違いを生徒への教え方に組み込むことを意味する。また、全生徒が共通して学ばないといけない教科に加えて、生徒が自分の関心があることや得意なことを追求する機会を設けるために、カリキュラムに柔軟性を持たせることでもある。

前著の『才能を引き出すエレメントの法則』と『才能を磨く』で、才能と情熱が出会うと水を得た魚になれると述べた。誰にも得意なことと苦手なことがあり、人とは違う才能がある。私も、元からやりやすいことはあった。言葉で自分を表現するのはわりと得意な方で、それは昔からそうだった。それが数字となるとどんなに頑張ってもどうも苦手だった。学校では数学の授業が大好きな友人もいた。彼らには数学の才能があったから。私は数学ができないわけではなくて、試験で赤点を取ることはなかった。しかし私にとっては理解するのが難しい数学の概念やテクニックであっても、彼らにとっては難なく分かるようだった。

もちろん、どんなに適性が低くても、練習すれば能力を伸ばすことはできる。そして、どんなに天才的な才能でも、練習により磨きをかけることはできる。だが、異なるレベルの適性を持ったふたりの人物が同じくらい練習すれば、ほとんど間違いなく達成度は異なる。家族の中でもこういう違いはすぐに分かる。

新しい電子機器を買ってきて、使ってみて、と家族全員にそれぞれ頼んでみるといい。パートナーはまず取扱説明書に手を伸ばすかもしれないし、子どもたちはインターネットでこの機器の使い方を説明したYouTubeの動画を探すかもしれない。とりあえず電源を入れてみよう、という人もいるかもしれない。それぞれがこの新しいものに対して異なる学習アプローチを持っている。それは、家族一人ひとりが異なる人間だからだ。そうであるなら、生徒全員に同じ教え方をするのは控え目に言って非効率的である。

エレメント［才能と情熱が出会う場所］を見つけるというのは、自分の才能を見つけることだけではない。中には、本当に好きではないことでもうまくできる人はいる。が、エレメントを発見するためには、そのことを心から好きでなくてはならない。情熱がないといけない。外界の見方は、身体的な特徴により形成されるところもあれば、文化により形成されるところもある。しかし、それぞれに性格があり、才能、関心、希望、やりたいこと、懸念、気質がある。自分の興味のあることや能力を模索する自由を生徒に与えると、奇跡的なことが起きる。ローリー・バロンは、生徒たちにとってもっとも重要なことこそもっとも重要なんだと認めるまで、ミドルスクールの生徒たちの心をつかめなかった。アメフトや美術や音楽（あるいは科学や文学や歴史も）のおかげで、ほかの関心がない授業も耐えられて、一日を何とかやり過ごせるのだ。

あらゆる学習は情報や考えの記憶に頼るところがある。「生徒は記憶力が良いか悪いかのふたつにひとつで、記憶力が悪い生徒はあまり頭が良くないのでもっと一所懸命勉強しなければならない」と学校は思っているようだ。しかし、歴史の年表や九九の掛け算表を暗記するのに苦労する生徒でも、何百曲もの曲の歌詞を覚えたり、一〇年前のスポーツ試合で起こったある一場面について語ったりするのは苦も無くできるということはよくある。学校で暗記が苦手なのは、記憶力が悪いのではなくやる気の問題なのかもしれない[13]。

生徒一人ひとりの学習速度に合わせる

生徒によって最適の学習方法が違うのなら、学習速度もまた異なる。一斉授業と内容が決められたプログラムでは、教師もそういった生徒ごとの違いに気づき、ケアしてあげることが難しい。そのため、自分の力を発揮できない生徒が出てくる。成績が悪いと期待値も下がり、その生徒の学校生活全体に暗雲が立ち込めることになる。一人ひとりの成績を上げるというのは、標準的な障害物競走で全員に同じ方法で一斉に競争させるのではなく、生徒個人と向き合うことを意味する。

学校教育で根深い伝統のひとつに、年齢によるクラス分けがある。うちの子にはまだ早いと思った場合には幼稚園に行くのを一年遅らせることもあるが、学校に通い出すと、同い年の子どもたちと一緒に毎年学年が上がっていくことになる。八歳の子どもは八歳の子どもと同じクラスになる。一四歳の生徒は選択科目で一七歳の生徒と一緒になることもあるかもしれないが、国語の授業では一四歳の生徒たちと同じクラスになる。

第一学年の国語の授業を見学してみると、おそらく数人はすらすらと読めるが、数人は一語一語つかえながら読み、ふたりくらいはまったく理解できない生徒もいて、ひとりかふたりはすでにジョン・グリーン［米国の人気作家］まで読むようになっている。大半はいずれすらすらと読めるようになるが、この時点ではまだ習熟度が異なる。数学の問題がすらすら解けて、第三学年で代数を始めても苦ではない生徒もいる。数学には手も足も出なくて、第九学年で分数の復習をしながら始めた方が良い、という生徒もいる。

それに、従来からの奇妙なベルトコンベア方式の時間割という問題もある。このアプローチを事業に適用してみたらどうだろうか。四〇分おきかそこらで職場全体が作業を停止して、別の部屋に移動し、まったく別の作業を始める。これを一日に六回繰り返す。事業はすぐに立ち行かなくなり、おそらく数ヵ月のうちに破産することだろう。

活動内容が異なれば必要時間も変わってくる。グループプロジェクトは数時間、休憩なしで作業する必要があるかもしれない。ひとりでレポートを作成するなら短時間のセッションを何回か繰り返した方が良いかもしれない。柔軟に生徒個人に合わせた時間割なら、今日生徒が必要としているダイナミックなカリキュラムも導入しやすい。ベルトコンベア方式の時間割で何より問題なのは、作業が完了する前に止めないといけないことだ。ここで、ジョー・ハリソンのような人物の出番となる。

英国マンチェスターのある学校で音楽教育プログラムの仕事に就いたとき、ジョーは教師として訓練を受けたことがなかった。学校の一日がこんなに大忙しでは、ひとつのプロジェクトや教科に心から打ちこむのはとても困難なことだろうと考えた。「おもしろい仕事でしたよ」とマンチェスターでの経験について話してくれた。

「やりがいもあって、刺激的で。生徒たちも楽しんでいたし、教師も楽しんでいて、なかなか面白いアイディアも出ていた。でも、この音楽プロジェクトでこういうことが可能だとどんなに思ったとしても、毎週月曜日の午前にたった一時間で行わないといけませんでした。そうすると、プロジェクト自体がもう教育のためではなくなってしまう。次の授業に生徒を送り出さないといけないせいで、あらゆる教育上の可能性が、そういったことの持つ力が減少してしまうんです。授業に心から没頭するということは不可能だった。それで、教育制度の欠陥について気づいたというわけです」

ジョーはそこでクリエイティブ・パートナーシップと提携した。このパートナーシップは、私が委員長を務めた諮問委員会の報告書である「私たちみんなの未来《オール・アワ・フューチャーズ》」で提示された勧告に基づいて立ち上げられた、創造性教育のための英国政府によるプログラムだ。ジョーは、マンチェスターの学校での経験で判明した問題に取り組むのが自分の主な役割だと気づき始めていた。「自分自身の創造的プロセスを見つけるための時間とスペースを若い人たちに提供したかったんです。私が関わったプロジェクトはどれも、時間に余裕がないことで有名な学校の時間割の中で、時間を何とか作ろうとするものばかりでした」

クリエイティブ・パートナーシップと協働するうちに、彼は物事に合ったスピードで時間をかけて物事を行うことへの賛歌であるカール・オノレ著の『「スロー」のすすめ』《イン・プレイズ・オブ・スローネス》[14]に出会う。世界中でスロー・ムーブメントを引き起こした本だ。これは教育制度が明らかに必要としていると思ったものをまさに取り上げているとジョーは考えた。スロー・ムーブメントについて調べてみると、彼自身にとって一番大事な教育の分野ではまったく論じられていないことを知り、ジョーは唖然とした。このことに着想を得て、彼は世界中で議論を引き起こし、英国内でサービスを提供するためにスロー・エデュケーションというウェブサイトを立ち上げた。そして、新しい教育モデルを学校に提供し始めた。そのひとつが、ランカシャーのダーウェンにあるホーリートリニティー小学校だ。

「ダーウェンは貧しい地域です。国内平均をずっと上回る数の生徒が給食の費用免除を受けています。子どもたちの多くが問題行動を起こしていたり、情緒面で問題を抱えていたりして、成績もまったくふるいません。この問題に対処するために学校が採用した方法で、スロー・エデュケーションの考えが実際に役立ったんです」

「地域社会と教えている子どもたちの関係性をじっくりと観察して理解することに学校はかなりの時間をかけました。成績を上げようと骨折り損するのではなく、朝食クラブを立ち上げたんです。シフトで行うプロジェクトも実施しました。町の人々の多くが参加してくれました。こうして一人ひとりが学校教育に参加したおかげで、教え方も学び方もずっと地に足のついたものになりました。最低でも一学期に一回は、先生はすべての子どもたちと一対一でセッションを行いました」

学校と地域社会がじっくりと時間をかけて生徒の一人ひとりと向き合い、知り合い、彼らの関心や能力に合わせたプログラムを作成すればどういうことが可能かということを、ジョーはホーリートリニティーで目の当たりにした。成績はそれほど重要視せず、生徒、教師、地域社会の関わり合い方を以前よりも重視。その結果、当然ではあるが、生徒は学校教育を以前よりもずっと高く評価するようになった。生徒はホーリートリニティーのことを第二の家と呼ぶようになり、問題行動の件数は減った。同時に成績も向上し、教育水準局の評価も上がった。[15]

スロー・エデュケーションには唯一の理想モデルというものはない、とジョーは強調する。それこそこの運動が主張している点でもある。一人ひとりに合わせた教育プロセスを作ること、学習者が情熱をかけられることや自分の強みを見つけられるようなゆとりを与えてあげることがスロー・エデュケーションの目的なのだ。「スロー・エデュケーションとは、意味のある成果を出すために深く学ぶことなのです」とジョーは言う。「ただ生徒を能力や試験で評価するだけでなく、教師と生徒がもっと重要な関わり合い方をするというのがスロー・エデュケーションの中心にあります」

一人ひとりの成長と成果を支える評価方法

ハイステークス・テストが生徒にかける重圧については第7章で詳しく取り上げるが、どの学校でも実施される共通試験の限界を見ると、ほとんどの学校が採用している評価方法そのものに疑問が生じる。ここでは、全英公正試験センター（フェアテスト）の事務局長であるモンティ・ニールの言葉を引用するにとどめよう。

「評価方法は、選択肢方式の設問からエッセイ、プロジェクト、教師による評価、生徒自身の評価まで、異なる種類の根拠を用いるべきなのです」とモンティは『ルート・アンド・ブランチ』誌に寄稿している。「優秀な教師は多岐に渡る評価方法を用いることができ、数多くの異なるツールを用いて知識を測ることができるということを知っています。残念ながら、共通試験の点数を上げないといけないというプレッシャーがあるせいで、教師が用いる評価方法の幅は狭くなってしまいました。たとえば、ＮＣＬＢ法に関するフェアテストのレポートでは、試験勉強のために時間をとらないといけないため、課題で出す読書感想文の数を減らしたある教師のケースが紹介されています。こういったケースは全国で何千件も報告されているのです[16]」

遊びが大事

ますます標準化が進む教育（そして現代において実施されている教育の膨大な量）は、あらゆる年齢の人々が物事を学ぶもっとも自然なやり方に反している。特に、遊びを通じて学ぶ子どもにとってはそうだ。多くの形態をとる遊びは、人生のあらゆる局面で、特に子どもの身体的、社会的、感情的、知的発達において、根本的な役割を負っている。

遊びの重要性はあらゆる文化で認識されている。人間科学の分野で広く研究され、その重要性は認知されており、先進的な学校が世界中でその重要性を実証している。それでも、多くの国において教育標準化運動は遊びを学校から排除してよい余分なものとして扱っている。勉強して試験に受かるための真剣な学業から生徒の気をそらすもの、としてとらえているのだ。遊びの追放は、学習基準に準拠した学校教育が直面する最大の悲劇とも言える。

ボストンカレッジ心理学特任教授ピーター・グレイは、生物学的進化の視点から遊びを研究してきた人物だ。人間の子どもは、ほかの責任を負わされていない場合、他の哺乳動物よりもたくさん遊び、そのことによって極めて大きな恩恵を得ているという。数年前、狩猟採集文化を研究する人類学者の調査を行った。調査に協力した人類学者の全員が、狩猟採集文化において子どもは一日中大人の監視なしに遊ぶことを許されていると指摘している。子どもだけで遊ぶことが責任感のある大人に育つためのスキルを学ぶために重要だと考えられているという。

「こういった文化で観察した子どもたちは、世界中でこれまで見てきたどの文化の子どもたちよりも賢く、幸せで、協調的で、社会に適応しており、回復力が強いと言う人類学者も何人かいました」とDr・グレイは言う。「生物学的進化の視点からは、遊びは、人間も含めて哺乳動物の子どもが成体へとうまく移行するために必要なスキルを獲得するために、自然が授けた手段なのです[17]」

これと、発展国の大半が子どもの教育をどのように制度化しているかを比べてみて欲しい。Dr・グレイが『遊びが学びに欠かせないわけ』で指摘しているように、教育の開始年齢はますます低下してきている。「いまや幼稚園だけでなく、学区によってはプリキンダー［幼稚園入園前の一年保育］までであります。そして、幼稚園やプリキンダーのさらに前の保育園はどんどん小学校のようになってきて、子どもたちを遊ばせるのではなく大人が課題を出すようになっているんです」。一日の授業時間は長くなり、授業日数を多くしようという声がふたたび上がっている。その中で、授業日に自由に遊べる機会はほぼなくされてしまった。「一日の授業時間が長くなり、遊び時間が少なくなっただけでなく、学校はどんどん家庭に侵食してきています。宿題が増えて、家で遊んでいたはずの時間にも宿題をするようになっているのです[18]」

これは子どもにとって悲劇的な損失だとDr・グレイは言う。子どもたちは「大人に頼らず、自分たちで好きに遊び、探求するようにできています。成長するためのスペースが必要で、スペースを与えてあげないと苦労するのは子どもです。自由に遊びたいという衝動は、人の根本的な、生物学的な衝動なのです」という彼の主張は、心理学者、哲学者、人類学者、そして教育者の長年の伝統につらなる。

自由な遊び時間がなくても、食糧や空気、水の欠乏と違って物理的に死ぬことはないかもしれないが、心は死んでしまう。それに、精神的な成長も滞る、とDr・グレイは言う。「自由な遊び時間に子どもたちは友達をつくり、恐怖心を克服し、問題を自分で解決し、自分の人生をコントロールする術を学ぶんです。主に遊ぶことによって、子どもたちは母国の文化の中で成功するために必須の身体的スキルと知的スキルを鍛え、身に付けます。大人が何をやっても、どんなにおもちゃを買ってあげても、親子の時間を充実させても、特別な訓練をほどこしても、自由を奪ってしまったらその代わりにはなりません。自由に遊びながら自発的に学ぶことは、ほかのやり方で教えることはできないのです」

まさに至言である。子どもには生まれつき強力な学習能力がそなわっている。ほっておかれれば、大人たちには子どものためにすることができない、してはいけない選択を、子どもたちは自分で考えて下す。それが好奇心と想像力のなせる業なのだ。それなのに、教育標準化運動は学校から遊び時間をさかんに排除している。

私が子どもの頃、決まった時間に休憩時間があって、子どもだけで遊んでよかった。想像力を活かして、実用的なスキルや社会的な役割をいろいろと試してみたりした。今では小学校の時間割の隙間に一五分間休憩が押し込まれていて、時間割に乱れがあればまず調整のために削られてしまう。一方、政治家は授業時間を長く、授業日数を多くしようと動いている。

学力水準の向上に関する問題の多くは、学校教育がどのように行われているかということや、また慣習が自然な学びのリズムにどれほど逆らったものかということに根差している。靴が足に合わなくて痛い場合、靴を磨いたり、足のせいにしたりはしない。その靴は脱いで、別の靴に替えるはずだ。制度がうまくいかないのであれば、その制度に関わる人を責めてはいけない。その人々と協力して、制度がうまくいくように変革を起こすのだ。その変革を起こすのに最適の位置に置かれているのが、正しい条件下なら学習の質に最大の影響を及ぼせる人物——つまり教師である。

第5章 教える技

レイフ・エスキスは、ロサンゼルスのコリアタウンにあるホバート小学校で、過去三〇年間同じクラス、五六号室で教えている。同校は生徒のほとんどがアジア系やラテン系移民で、入学時には英語を話せない子が多い。低所得層の地域で、全体的な成績や卒業率は低い。レイフの生徒の大半が、学校で朝と昼に無料の給食を受給する資格がある。しかし、レイフの教え子の大半が、やがて完璧な英語を習得して高校を卒業する。アイビーリーグやほかの一流大学に進学し、専門職について身を立てる生徒も多い。数人の元教え子が中心となり、何世代もの教え子たちの協力を得て、レイフの活動を支援するための財団が設立された。

これだけでもすでに驚異の実績と思えるかもしれない。しかし、さらに驚くべきことに、レイフはこのすべてを生徒にシェイクスピアを教えることで実現させたのだ。毎年シェイクスピアの劇をひとつ選び、その物語、登場人物、言語、歴史、演技など、ありとあらゆる側面からじっくりと勉強する。この〝ホバート小学校のシェイクスピア学者たち〟のほとんどが彼のクラスに入る前にはシェイクスピアの名すら耳にしたことがなかったが、彼らの二回り年上の人でも及ばないような深いシェイクスピア理解を身に付けるようになる。

この三〇年間、世界中の観客を熱狂させてきた五六号室の混み合った劇場で、『テンペスト』の上演を観る機会に恵まれた。多くの批評家によってシェイクスピア最大の戯曲に数えられるこの作品だが、興奮気味の九歳から一〇歳のくろうとはだしの児童三五名が息の合った名演を披露した。子どもたちはセリフを見事にそらんじただけでなく、この学年度で学んだ十何種類の楽器も演奏し、三部合唱、四部合唱も行った。エアリエルを演じた韓国人の女の子は、舞台袖にいるときはほかの全登場人物のセリフを声に出さずに口ずさんでいた。休憩中に、彼女が劇を全部暗誦しているようだとレイフに話しかけると、彼は「もちろん。みんなそうだよ」と微笑んで返した。第二部が始まる前に、彼はこのやりとりを役者たちに教え、全部そらんじているかどうか聞いた。彼らも微笑んでうなずいた。レイフはみんなにミランダの最初のセリフを聞いてみた。全員が完璧にセリフを言ってみせた。

しかも、意味も分からずに丸暗記していたわけではない。彼らは明らかにこの戯曲を理解し、心酔していた。ホバート・シェイクスピア劇の常連の中に、世界でも一流の本格俳優であるサー・イアン・マッケランがいた。「生徒たちは一語一語すべて理解している。シェイクスピア俳優の誰もがそうだとは言えませんがね」というのが彼のホバート劇団評[1]。

しかし、シェイクスピア劇はホバート小学校五六号室で行われる教育のごく小さな一部にすぎない。演劇の勉強は放課後になってようやく始まる。それ以外は、学年水準レベルよりもずっと上のレベルの書籍を読んだり、高校生の方が似つかわしいような数学の問題に取り組んだりしている。五六号室の壁にはイェール大学、スタンフォード大学、ノートルダム大学などのペナントがずらり。どれもレイフの教え子たちが入学した大学で、家族の中で大学に進学するのは自分が初めてという生徒も多い。

レイフに学習欲を掻き立てられた生徒たちは早朝に登校し、休暇中も登校する。それに、レイフに習う一年間はテレビを見ないと約束する。「近道はない」というのが彼のモットーで、生徒たちは考えられないくらい一所懸命に勉強する。先生も負けてはいない。「子どもたちに一所懸命になって欲しいのなら、私自身が子どもたちの見たこともないほど勤勉にならないと」と、ＣＢＳのイブニングニュースのインタビューで答えている。[2] レイフは有言実行で、週に六日、毎日長時間働き、土曜日にはかつての教え子のために、学校でＳＡＴに向けた試験勉強をみている。

その著作『子どもにいちばん教えたいこと』で、レイフは彼の人生を変えた瞬間について語っている。「チームに選ばれるのはいつも最後で、自分が特別な存在になれるわけはないとあきらめている」女の子に教えているときのことだった。化学の授業中で、アルコールランプを使っていた。この生徒はよくそういうことが多かったのだが、ランプが点かなかった。彼女は泣き出した。自分はいいから授業を先に進めて欲しいと言うのだが、レイフは彼女だけ置き去りにするつもりはなかった。アルコールランプ自体に問題があることに気づいて、修理した。

どういうわけか、ランプの芯が短すぎた。ほとんど見えないくらい。私はできるだけランプに顔を寄せると、長い台所マッチで芯に火を点けようとした。ランプに火を点けようとすぐ近くまで顔を寄せていたので、マッチの熱を肌に感じた。何が何でもランプに絶対火を点けるつもりだった。ようやくうまくいった。芯に火が点くと、私は彼女が微笑んでくれているだろうと思って誇らしげに顔を見上げた。

彼女は私を一目見ると悲鳴をあげた。ほかの子たちも叫び声をあげた。どうしてみんな私を指さしているのだろうと思ったが、ランプを点けようとしたときに髪の毛が炎に触れてしまったのだった。くすぶる私の頭を見て、子どもたちは怯えていた。[3]

火は簡単に消えた（子どもたちは彼の頭を何度も叩いて消火活動を手伝った）。化学の実験はその後何も問題なく続けられた。しかし、この経験は彼の奥深くを揺さぶった。

その何週間かで初めて私は教師になってよかったと思った。学校教育の現場で働くすべての教師が直面するくだらないことを心から締め出すことができた。人を助けるために力の限りを尽くした。手際はたいしてよくなかったが、それでもトライした。髪の毛が燃えても気づかないくらい教えることに没頭できるなら、自分は正しい方向に向かっているんだと思った。その瞬間に、いつでも髪の毛を燃やすくらいの心構えで教えようと決意した。

　レイフ・エスキスは、教えることはただの仕事でも職業でもないということを知っている。正しい見方をすれば、教えることは芸術なのだ。このことは、レイフが全米芸術勲章を受章した初の教師だという事実にも表れている。そして、優れた教師の仕事を見ると私はいつもそう思うのである。

何のための教師か

　学校教育にはカリキュラム、学習指導、評価という三大要素がある。通常、教育標準化運動はカリキュラムと評価に重点を置いている。学習指導は学習基準に準拠するための手段だとみなされている。この優先順位は全く逆だ。カリキュラムがどれだけ細かく決められているか、試験にどれほど費用がかかるかなどはまったくどうでもいいことだ。教育改革の真の秘訣は教え方の質にある。クラスの人数や社会階級、物理的な環境などの要素よりも、教育改善の核心にあるのは生徒たちに学ぶ意欲を起こさせることで、優れた教師はそれができる。

　ニュージーランドのオークランド大学教育学部のジョン・ハッティ教授は、生徒の成績に影響を及ぼす要素について世界中の研究結果を比較した。要素は一四〇にも及ぶ[4]。一位は生徒自身の期待だが、教師が生徒に対して抱く期待も重要な要素のひとつである[5]。

　教師の主要な役割は生徒が学ぶのを手伝うことだ。そうわざわざ言うほどのことでもないように思えるが、しかし、教師の仕事の大半は生徒に教えるという仕事以外のことなのである。

試験の実施、事務処理、会議、報告書の作成、懲戒などに多くの時間が取られる。こういったことも教師の仕事のうちだと思うかもしれない。たしかにその通りだ。しかし、「仕事のうち」というその教師の「仕事」自体は、「生徒が学ぶのを手伝うこと」なのだ。ほかにやらないといけないことがその仕事の妨げになっているのなら、教職の本来の性質が薄れてしまっている。

　教育標準化運動では、まるで宅配便の配達員のように、標準化を〝お届けする〟ことを仕事とするサービス業の従業員の役割を教師に課すことがあまりに多い。この考えが初めて教育界に忍び込んだのがいつかは分からないが、教師、教職を貶める考え方だ。

　悲劇的なことに、教師は支援が必要な本物の専門家だとすべての教育関係の官僚が思っているわけではないようだ。生徒の成績を教師の雇用に直結させるべきだと提案するような強硬派もいる。生徒が受ける試験の性質など、さまざまな要素が成績に影響を及ぼすことは明らかなのだが。元英国教育大臣のマイケル・ゴヴは、大学の教育学部や教職課程を運営する学者は「新たな嘱望の敵」[6]だと述べ、左派の理論に傾倒する教師や実務的な能力を持たない教師を定期的に排除すべきだと提案した。[7]

　当然のことながら、英国の教員たちはこの意見を歓迎しなかった。全英教員組合は二〇一三年総会で未曾有の教育相不信任決議を全会一致で可決し、「ゴヴは辞任しろ」と口々に唱えた。[8]全英教員組合の書記長であるクリスティン・ブロワーは、ゴヴは「教員の士気が危険なレベルにまで低下していることを認識するべきだ」と述べた。一ヵ月後、全英学校長協会が不信任決議を採択し、教員と生徒は「これほどひどい状況に置かれたことはない」と協会長がコメントを出している。[9]

対照的に、世界でトップレベルの学力（少なくともPISAの基準によると）を誇る国々では、教える意欲に燃える、教職の訓練をしっかりと受けた高収入の教員が非常に高く評価されている。シンガポール、韓国、フィンランドでは教職のハードルはとても高い。担当教科だけでなく、生徒との関係性、メンタリング、学級経営、適性評価など、多岐に渡る訓練を受けなければならず、教職は非常に狭き門なのだ。[10]

しかし、子どもたちが生まれながらにして学習者なのであれば、なぜそもそも教師を必要とするのだろうか。

教える力

教育は命あるプロセスで、農業にもっとも近い、と先述した。庭師は自分が植物を成長させるわけではないことを知っている。根っこや葉っぱをつけて、花にペンキを塗ったりはしない。植物は自然と育つのだ。庭師の仕事はそのためにベストの環境を整えることである。腕の良い庭師はそういう環境を整えられ、腕の悪い者はそうすることができない。教師も同じことだ。優れた教師は学ぶ環境を整え、ひどい教師はその環境づくりをしない。また、優れた教師はその環境を自分が常に制御できるものではないことも知っている。

教育界では以前から教授法と学習法に関して、伝統的なメソッドと新進的なメソッドについて議論が行われている。両者の間で意見が対立することもままある。伝統的なメソッドは事実や情報を一斉授業で直接教授することに重点を置き、新進的なメソッドは発見や自己表現、少人数のグループアクティビティによる学習に基づいている、というのが世間での単純化したイメージだ。

私の経験では、ふたつのメソッドの間に存在する一見明確に見える違いというのは、多くの学校において現実に存在するというよりも理論上のものであると言える。担当教科に関わらずすべての教師が幅広いアプローチを用いて、事実や情報を一斉授業で教えることもあれば、グループアクティビティやプロジェクトで子どもたちが自分で探求できるようにすることもあるべきで、実際に普通はそうしている。このバランスを取るのが、教師としての腕の見せ所なのだ。

学校教育における創造性を訴えているので、私は断固として新進的なメソッド派で、あらゆる伝統的な教授法に反対しているだろうと思っている批評家もいる。生徒が事実を学ぶということにすら反対だと思われている。そんなことはまったくない。自分の意見を弁護するのはやぶさかではないが、自分の意見でもないものを押しつけられて批判されるのは当然おもしろくない。創造的な活動には、いずれの分野においても、その分野を形成してきた知識、概念、慣習をより完全に習得することと、その分野の基本となる伝統と功績をより深く理解することが必要だと、教育に関わるようになってから私は常に論じてきた。

たとえば、学校評議会の依頼による演劇10－16プロジェクトの報告書として「演劇を通じた学習」を一九七七年に発表したが、ここでは、子どもたちの演劇を通じた探求的、即興的な学習は、世界中の演劇の伝統、慣習、作品の理解を高めることによって深められるべきだと論じている。

〝アート・イン・スクール〟プロジェクトの報告書では、芸術においては生徒の心をとらえるふたつの相互補完的な方法があると述べた。オリジナル作品を〝生み出す〟ことと、他者の作品を理解し評価して〝鑑賞する〟ことである。両者ともダイナミックでバランスのとれた芸術教育にとっては欠かせない。〝生み出す〟には生徒個人の**創造的な声**の養成と、その声を表現するための**技巧**の養成がつきものだ。このふたつは互いを高め合う。〝鑑賞する〟には他者の作品の**文脈的知識**（いつ、どのようにして、なぜその作品がつくられたのか）の吸収と、それに対峙する際の芸術的、美学的な**審美眼**を鍛えることが必要だ。

創造力、技巧、文脈的知識、批判力という四分野における育成は、理系科目、文系科目、体育など、カリキュラムのすべての分野で同様に重要である。これこそ、一九九九年にカリキュラムのバランスとダイナミクスを検討した「私たちみんなの未来」で論じたことだ。教育を伝統的か新進的なアプローチの二択でとらえることで昔から問題なのは、こういった要素のバランスを取らないといけないという根本的な必要性が誤解されることなのだ。

このバランスを取るために、有能な教師は生徒の**やる気を引き出し**、**スイッチを入れ**、生徒の**力を信じ**、生徒に**力を与える**という四大役割を担う。

やる気を引き出す

優れた教師は教科を教えられるだけでは充分ではないと分かっている。教師の仕事は教科を教えることではない。生徒に教えることなのだ。生徒が学びたくなるような環境を作って、生徒の興味を呼び覚まし、インスピレーションを与え、情熱を湧き立てる必要がある。そうすれば、生徒はほぼ必ずと言っていいくらい確実に自分自身の、そして周囲の人々の期待を上回る結果を出してくれる。

優れた教師は生徒の最大の力を引き出すことで成果を上げる。そのためにさまざまな方法がある。レイフ・エスキスがいつもホバート小学校のシェイクスピア役者たちのためにしているように全力を尽くしきるか、トーマス・フリードマンが高校時代に習ったジャーナリズムの先生のようなやり方もある。

フリードマンはミネアポリス郊外で育ち、セントルイスパーク高校に通った。三一三号室で行われたハティー・スタインバーグ先生のジャーナリズムの授業を選択した。世界的に有名な『ニューヨーク・タイムズ』紙のコラムニストでベストセラー作家。そんなフリードマンが人生でとったジャーナリズムの授業はこのクラスだけで、これだけで充分だったと彼は言う。同紙の記事で、フリードマンはスタインバーグ先生のことを敬愛する先生として紹介した。彼女が生徒をなだめすかして勉強させ、基本を忠実に守って、愛のムチをくれた（こんなに厳しい先生はほかに知らないという）おかげで受けた恩恵は数え切れないという。彼自身や、学校新聞の記者仲間に彼女が与えた劇的な影響についてこのように述べている。

学校新聞と、それからこちらもハティーが担当していた卒業アルバムに関わっていた生徒たちは、ハティーの教室で暮らしていたようなものだった。始業前も放課後も、みんな教室にたむろしていた……。なぜかと当時聞かれたら誰もその理由を言葉にできなかっただろうが、ハティーに説教されて、しつけられて、教えられるのが好きだったからだ。[11]

「こういう根本的なことはダウンロードすることはできない」とフリードマンは続ける。「アップロードしかできないのだ。昔ながらのやり方で、ひとつずつアップロードするしか」。ハティー・スタインバーグ先生に出会わなかったら、トーマス・フリードマンはこうしてジャーナリストとして今の地位を確立していただろうか。していたかもしれない。彼は見るからに才気あふれていて、専門家の指導がなくてもこの才能が開花していた可能性はたしかにある。それか、能力を発揮できず、生来の才能を活かせずに、出版から十年以上経っても語り草となる記事や本を書くのではなく地元の市役所担当の記者になっていたかもしれない。どうなっていたか、本当のところは分からない。現実に、トーマス・フリードマンはたぐいまれな先生に出会ってインスピレーションを受けるという幸運に恵まれたのだから。

スイッチを入れる

教師の主な役割は直接生徒に指導することだと思う人もいる。たしかに、教師の仕事において直接指導は重要な位置を占めている。クラス全体が対象であることもあれば、少人数のグループのことも、また一対一で行うこともある。しかし、熟練した教師にはさまざまな技がある。直接指導はあくまでそのうちのひとつであり、適切なテクニックをいつどうやって使えばいいか分かっているのが優れた教師というものなのだ。どの職業でも究めればそうだが、今、この状況で何が最善かを知るためには判断力と鑑定眼が必要である。

医者であれば医療全般に対して深い知識を有すると同時に、何か特定の専門分野もあるに違いないとあなたは思っている。また同時に、その知識をあなたという特定の患者に当てはめて、特定のニーズを持った個人として扱ってもらいたいとも思っている。教職も同じことだ。有能な教師は、戦略を常にその瞬間のニーズと機会に適応させている。効果的な教え方というのは、生徒のエネルギーと熱意に応えながら常に調節、判断を繰り返していくものなのだ。

著作『芸術の秘訣《アーティストリー・アンリーシュト》』で、ヒラリー・オースティンは仕事と人生における偉業を取り上げている。たとえば、カリフォルニア大学バークレー校で哲学を専攻し、今は馬術を教えているエリック・トーマスの活動。騎乗者にとって大事なことは馬とひとつになることだとエリックは言う。馬は生き物であり、一頭一頭にエネルギーと気分がある。馬をコントロールしようと四苦八苦している生徒に対してエリックがアドバイスする場面をＤｒ・オースティンが描写している。

彼女は何とかもっとうまく旋回させようと奮闘しているが、三回か四回ごとに失敗してやめてしまう。これはどういうわけかエリックは生徒に聞いた。「私の合図が早すぎると思うと今度は遅すぎて、馬がそれに反応する。それで指示が出せなくなってしまうんです」と生徒が言った。エリックは少し考えると、「頑張りすぎているんだよ。考えるのをやめて、馬に注意を向けてごらん。たった今自分の下で何が起こっているのか感じ取ろうとするんだ。**昨日の馬には乗れないんだから**［太字は著者］。起こるかもしれないことにも乗れない。馬に乗る人は誰でも同じ問題を抱えていて、昨日習ったことがいつでも当てはまるんじゃないかって期待してしまう。達成したい目標に向かっているのに、一分前の問題に乗っかってしまう。でも馬術はレシピじゃない。状況は毎秒変わるのだから、自分もそれに合わせて変わっていかないといけないんだ[12]」

優れた教師は、過去にどれほど学習したのであろうと、今日という日はまた別の日であり、昨日の馬には乗れないことを分かっている。こういった反応の良さは、毎時間、二五名から三〇名の子どもたちの前に立って授業しているのでは滅多に得られない。特に年少の生徒が相手では、そういうやり方で生徒と本物の交流を得ることはほぼ不可能に近い。一斉授業だと、その性質上、生徒の一人ひとりと絆を作るのは難しい。レイフ・エスキスは教室に教壇を置いていない。教壇があるとその後ろに立ちたくなるかもしれないが、自分の役割は常に生徒たちの間を動き回っていることだと考えているからだ。

子どもというのは生来好奇心が強いものだ。学習意欲を刺激するというのは、子どもの好奇心を殺さないことである。だからこそ、実践的で質問主体の教授法がこれほど効果的なのだ。生徒が聞いてもいない質問への答えを教えるのではなく、有能な教師は生徒が疑問を持つように導き、自分でその答えを探求しようという気にさせる。

ジェフリー・ライトはケンタッキー州ルイビル出身の理科担当の名教師だ。かぼちゃを爆破したり、生徒がホバークラフトを作るのを手伝ったり、長い筒から物を発射して生徒を楽しませたりと、幅広いテクニックを用いる。それは何より、理科にもっと興味を持ってもらいたいからだ。

「先生の手の中で大きな火の玉が燃えていて、それが天井へと上がっていく」と彼は説明する。「そんなのを見せられたら、居眠りする子どもなんていません。みんなが寄ってたかって、どうやってるの、どうやってるの、と大合唱です。子どもたちに〝どうして〟とか〝どうやって〟とか言わせられたらこっちのもので、好奇心をがっちりつかまえたわけです[13]」

子どもたちにスイッチを入れて好奇心をそそるために大事なことは、生徒の状況を理解して、学校外での生活の中で何が起こっているのか理解することだということをライト先生は分かっている。「一部の生徒たちは私の子ども時代とはまったく異なる家庭に育っています。子どもたちがいつも話していることですが、なかには夜、銃声を耳にする子もいるわけです。家の外で銃撃が行われているなんて知ったら、私だったらなかなか眠れないし勉強もできないでしょうね」。妊娠や中絶、親による虐待など、人生に影を落とす話を生徒たちから聞かされたライトは、「画一的なアプローチではうまくいかない」と悟るに至った。生徒たちの人生を良くしてあげたいのなら、一人ひとりに働きかけないといけない。

「ライト先生は僕らの気持ちが分かるんです」と、教え子のひとり、デナズ・テイラーが言う。「『ニュートンの第三法則なんてどうでもいい。学校の外でも役に立つことを教えたいんだ』って先生が言ってました。僕たちのことを心から大事に思ってくれていると思えるし、実際、大事に思ってくれているんだと思います[14]」

その一方で、ジェフリー・ライトがニュートンのことを大事に思っているのもたしかだ。彼の教師としての素晴らしさは、多種多様な人間の集まりである生徒たちもニュートンを理解し、大事に思えるようになる道を見つけられることにある。

生徒の力を信じる

教師の生徒に対する期待は、生徒の成績に目覚ましい影響を与える。生徒たちが良い結果を出せると信じていることを伝えれば、結果が良くなる可能性は格段に高くなる。逆に、先生の生徒に対する期待値が低ければ、悪い結果が出る可能性も高くなるのだ。

リタ・F・ピアソンは一九七二年から、米国で四〇年以上プロの教育者として活動してきた。その母親も祖母も教育者だった。リタは小学校、中学校、特別支援学級で教鞭をとった。

スクールカウンセラー、試験コーディネーター、教頭の役職を経験した。どの仕事でも特別に力を入れて、生徒と知り合い、彼らを大事に思っていることを伝え、成長の力になろうとした。引退する直前の一〇年間では、「恵まれない学習者の力になる」、「黒人男子の教育上のニーズに応える」、「中退者をなくす」といったテーマで、何千人もの教育者が参加する教育者のためのワークショップを開催した。

二〇一三年に、私はニューヨークシティのブルックリン・アカデミー・オブ・ミュージックで収録されたテレビ局PBSの特集番組、TEDトークス・エデュケーションで、光栄にもDr・ピアソンと一緒に登壇した。観る者の心を奪うプレゼンテーションの中で、これまでのすべての時間を「校舎の中か、校舎に向かうところか、校舎の中で何が起こっているか話すこと」に費やしてきたと彼女は語った。[15] 教育者として活動する中で、中退者の問題を軽減するための教育改革をたくさん目にしてきた。成功したものも、さほどうまくいかなかったものもあったが、実際のところ、「子どもたちがどうして中退するのかは分かっています。子どもたちがどうして学ばないのかも。原因は、貧困、低い出席率、仲間の悪い影響です。原因は分かっているんです。でも、ほとんど論じられないのが、人と人とのつながり、関係性の価値と重要性です」と彼女は言う。

学力を向上させる秘訣は、「教えること」と「学ぶこと」は人間関係なのだという認識だ。生徒は向き合ってくれる教師を必要としている。何より、自分を信じてくれる教師を必要としている。リタは、落第点の解答用紙に不正解の数ではなく正解の数を記すというエピソードを披露していた（たとえば、「一八問不正解」ではなく、「二問正解」と書いてスマイルマークを添える）。結果が良くなかったことはこれでもちゃんと伝わるが、ポジティブな面に重点を置くことで、生徒は「次はこれよりも良い点を取ろう、今度はもっと頑張ろう」と思える。何より大事なことは、応援している気持ちが生徒に伝わるのだ。

生徒に力を与える

最高の教師というのは教えるだけではない。生徒に自信をつけさせ、方向性を見出すための手助けをし、生徒が自分の力を信じられるように力を与えるメンターでありガイドである。セルジオ・フアレス・コレアはそのことを大半の教師よりもずっとよく理解している[16]。彼が第五学年を担当するホセ・ウルビナ・ロペス小学校はメキシコのマタモロスにある。米国との国境近くにある極貧地域で、麻薬戦争が頻発する。フアレス・コレアは教師になって初めの五年間は、生徒がより良い人生を送るチャンスをつかめるように、教壇から何らかの知識を教えようとした。しかしこれでは意味のないことをしているように感じられ、思わしい結果も出なかった。ホセ・ウルビナの生徒たちは大半がメキシコの全国学習到達度テストに落第していた。

二〇一一年に、フアレス・コレアはやり方を変えようと決心した。生徒たちに**一方的に**教え続けても、得られるものはまるでないと確信していた。子どもたちの生来の学習能力について本で読み、スガタ・ミトラなど、それを実証している人々の活動について学んだ。そして、本当に生徒の成長を助けるためには、自分で学べるように力を与えるのが唯一の道だという結論に達した。

まず、グループ学習を取り入れ、自分の中にある驚くほどの潜在能力を信じるようにはげました。たとえば分数の概念を生活の中で応用するやり方や、幾何学をより実用的で具体的なものにするやり方を示して、発見のプロセスが経験できるようにした。授業では自由回答式質問を用いて、情報をただ丸暗記して試験でそれを吐き出すというのではなく、論理的思考を使って学ぶようにうながした。生徒が授業中に話し合ったり助け合ったりすることを奨励し、授業が騒然としても気にしなかった。生徒たちは自分たちに力があるように感じ、このことが生徒たちの間にかつてない学習欲を巻き起こした。

その中で、パロマ・ノヨラ・ブエノというある女生徒が数学の天才だということが判明した。大学院生も理解に苦しむ数学の概念を彼女は本能的に理解していた。どうしてこれまで数学にたいして興味を示さなかったのかフアレス・コレアが聞いてみると、誰も先生みたいに数学がおもしろいものだと教えてくれなかったからだと彼女は答えた。ふたたび全国学習到達度テストの時期になると、スラム街のゴミ捨て場わきに暮らすパロマというこの一少女が数学で国内最高点を叩き出した。テレビの全国番組で彼女のことが取り上げられた。

パロマの点数はけた外れに高かったが、それは彼女だけの特異なケースというわけではなかった。フアレス・コレアのクラスでは数学の試験で上位一パーセントに入る生徒が一〇名も出た。が、彼らの活躍に複雑な心境だった。何と言っても、子どもたちが好成績を修めたのは共通テストで、丸暗記の知識を測るものだ。協力し合い、創造力を働かして、発見を通じて学習するというのこそ彼が行ってきた教育なのに、その結果この大躍進があったわけだ。とは言え、学習するチャンスを与えられた子どもたちがどんなことを成しとげられるかということを、有無を言わさない形で証明したことは論をまたない。

〝学習力《ラーニング・パワー》〟の概念を支えるのは、まさにこういった教えることと学ぶことの関係性の理解である。ラーニング・パワーの考案者で主唱者のひとりである英国人の学者で文筆家のガイ・クラクストンは、ビルディング・ラーニング・パワー（ＢＬＰ）は「若者が学校でも学校外でもより良い学習者になるお手伝いをするためのものです。教室の中、そして学校の中で、若者が困難な問題や不確実な現実に直面しても、冷静に、自信をもって、創造的に対処できるようにするための習慣や考え方を組織的に醸成する」ためのものだと説明する。自分の学習能力に自信がある生徒は、「より早く、より上手に学習します。集中力が高まり、一所懸命考え、学習を楽しめるのです。学内外での試験の点数もより高い。また、教えやすく、教え甲斐もあります」という[17]。

ビルディング・ラーニング・パワーは私が本書全体を通じて論じてきたことと共鳴する、三つの信念に基づいている。

・教育の中核的な目的は、難問に喜んで挑み、不確実で複雑なことにうまく対処する精神面、情緒面、社会的、戦略上のリソースの構築を手伝うことで、若者を卒業後の人生にそなえさせることである。

・この教育の目的はあらゆる若者にとって価値のあるものであり、彼らが心から上達したいと思えるものを見つけるお手伝いをすることや、好きなことに打ち込む意志の強さやスキルを鍛えることも含まれる。

・実世界知能〔実環境と人間社会を観察し、知識を得る知能のこと〕が育成できるのだから、自信、能力、情熱は育てることができる。

クラクストンは、この三つの核となる信念が「変化や複雑性、リスク、機会、そして自分の生き方を見つけるための機会に満ちた社会でとりわけ重要になる」という。これらの信念を実践するには、「大変ではあるが非常にやり甲斐のある文化的な変化を学校が起こし、習慣上の変化を教師が起こす」ことだという。

リタ・ピアソンの母親ウォーカーも教師だったとさきほど述べた。母親が休憩時間を使って生徒と会う姿をリタは何年も見てきた。彼女は午後に家庭訪問し、「くしやブラシを買い、ろくに物も食べていない子どもたちのためにピーナツバターやクラッカーをデスクの引き出しに入れておき、臭いのきつい子のためには手ぬぐいと石鹸を用意して」いたという。

母親が退職して何年もしてから、その教え子たちの何人かが母親に会いに来て「ウォーカー先生のおかげで人生が変わりました。先生のおかげでうまくいくようになったんです。先生のおかげで自分が何者かだと感じられた。当時、自分は何者でもないと心の底で思っていたんですけれどもね。それで、今の自分を先生に見てもらいたいんです」と話していた。

「リスクを冒すことを恐れず、自分の頭で考えることを恐れない子どもたちに強い味方がいたら」この世界はどんなに大きな力を得ることだろう、とＤｒ・ピアソンは言う。「すべての子どもにそういう味方がいるべきです。決して子どもたちのことをあきらめず、絆の力を理解していて、自分の可能性を最大限に追い求めるべきだとけしかけてくれる味方がね」

反転授業

私はこの道に進んだ当初、演劇に深く傾倒したが、その理由のひとつは、優れた演劇の先生は生徒に模索させる質問を出して、協働的な探索と個人的な探求の複雑に絡み合ったプロセスを手助けすることに長けているからだ。このプロセスは深く学ぶためには欠かせないことが多い。演劇では共同作業と問いかけが大事で、しばしば教師はわきに立って、生徒がたがいに学び合えるような質問を出して生徒を導く。近年では、〝反転授業〟と呼ばれる新しい動きで、こういう演劇のテクニックがほかの分野でも広く使われるようになった。この運動にインスピレーションを与えたひとりが、図らずしてカーンアカデミーの創始者となったサルマン・カーンである。

サルマンはカリキュラムに革命を起こそうと思っていたわけではなかった。すでにヘッジファンドのアナリストとしてとても多忙な人生を送っていたのだ。最初は、遠方に住む幼いいとこの頼みに応えようとしただけだった。いとこは算数で苦労していて、算数が得意なサルマンに勉強を教えてと泣きついた。仕事が終わったら教えるよとサルマンは快諾した。教えるのがとてもうまかったので、ほかのいとこたちにも教えて欲しいと頼まれた。

ほどなくして、サルマンは学校に通っている親戚やよその子どもたちのために〝カーンアカデミー〟を立ち上げることになった。「当時は冗談みたいなつもりだったんです。二〇〇六年には、仕事が終わると一五人ものきょうだいや友達やいとこに勉強を教えるようになっていました。動画を作って規模を少し拡張したら、と友人がアイディアをくれたので、試してみました。プラットフォームにはYouTubeを使って」

教材ビデオをYouTubeにアップし始めてから、知らない人々が彼の動画を見つけて学習の補助に使うようになった。世界中のビューワーから、「動画のおかげでこの教科が分かるようになったし、初めておもしろいと思えるようになった」などとコメントをもらうようになった。動画を作成すればするほどフォロワーの数が増え、当初は純粋に個人的な試みだったものがドラマチックでグローバルな性質を帯びていく。二〇〇九年には毎月六万人以上の人々がカーンアカデミーを利用するようになっていた。

その年の終わりまでに、ビル・ゲイツやGoogleなど強力な支援者がカーンアカデミーのもとに集結した。「この先どうなると思うか意見を聞かれたので、チームを雇って、私が構築に着手していたソフトウェアのプラットフォームを完成させたいと答えました。誰もが自分のペースで学べるツールを作りたいと考えたんです。これは生徒の個性に合わせた指導に利用できます。それから、いろんなことがうまく回り始めました」

サルマン本人にとって、そして今や七〇〇万人を越すカーンアカデミーの常連客にとって明らかだったのは、このウェブサイトが想像もしなかったような新しい方向性を学習に与えてくれることだった。カーンアカデミーの動画やその他の教材を使って、学習者は自分のペースで勉強し、自分の興味と習熟度に合わせてひとつの教科をいくらでも深く学ぶことができる。自分が奨励しているのは、あるトピックやスキルの生半可な知識を身に付けることではなく、マスターすることだとサルマンは言う。たとえば、分数を学び始めた若い学習者が動画を二本観る。基本問題を五問解いて、正解したら初めて次の動画と設問にとりかかることができる。そのうちに、もっと多くの設問に立て続けに正解しないと次に進めなくなる、という具合に。この仕組みにより、学習者はただ試験で解答するためだけに勉強するのではなく、そのトピックをしっかりと理解し、本当にマスターするようになる。

こういう学習法だと、家での自習時間も、教室での授業時間も最大限効果的に利用することができるとサルマン・カーンは考える。「生徒が受け身で、先生の話を聞いてノートを取るだけの授業の作り方はやめるべきです。生徒が自分のペースで学べるような授業にするべきなんです。そして、教師が相手にするのは人間なのだから、彼らとのつながりを持つべきです。カーンアカデミーでは学問のたしかな足場を築くことができて、しかも、どうしても分からないことがあれば、実際の教室で質問したり、ほかの人の質問に答えたり、プロジェクトベース的なこともできます」

この教授法の支持者が増え始めたのは、ハーバード大学物理学教授のエリック・マズールが従来の大学講義に代えて採用してからである。教授が〝教壇上の賢人〟ではなく〝かたわらにいるガイド〟の役目を果たした方が、学生はずっと効果的に学び、学習内容を応用する方法も理解することをマズール教授は悟った。授業を受講する事前準備として、学生に教科書を読んでもらい、自分の講義か授業で扱うトピックについて何かほかの動画をネット上で見ておいてもらう。講義の冒頭で短めのイントロダクションを行い、学生が考える時間を設けて、それから投票を行う。毎回必ず生徒たちは異なる結論に達する。中にはほかよりも正解に近いものもある。正解した学生に、周囲の不正解だった学生を説得してもらう。

「メアリーとジョンという学生が隣同士で座っているとします。メアリーはちゃんと理解しているので正解しました。ここで、教壇に立っているマズール教授よりもメアリーの方がジョンを納得させられる可能性が高いのです。彼女はこのことを学んだばかりだから。ジョンがつまずいているところが彼女には分かります。一方、マズール教授は何年も昔に学んだため、そのことがあまりに自明で学習者にとって何が分かりづらい点なのかがもはや理解できません」[18]

反転授業では、教師が生徒の集団の前に立ち、あるトピックについて講義を行うのではない。そういった講義は自宅でオンライン受講。授業時間はピア・インストラクション（マズールが説明した学習法）を用いて、分からないところがある生徒を一人ひとりケアし、そのトピックについて学生と話し合い、すでによく理解している学生には難しい質問をしてさらにその理解を深めることに使う。授業が本質的に自宅学習になり、自宅学習が授業時間になる。このことで学生はいずれの時間にも自分に合ったペースで勉強を進めることができる。

反転授業の効果は非常に大きいという強力な証拠が出ている。九〇年代後半に行われた研究では、ピア・インストラクションの授業を受けた生徒群の「得点上昇は伝統的な授業を受けた生徒群のそれに比べて、ほぼ2標準偏差高い位置に分布していた[19]」。ほかの研究でも同様に劇的な変化が見られる。

二〇一三年に、アイダホで五〇校近い公立学校がカーンアカデミーのプログラムを用いて反転授業を行う実験的プログラムを開始した。クーナ・ミドルスクールの第七学年で数学を教えるシェルビー・ハリスはこのプログラムに参加した教師のひとりで、デイビス・グッゲンハイム監督のドキュメンタリー作品『ティーチ』で取り上げられた人物だ。「教師を追いやって代わりにコンピューターを導入しようっていう試みなんだと思ってとても心配していました」と彼女は言う。「子どもたちと距離ができてしまうと思っていました。実際はその正反対。今ではこれまでの一三年間よりも教えるのがうまくなったわ。子どもたち一人ひとりと以前よりも時間を持てるようになった。子どもたちが必要としていることを、必要としているときに教えることができるようになりました[20]」

カーンプログラムではすぐにフィードバックが得られることと、必要なときに生徒一人ひとりが必要としている指導を先生が与えてくれることに大きな利点があると彼女は考える。「ちゃんとできたと思って生徒は満足しているのだけれども、学校に来てみると全然違う。間違っていることにまったく気づけないんです」と従来型の宿題について説明する。「カーンプログラムなら、ひとつ練習問題を解くと、正解か不正解かがその場でわかります。間違っていれば、解き方をクリックしていってどこで間違ったのか調べられるので、次は同じ間違いは犯さないわけです。ひとりで立派に勉強できます。それがうまくいかないときには支えてくれる先生がいます」

シェルビー・ハリスが説明する学習法は、自分自身の学習経験を反映しているとサル・カーンは言う。「学校時代に、受け身で講義を聞いているだけではほとんど何も学べないと思っていました。それは第一学年でも大学院生でも同じことです。自分が本当に何か学んだ経験のことを思い返してみると、三〇人の子どもたちがおたがいに教え合ったり、学び合ったりした数学の授業だったりとか、そういう経験ばかりです。教師は講師ではなく子どもたちのガイド役を務めていました。ジャーナリズムの授業でも学ぶところが大きかったのですが、このクラスもやはり大勢の生徒が共通の目標に向かって力を合わせていましたね。高校ではレスリング部に入っていました。厳しかったけれども、子どもたちが助け合う協同的な場で、コーチの先生方はメンター的存在だったので、部活をがんばりたいと思えたんです」

「授業は講義型で行われるべきではありません。講義が好きな人はいないし、それで生徒が熱心に聞くわけでもない。先生方だって好きなわけではありません。ただ何もない空間に向かって情報を垂れ流しているだけのように感じられるので。人間は受け身ではいけません。複数の人間が集うときは、交流があるべきなんです。問題を解決したり、物を作ったりするべきです」

創造的な授業

創造性についてここで少し話そう。他所でこのテーマを深く掘り下げたので、そこで披露した考えをここで繰り返してみんなをうんざりさせるよりは、特別な興味のある読者に紹介するだけにとどめる。『創造的な学習法』で、私は創造性がどういうものなのか掘り下げ、それが芸術、科学、その他人間が活躍する分野における知性の概念にどう関係するのかということを論じた。一九九七年には英国政府の依頼を受けて、五歳から一八歳までを対象とした学校教育における創造性の育成について助言を行う全英委員会を設立した。この委員会では、科学者、芸術家、教育者、実業家が、教育における創造性の性質と重要性を明らかにするという共通の目的のために集結。その報告書、「私たちみんなの未来——創造性、文化、教育」は、学校から政府にいたるまで、あらゆるレベルで教育にたずさわる人々に向けて、創造的教育を実現させるために実際どうすればよいかというアイディアを具体的に提案している。

創造性は定義できないと言われることがあるが、定義できると私は思う。「私たちみんなの未来」に基づく私の定義は、**「創造性とは、価値がある独自のアイディアを持つためのプロセスのこと」**である。

ここで、想像力と変革というふたつの概念を念頭に置いて欲しい。想像力は、感覚では察知できないものを心に思い描く能力であり、創造性の源である。創造性は想像力を働かせること。想像の応用なのだ。変革は新しいアイディアを実践することである。

創造性にまつわるさまざまな神話がある。特別な人しか創造的ではない、芸術にしか創造性はない、創造性は教えられるものではない、創造性はタガが外れた〝自己表現〟だ。そのどれも本当ではない。創造性は、私たちみんなが人間であるが故に有している多くの能力から生み出される。創造性は科学、芸術、数学、テクノロジー、料理、教育、政治、事業、ほか何でも、人間が関わるあらゆる分野で存在しうる。そして、多くの人間の能力と同じく、創造性もはぐくみ、磨き上げることができる。そのためにはスキル、知識、そしてアイディアに精通していなければならない。

創造性とは新鮮な発想法だ。人類全体にとって新しい考えでなくてもよい。もちろん、そうであればそれに越したことはないが。ただ、本人にとって新しいものでなくてはならない。また、自分が取り組んでいるものが定理だろうとデザインだろうと詩だろうと、少しは意味のあるものかどうかを判断する鑑識眼も関わってくる。創造的な仕事はしばしば典型的な段階を経るものである。出来上がったものは最初に思い描いていたものとはかけ離れていることもある。新しい関係性を築いたり、他分野にまたがったり、比喩や類推を用いたりして行うダイナミックなプロセスなのだ。

突拍子もないアイディアを思いついたり、想像を自由に働かせたりするということだけが創造的であるというわけではない。そういうこともすべて含まれるだろうが、創造性は自分のやっていることを磨き上げ、試し、それに集中することでもある。また、本人にとって独自の発想であり、手掛けているものが少なくとも本人にとっては正しい形を帯びていて価値のあるものであるかどうかを批判的に判断することでもある。

創造性は規律と制御の対義語ではない。それどころか、どのような分野でも創造性には深い知識と高度の実践的スキルが必要である。創造性の育成は教師にとってやり甲斐のある挑戦だ。創造的な活動の真のダイナミクスを理解しなければならないのだから。[21]

創造は必要なスキルを事前にすべて学んでからとりかかるような、直線的なプロセスではない。どの分野でも、創造的な活動ではスキルと概念の習熟度を深めていかなければならない。ただ、創造的な活動を始める前に習得しないといけないというわけではない。スキルのみに集中すると、どんな分野でも興味を失いかねない。数字の美しさをまったく教えてくれない暗記型の勉強にうんざりして、一生数学が嫌いになってしまった人は大勢いる。音楽の試験のためにいやいやながら何年も音階を練習して、いざ合格したらその楽器を二度と手に取らない人も多い。

創造性を突き動かすものは、発見を求める心とその活動自体への情熱だ。生徒が学習する気になれば、それに必要なスキルは自然と習得するものなのだ。創造的な野心が高まると、スキルの習熟度も高まっていく。このプロセスは、サッカーから化学まで、あらゆる分野における優れた教育で見て取ることができる。[22]

違うキーで教える

教師でなくても、教師と協働してそのエネルギー、情熱、専門知識を教育にもたらしてくれる人は数多くいる。そのために教職課程の履修は必要ない。しかし、特定の分野への情熱と、その熱意を子どもたちと分かち合いたいというふたつの情熱は欠かせない。ニール・ジョンストンはその好例だ。大学時代に、楽曲の作曲と制作のためにストア・ヴァン・ミュージックという会社を創立した。どのスタートアップも必要とする副収入を生み出すために、彼は近くの学校で週に二日音楽を教えることになった。

「この学校はとても貧しい地域にありました」と彼は言う。「生徒数六〇〇名の学校で、ギターを習っているのは二名だけ。一対一で教える音楽の授業はこのクラスだけでした」

「デジタル技術が音楽業界に変革を起こしたのは素晴らしいことだと思っています」とニールは言う。「でも、私が音楽業界に対して抱いている愛情と情熱は、この教室ではまったく見受けられなかった。本当にびっくりしたのは、誰より手を焼かせる学習者のグループが、休憩時間や昼食休みに携帯電話を取り出して音楽を聴いている子たちと同じだということでした。みんな音楽は大好きでしたが、音楽の授業は大嫌いだったんです」

時間もリソースも限られている中で、ニールは今までよりも新鮮で、生徒たちが関心を持てる音楽へのアプローチを試みた。CMやコンピューターゲームの曲の制作にたずさわっていたので、制作中の曲を教室に持ってきて子どもたちが制作に関われるようにしたのだ。何世紀も前の昔の曲を学ぶことに意義を見出せなかった生徒も、プレイステーションや Xbox のゲームで自分も聞くことになるかもしれないと思うと、曲作りのブレインストーミングに興味を持ち始めた。

同時に、生徒たちが休憩時間に携帯電話で聴いている曲を使って、彼らの視点からアプローチするようにした。「誰でも音楽には意見を持っています。好きでも嫌いでも。教室でブリトニー・スピアーズの曲をかければ、三〇人は好きかもしれない。でも嫌う生徒も多い。しかも、嫌いだとはっきりと言う。でもこれで会話が始まるわけです。生徒たちは授業に集中します。授業中、携帯電話を取り出して Facebook をチェックしなくてもいられる。気が散らないんです」

子どもたちに音楽教育とのつながりが生まれ始めているのを見て、ニールはロック・ポップスの一日ワークショップでバンドを学校に連れてくるようになった。予想はつくが（少なくともこの時点では）、ワークショップは好評を博し、何社かの興味も引いた。Apple がコラボレーションできないかとストア・ヴァン・ミュージックに話をもちかけてきたが、たがいに興味はあるものの、なかなか機会がなかった。

それが、Apple が iPad を発表すると事情は一変した。「iPad が発売されて、これだと思いました。素晴らしい製品だし、これこそ音楽を教えるために必要なものだと思ったんです。画面に触れられて、すごいアプリが入ってるので、子どもたちは楽器が演奏できなくても音楽が体験できます。第二世代のiPad が発表されるとGarageBand というアプリが出されたので、すぐApple に電話して『試したいことがあるんですが、何台も借りられませんかね？』と頼み込みました」

　ニールのアイディアとは、曲をただ研究するのではなく、曲演奏という音楽体験を通じて音楽を生徒たちに教えるためのプログラムを作ってみたいというものだった。それまで、そういうプログラムを受けられるのは楽器が使えて音楽の基本を学ぶだけの興味と根気がある生徒だけだった。iPad のGarageBand があれば事情は違う。タブレット端末とアプリのおかげで生徒たちは何回かクリックするだけでギタリスト、ドラマー、サックス奏者ほか何にでもなれた。

「タブレット端末を使う利点は、子どもたちが気軽に始められることです。楽器をやったことがない子たちを集めて、バンドが成功するために必要なリスニングスキルを鍛えることもできる。音階を知らなくてもできます。iPad で音階を設定すれば、必要なスキルは子どもがトライアングルでリズムを取るのに使うスキルだけ。それに、音楽でがんばっている子たちをのけ者にすることもありません。そういう子にはもっと難しい課題を与えられますから」

　ニールが予想したよりもずっと熱烈に生徒たちはこのプログラムを歓迎した。ほどなくして、ストア・ヴァン・ミュージックは英国南部で何校もの学校とワークショップを実施するようになった。「二〇一一年六月に、このプログラムの教材としての活用法を紹介する動画を作成しました。それまではある地域の五五校から六〇校と取引があったのですが、動画がアップされてからは世界中から声がかかるようになりました。今では教育が事業の六〇パーセントを占めるまでになっています。二〇一二年には米国ツアーも実施しました」

プログラムの成功はストア・ヴァン・ミュージックの事業拡大計画の一環だったのかもしれないが、予想外のこともいろいろと起こった。おそらく中でも最大の事件は、ゲイウッド小学校の四〇〇名の生徒と一緒に録音した曲がiTunesのランキングでナンバーワンに躍り出たことだろう。ニールが「ユー・メイク・ミー・ソー・エレクトリック」を生徒たちと一緒に創りあげる姿を収めた動画は、YouTubeで何十万回も閲覧されている。

ニールは、毎日生徒と接する教師たちと比べて、一日ワークショップの自分は有利だと指摘することを忘れない。離婚した父親が週に一度子どもに会いに来て、目いっぱい甘やかすのと少し似ている。ストア・ヴァン・ミュージックが学校に来る日はいつでもお祭りだ。

「もともと教員の訓練を受けているわけではないから、ほかの先生方ならやらないようなことをやっているかもしれません。生徒に無理難題をふっかけています。四〇分でテレビＣＭの曲を作れ、とか」。ニールはこうも言う。「先生方のためにもなるんです。子どもたちの相手をしているだけじゃなくて、先生方にインスピレーションを与えてもいるようです」。曲の演奏法や、短いＣＭ曲の作り方、曲のリリース方法などを教えることでワークショップを実践的なものにして、職業として音楽の道に興味がある子も、そうでない子も、ただ名曲を鑑賞させるのとはまったく異なるレベルで生徒が授業に参加してくれる。

「教育に実際の仕事を取り入れることで、学ぶことに重要性が出てきます。教科書とは時代がずいぶん変わりましたから。情報の重要性はこれまでと変わらないのですが、もっと現代的な方法で伝えないといけません。実例を見せることができれば、それが違いを生むんです」

エンターテイメントとしての教育

ニール・ジョンストンはエンターテイメントを教育のツールとして使うが、ミッチェル・モフィットとグレッグ・ブラウンは教育をエンターテイメントのツールとして使う。大人気を博しているふたりが立ち上げた「いきなり《エイサップ》・サイエンス」というYouTubeチャンネルは、教育をパフォーマンス・アートへと昇華している。

にわとりと卵と、どちらが先なのだろう？　眠るのをやめると人はどうなるだろう？　恋に落ちるとき、脳内では何が起こっているのだろう？　エイサップ・サイエンスは本格的な科学とおもしろい画像を使ってこういった数々の疑問に答え、何千万人もの視聴者の好奇心を刺激する。その大半が生徒だ。

「教育制度では、おもしろい情報は後回しになることがあります」とミッチェルが教えてくれた。「教育は情報主体で、つまらないことを学んでからようやくおもしろいことが学べます。この順番をひっくり返して、『みんなの好きなことはこれでしょ。そのことについて話しながら、今何が起こっているか教えるね。科学を反対側から見てみよう』というのがエイサップ・サイエンスです」

グレッグは本職の教師で、従来の教授法にはいつも不満を抱いていた。「学校のカリキュラムは学習基準や理科で教えないといけない特定の履修課程にあまりに振り回されていました」と彼は言う。「この教育制度では子どもたちにとって効果的ではないとしか思えませんでした。生徒の興味を引くのが何より難しいところです。作成した動画をYouTubeにアップして反応が見られるというのはとても興味をそそられる話でした。YouTubeを画面に映し出すと、その瞬間にみんな静まり返る。自分たちが普段やっていることだったからです。ちゃんと見て、聞いて、質問もします。これまで教えてきた授業ではなかったような議論が始まるんです。ちょっとした実験としてやってみたらおもしろかった。子どもたちが目を輝かせて世界についていろいろと質問するのに、原子とは、というところから教え始めると目が死んでしまうんです。そういうのには興味がないから」

「教師として一番の問題は、生徒に教えようとしていることがどれも生徒にとっては関心がないことばかりだということでした。なんでそんなことを学ばないといけないのか、何のために学ぶのかということが見当もつかない。うちのYouTubeチャンネルがこれほど人気を集めたのは、ひとつに、年齢や種類や背景に関係なく、どんな人でも知りたがっていることを取り上げたからです。だから関心が持てる」

エイサップ・サイエンスは、学習者の興味を呼び起こせるような形で題材を提示すれば、教師も大観衆を集められるということを示した。また、野菜をデザートにこっそり入れる母親や父親のように、何かおもしろいことと一緒ならためになることも生徒に吸収させることができる、ということも示した。「エイサップ・サイエンスの動画は教師の代わりにはなりませんが、刺激になります」とグレッグは言う。「『おならっておかしいよね。おならについて考えてみよう。それから、ガスについても考えてみよう』。動画は、この話題に対する生徒の興味を引き起こす導火線になります」

教え方を学ぶ

それでは、本当の意味で優秀な教師になるためにはどういう訓練が必要だろうか。そもそも、訓練は必要なのだろうか。さきほど取り上げたニール・ジョンストンは教員の訓練をまったく受けたことがないのに、楽器を一度も演奏したことがない子どもたちを音楽好きにするという素晴らしい仕事をしている。ほかにも、教員の資格はないけれども生徒の熱意を引き出した数々の教育者の例を本書では取り上げている。そのもれなく全員が、ごくかぎられたひとつのことをやろうとしているからうまくいくんだ、と言うことだろう。マイケル・スティーブンスのYouTubeチャンネルVsauceは大勢の子どもたちに科学への学習欲を起こさせているが、彼はこう認めるのにやぶさかでない。「教えるというのはまったく違いますから。私は週に一度、自分のやりたいテーマの動画をやりたい風に作ればいいけれども、教師は毎日学校に行って、州の規定を守りながら教えて、生徒のしつけ役も友達役も、ほかにもいろんな役をこなさないといけない。私がVsauceでやっているのは自習ですから」

特定の教科で優秀な成績を修めれば教師になることができると考えている政治家もいる。「分子化学の分野で修士号を取得？　それならもちろん化学を教えて結構です」。専門知識があれば、その知識を他者にうまく伝達することができる、という考えなのだ。必要なのは知識のみ。あとはただ決まりきった手順に従えばいい、という考え方だ。これは間違っている。もちろん、教える教科の知識は通常大事である。「通常」と言ったのは、のちほど分かる通り、かならずしも常に知識が必要とされるわけではないからだ。分野によっては、明らかに知識が必須条件となる。私はルーマニア語をしゃべれないので、ルーマニア語をうまく教えられはしないだろう。「そんなこと言って。そんな難しいわけないでしょ」と言っても無駄だ。私にはルーマニア語は教えられない。このように、教科の知識は有能な教師にとって必須であることは多いが、決してそれだけで事足りるというわけではない。生徒に自分から学びたいと思わせ、自分から学んでくれるようにインスピレーションを与えるというのも大事な仕事なのだ。だからこそ、一流校はどこも教員の採用と大掛かりな研修にこれほど多額の費用をかけ、教育制度において教職は高い尊敬を集め、給料も高いのである。

アンディ・ハーグリーブスとマイケル・フランは画期的な分析を行った『プロフェッショナル資本』で効果的な教師の研修と育成の必要性を見事に説明している。教員の採用と研修を短期的に、費用を惜しんで行うと、かならず「経験が浅く、費用がかからず、短期間で摩耗する」教師陣がそろうことになる、と彼らは結論づける。その代償は貧弱な教育、子どもたちが人生で成功するチャンスの枯凋なのだ。

教員が初期に受ける研修では、現役のベテラン教師の指導を受けながら学校で広範囲な実習を行うべきである。また、教育の実践と思想史、その背景にあるさまざまな運動や流派の研究も行うべきだ。本業である「教える」行為自体は生徒の学びを手助けすることなのだから、心理学の学習理論と研究も、また昨今重要な認知科学の学習理論と研究も学ぶべきである。そして、他国の教育制度の仕組みとその実績や効果についても学ぶべきだ。初期研修は大事だが、実際に教え始めてから自分の創造的な教え方を見直し、最新の教育関連の実践例や教育全般について学ぶために、その後も教師として研鑽を続ける必要がある。

一流校の中心にあるのは優れた教師だ。さまざまな役割を負うことで、教師は生徒のために以下の三つの重大な目的を果たすことができる。

- **インスピレーション**　教科に対する情熱によって生徒に感銘を与え、生徒が力を最大限発揮するようになる。
- **自信**　生徒が自分で理解と知識を深められるような、自信のある、自立した学習者になるために必要なスキルと知識を**習得**するのを手伝う。
- **創造性**　生徒が実験、**探索**、質問するように導き、独創的な発想法のスキルや傾向を高められるようにする。

こういったことはカリキュラム全体を通してすべての教科で行うべきだ。そのためのカリキュラムとは一体どういうものなのだろうか。

第6章 学ぶべき価値があることとは

カリフォルニア州サンディエゴ近郊のハイテックハイは、技術教育と教科教育を統合するためのチャータースクールとして二〇〇〇年に設立された。今では高校五校、ミドルスクール四校、小学校三校から成り、年に五〇〇〇人以上の生徒が在籍する。[1] ハイテックハイでの一日は大半の学校とはまったく異なる。カリキュラムはプロジェクトベース学習（PBL）を基本としている。「PBLを説明すると、学習基準にあるものでも、独自のものでもいいので、何か生徒に学んで欲しいことを決めて、プロジェクトを作りあげる。つまり、まずコンテンツありきなんです」と美術担当の教師のジェフ・ロビンが話してくれた。[2]

ラリー・ローゼンストックはハイテックハイの初代校長を務めた。彼はこう説明する。「グループで行い、チームで教わる、実験的で実践的で探検的なテクノロジーの教育法と、リテラシーやニューメラシー、文科系の教科など、子どもたちが知らないといけないすべての教科教育の内容。テクノロジーの教授法と教科の内容をかけあわせようというわけです」

ひとつの教科が別の教科と統合されるので、生徒はカリキュラム全体を効果的に学ぶことができる。たとえば、美術と生物学を組み合わせたり、文系教科と数学を組み合わせたりといった具合だ。生徒は書籍を出版したり、ドキュメンタリー映画を制作したりなど、多種多様なプロジェクトに取り組む。サンディエゴ湾の生態学について本を執筆して製作することで、生徒は生態系と写真とグラフィックデザインについて学ぶ。さらに、実社会に活動の場を広げて、地元の地域社会やもっと広く世間全般に役立つプロジェクトを立ち上げている。最近では、DNAバーコーディングを研究するセクションが開発したツールが、食肉が密猟によるものかどうかを判定するためにアフリカの市場で利用されている。

普通の学校と違い、四〇分ごとに生徒たちが廊下に出てきて別の教科を習いに教室移動する、ということはない。ハイテックハイでは一日のコマ数は少ない。その目的は、異なる種類のプロジェクトに没頭できるように持続した時間を作るためである。「予鈴は鳴らしません」とラリーは言う。「トイレには行きたければ行っていい。放送設備はありません。生徒たちはいろんなことに**取り組んでいます**。教科を学ぶというよりも教科を**発見する**という感じです。生物学の用語を暗記するんじゃなくて、フィールドワークに出る。うちの子たちは民間や公共部門でインターンをやっています。うちはゆるいのですが、違う意味で厳しい」

「生徒には教師のチームがつきます。教科から別の教科への切り替えはあまりない。たくさんいろいろなものをつくります。結構な頻度で制作作品を展覧会に出すことになります。人前でプレゼンテーションを行うこともしょっちゅうです。楽しまないと」

このように大半の高校とは劇的に違うやり方でカリキュラムを組むためには、保護者など多くの関係者の同意が必要だ。保護者はハイテックハイの方法論を最初から歓迎したわけではなかった。「ハイテックハイが始まったばかりの頃は、保護者の方々にうちのアプローチを問われましたよ。でも、子どもたちがこの学校に通うのを楽しんでいるので学校は辞めさせられないと言うんです。そのうちに、名門大学の合格者が出るようになりました」

ほぼ全生徒が大学に進学し、そのうち七〇パーセントは四年制大学に進む。「卒業生の大卒者数は非常に高いんです。みんながみんな大学に行く必要はないと言う人もいます。それは分かる。ＮＢＡの選手は大学に行かないし、ロックスターも行かない。優秀なプログラマーも大卒ではありません。しかしハイテックハイは、大学に進学しない生徒であっても、進学が期待されて大学進学に向けてそなえるコースに入っている生徒たちから隔離されない方がよい、という前提に立っているのです」

高等教育を受けるのは家族の中で初めてという生徒が大学進学者の半分以上を占める。それは、ハイテックハイがあらゆる社会階層の生徒を受け入れることを重視しているからだ。生徒はくじで選び、小学校からミドルスクール、ミドルスクールから高校という移行期には生徒数が少ない学区から新たに生徒を迎える。

「もちろん教育こそハイテックハイのすべてであるわけですが」とラリーは言う。「それに僅差で迫るのが社会階級の統合です。社会関係資本に関して、米国は衰退の一途です。組織的に予測ミスをしていますから。誰に何ができて誰ができないかについて、民族や社会経済的地位やジェンダーに基づいて間違った予測をしているのです。今では共通テストという予測ミスのツールもできました。ハイテックハイが挑んでいるのは、予測ミスの罠にはまらず、うちで言うところのロケットの発射速度を、従来はそんな速度を出したことがないような子どもたちに出させることなのです……。こういう子どもたちを相手にしていると、みんなどれほど頭のいい子かということに気づかされます。すべての子に、違うやり方でアプローチしないといけないのです」

すべての生徒に手が届くかどうかは、まさに教育改革にかかっている。これまでに見てきた通り、それは学習と学習指導の質に重点を置くことである。また、それを可能にするようなカリキュラムを策定することでもあるのだ。

カリキュラムは何のためのものか

カリキュラムは生徒が知り、理解し、できるようになるべきことの枠組みである。大半の学校で、必須の部分と選択の部分からなり、クラブ活動や放課後のプログラムのように自主的な部分もある。**公式**カリキュラムと**非公式**カリキュラムには違いがある。公式カリキュラムは必須の部分で、試験や評価が行われる。非公式カリキュラムは自主的な部分。公式と非公式の部分が合わさってカリキュラム**全体**を成している。

その目的は明らかに、生徒が学習するべき内容の地図となることである。しかし、カリキュラムには別の目的もある。リソースをどのように活用するかを決めたり、全員がどのように時間とスペースを使うか調整したりするためにも学校はカリキュラムを必要としている。典型的な例では、学校は一日を何個かのコマに分け、それぞれに教科を割りふる。それは当然だと思うかもしれない。何と言っても学校は組織化されていないといけないのだから。生徒も教員も、どこで何が起こっているのか把握している必要がある。原則的には、カリキュラムが時間割を形作る。しかし、実際にはその逆になってしまっていることが多い。

うちの娘は第一〇学年で舞踊の勉強を続けたかったのだが、時間割がうまく合わずに続けられなかった。私は一四歳のとき、ドイツ語とかちあってしまった美術の授業をあきらめなければならなかった。学校は美術よりもドイツ語のほうが重要な科目だと考えたのだ。そんなことはないのだが。多くの高校生が同じような経験をしている。時間割が柔軟で生徒一人ひとりに合ったものならば、今、生徒が必要としているダイナミックなカリキュラムを策定しやすくなるだろう。

昔からある議論

「何を教えるべきか、それを決定するのは誰なのか」について、教育界で白熱した議論が交わされてきた。事実や考え、スキルなど、さまざまな教科で教えられるべきカリキュラムの内容についてここで細かく論じるつもりはない。それはE・D・ハーシュ[3]や各国政府が試みていて、それを記した書籍は何冊も出版されている。そういった試みはどれも論争を呼んできた。現在、米国の教育に関するもっとも白熱した論争はコモンコア学習基準［全州で共通の学力基準］の導入である。これはリテラシー、数学、理科の基本的なカリキュラム内容を規定するものだ。この規格策定に関わった人々は、「初心者レベルの仕事や大学の入門コース、職業訓練プログラムで成功できるレベルで高校を卒業するために、K12［幼稚園から高校卒業までの一三年間の教育］全体を通じて習得する必要な知識とスキル」を定義するためのものであり、「全米の州や世界中の国々におけるもっとも効果的な最高レベルの基準」を参考にしているという。

コモンコア学習基準がどのような価値を秘めているとしても、連邦政府による教育のっとり計画の大胆すぎる一手として見られ、どの州でも政策立案者や教師、保護者、地域社会全体が反旗をひるがえし、国を二分している。

本書の目的はそんな大それたものではないが、それでも同じくらい重要だと私は考えている。さきほど述べた四つの目的に関してカリキュラム全体が達成すべきことは何なのかを検討し、そのためにはカリキュラムはどのようなものであるべきなのかを問うことである。これだけでも充分議論を巻き起こす。学校で何の教科を教えるべきかという大論争は教育制度の揺籃期からずっと続いており、その中でカリキュラムは大きく変化を遂げてきた。

古代ローマでは、教育は言語の形式的構造を学ぶ文法学、文章作成と演説の技術を学ぶ修辞学、形式論理を学ぶ論理学、算術、幾何学、音楽、天文学の自由七科により構成された。欧州では中世の終焉までこの考え方によるカリキュラムが主流だった。

ルネッサンスが起こり、一五・一六世紀に入ると、スペリングや演劇など別の教科を加え、より実践的な教授法・学習法を求める学校も出てきた。一部の学校は音楽、舞踊、絵画、レスリングやフェンシング、ハンドボール、サッカーなどのスポーツ競技を教え始めた。一八世紀には歴史、地理、数学、外国語をカリキュラムに含める学校も。これは、古典的教育しか重要ではないと考える伝統主義者の強烈な反発を買った。とはいえ、古典的なカリキュラムが一九世紀半ばまで欧州では主流でありつづけた[4]。

そして、社会に三大激変が起こり、学校のカリキュラムが再編されることになる。科学とテクノロジーの影響が高まり、知的環境が変化し始める。工業化の普及により、経済情勢が変わり始める。また、心理学という新しい科学が知性と学習について新しい理論を提示。こういった進展により、それまで常識とされてきた厳密な意味での古典的教育の利点が根本的に問われることになった[5]。

大衆教育が普及すると新しい種類のカリキュラムが生まれ始め、これが今日まで学校教育の主流となっている[6]。このカリキュラムは、**構成**、**内容**、**様式**、**精神**という観点から考えると理解しやすい。

ここで「**構成**」と言うのは、カリキュラム全体と、さまざまな要素の関係性がどのように考えられているか、である。ナショナルカリキュラムはたいてい数学や科学、歴史など、別々の教科を中心に組み立てられる。特に高校では、教科には順位づけがされている。各教科に割り振られた時間とリソースの配分や、必須科目か選択科目か、正式に評価が行われるかなどといった点でその教科の位置づけがうかがえる。

頂点には数学、言語、科学が鎮座する。次に、歴史、地理、ときに社会や宗教などの文系科目。一番下が芸術や体育。「芸術」は通常、音楽や視覚芸術を指す。演劇が教科として教えられている場合は、たいてい芸術の中でも最底辺に置かれる。学校で教えられることは滅多にないが、舞踏はさらにその下である。

「内容」というのは、生徒が学習しないといけない中身のことである。学校は学力にばかり目が向いているため、たいてい実用的なスキルや職業的なスキルよりも理論や分析に重点が置かれている。

「様式」というのは、デスクワークかプロジェクト主体か、ひとりで学習するか、ほかの生徒と協力して学習するかという、生徒がカリキュラムに取り組む方法のことを指している。たいていの学校では、学術的なデスクワークが主体で、グループアクティビティよりも単独学習が重視されている。

「精神」というのは、学校の全般的な雰囲気と性格を指している。学校が何も言わなくてもカリキュラムから伝わってくる、その学校の優先順位や価値観のことだ。これは**隠れたカリキュラム**と呼ばれることもある。教育標準化運動の主潮は、学校は一種の障害物競走で、その目的は試験や評価という勝者と敗者を生み出す障害物を何度もクリアすること、という考え方。これまで見てきた通り、そのため学校がつまらない、苦痛だと感じる生徒は多い。彼らにとって学校生活は楽しめるものではなく、ひたすら耐え忍ぶものなのだ。それでは、どういう種類のカリキュラムを学校は策定するべきなのだろうか。この質問に答えるためには、第1章で紹介した**「経済的な目的」**、**「文化的な目的」**、**「社会的な目的」**、**「個人的な目的」**という教育の基本目的を念頭に置く必要がある。

まず手始めに

従来のカリキュラムは、考えるまでもなく重要だと思われていた別々の教科をまとめたものに基づいている。それが問題のひとつなのだ。正しいスタート地点は、生徒が教育によって何を知るべきか、何ができるようになるべきかという問いかけだ。この問いに答えるため、カリキュラムをコンピテンシー〔能力や適性〕の観点から再編成しようとさまざまな試みがなされた。これは良い考えだ。四つの基本目的は、学校が生徒の将来を思うなら育成するべき、八つのコア・コンピテンシーを示しているように思える。そのひとつひとつが四つの目的すべてに関係している。八つともアルファベットのCで始まる。Cで始まるからどうということでもないが、ただ私にとっては覚えやすい。おそらく皆さんにとっても。

キュリオシティ（好奇心）　——質問し、世界の仕組みを探求する能力

探求する。試して何が起こるか様子を見る。物事の仕組みに疑問を持つ。なぜなのか不思議に思い、「もしこうだったら」と考える。そういった欲望が、どの分野でも人を突き動かし、

成功を生み出してきた。

子どもには、関心を引く物事であれば何でも探求する欲がすでにそなわっている。好奇心が呼び覚まされれば、子どもは自分で学ぼうとする。仲間や、何でも利用できる情報源から学ぼうとする。生徒の好奇心を育て、導く方法を心得ているということこそ、あらゆる優れた教師に共通する才能である。答えをただ教えるのではなく、質問を生徒に提示し、さらなる探求でより深く考えるようにいざなうことで、生徒が自分で調べて究明するようにもっていく。

興味を覚えたとしてもすぐに満足してしまうこともあるだろう。一方で、一生をかけて探求していく場合もある。いずれにしても、生涯にわたって好奇心を忘れないでいられるというのは学校が生徒に与えられる最高の贈り物のひとつである。

クリエイティビティ（創造性）——新しいアイディアを生み出し、それを応用する能力

私たちはみんなひとりの人間として、培う観点、行う選択、発見して育て上げる才能や情熱により、自分の人生を築き上げていく。若者の創造性の育成は、教育の四大目的すべての核を成すものである。人間存在の、そしてあらゆる文化的な発展の中心にあるのが創造性なのだ。皮肉にも、創造性は人類に破滅をもたらすことになるかもしれない。人類が種として直面する多くの問題が、異なる文化の対立や、人類全体による自然環境の悪用という、創造性の産物なのである。その点、生き方の選択によって気候を危険にさらしているのは想像力のとぼしいキツネザルやイルカではなく、想像力にも創造性にもずっと恵まれた人類なのである。

今、答えは創造性を抑圧することではなく、これまでよりも真剣に、目的意識を持って培うことだ。生徒が直面する問題がより複雑になればなるほど、彼らに備わった人類だけの創造的な思考と行動という能力を鍛える手助けをすることが重要になってくる。

クリティシズム（批判的精神）――情報や考えを分析し、合理的な意見や判断を形成する能力

ちゃんと考え、意見を論理的に検討し、証拠を冷静に考量する能力こそ、人間の知性を特徴づけるものである。人類は歴史からいろいろと教訓を学んできたが、どうやらこの教訓は何より生かせないものらしい。

批判的思考は形式論理だけの話ではない。意図を解釈し、文脈を理解し、隠された価値観や感情を究明し、動機を見極め、偏見を看取し、もっとも適切な形で簡潔にまとめた結論を提示することが含まれる。こういったことのすべてに訓練と指導が必要となる。

批判的思考は昔から人類の繁栄に重要な役割を果たしてきた。今ではその重要性はいや増している。あらゆる方面から情報、意見、アイディア、売り込みが押し寄せる。インターネットひとつとっても、人類が発明したもっとも遍在的な情報源であり、しかも爆発的な成長を遂げている。それと同時に、混乱や難解化のリスクも増している。

デジタル革命はすべての青少年の教育に莫大な利点をもたらす。同時に、事実と意見、まっとうな意見ととんでもない意見、正直さといつわりを選り分ける必要性もかつてなく高まって

いる。学校で教えられるどの教科でも、また学校外で培われる習慣も、明確な批判的思考がその中心になくてはならないのである。

コミュニケーション（意思伝達）——考えや感情をはっきりと、自信を持って、多岐に渡る媒体や形式で表現する能力

読み書きと数学のリテラシーは教育の必須事項とされているが、これはそうあるべきである。しかし、〝オラシー〟〔話し言葉の運用能力〕とも呼ばれる、明確で自信に満ちた発話能力も同じく重要なのだ[7]。話し言葉のスキルの育成は、現在学校ではなおざりにされているという悲惨な状況にある。

言葉によるコミュニケーションは文字面だけではなく、比喩や類推、暗示など、さまざまな詩的、文学的な言語の用法を理解することでもある。コミュニケーションは言葉や数字だけのことではない。こういった方法では的確に表現できない考えもある。また、音やイメージ、動きやジェスチャーでも人間は思考する。これにより音楽、視覚芸術、舞踊、演劇と、さまざまな形の能力が生まれるわけである。こういったすべての方法で考えや感情を形成し伝達する能力は、個人のしあわせと人類の功績の根幹をなすものである。

コラボレーション（協働）——他者と生産的に協働する能力

人間は社会的存在である。他者との交流の中で生活し、学ぶ。学校の外では、他者との協働

能力は地域社会の力を決定づけ、人間が集団で困難に立ち向かう力となる。それなのに、多くの学校では生徒はほとんどがひとりで学習する。**集団の中で**勉強はするのだが、**集団として**学ぶのではないのだ。

青少年に協働することを教えれば自尊心が強くなり、好奇心が刺激され、創造性が高まり、成績が上がり、ポジティブな社会的行動が増えていく。[8] グループ作業の中で、問題解決や共通の目標を達成するために他者と協力し、たがいの強みを生かして弱みをカバーし、アイディアを共有し発展させていくことを学ぶ。交渉し、対立を解消し、合意した解決策の実施を手伝うことを学ぶ。

学校でほかの生徒と協働することで、青少年は「ひとりで出来ることはこれほどわずかなものだが、力を合わせればこれほど大きなことが成しとげられる」というヘレン・ケラーの格言が根源的な真実であることに気づくだろう。

コンパッション（思いやり）——他者の心を分かり、それに従い行動する能力

思いやりとは、他者の感情、特に苦しみを分かる心のことで、共感に根づくものである。共感は、他者が体験している感情を自分に引きつけて理解し、同じ状況では自分はどう感じるだろうかと想像することだ。思いやりはただの共感ではなく、「自分が人にされたいことを人にもしなさい」という黄金律の実践である。共感を行動に起こすことなのだ。

青少年が直面する問題の多くは思いやりの欠如に起因する。いじめ、暴力、精神面での虐

待、社会的な排除、民族・文化・性的傾向による偏見は、すべて共感がないことに起因する。外の大人の世界でも、同じ原因により文化的な衝突や負をもたらす社会の分断が起こり、激化している。

世界が相互依存の度合いを強めていく中で、思いやりの心を養うことは道徳上も、実際的にも、そして宗教上も、重大な責務である。思いやりの心に従って行動することは、誰でも備わっている人間性を真に体現することであり、自分自身も他人も心から幸福感で満たしてくれる。学校では、学校の外と同じく、思いやりの心は説教ではなく実践により示さなければならない。

コンポージャー（平静心）——感情という内面と向き合い、個人としての調和とバランスの感覚を養う能力

人は内なる世界と、外の世界というふたつの世界に生きている。学習基準に準拠したカリキュラムでは、外的世界ばかりが考えられている。若者が内的世界を模索する助けにはほとんどならない。しかし、人が外的世界の中で取る行動には、自分自身についてどう考え、感じているかが深く影響しているのだ。著作家アナイス・ニンがかつて述べたように、「私は世界をありのままに見ているのではない、私として見ているのだ」

今や多くの青少年が学校生活の中でストレス、不安、憂鬱な気持ちを抱えている。こういった感情は学校自体によって引き起こされる場合もあるが、学校の外の生活が原因になっている

場合もある。すべての場合において、こういった感情は退屈、無関心、怒り、さらにはもっと質の悪いものを誘発する可能性がある。しかし、これまで論じてきた方法で学校文化を変えれば、そういった感情も緩和することができる。また、毎日瞑想を行うことを教えれば、内なる世界を模索する時間とテクニックを生徒に授けることができる。瞑想を実践する学校は増えてきており、生徒も学校側も、マインドフルネス［「今、ここ」に集中し、ただありのままに観る意識のあり方］と平静心を培う訓練を日常的に行うことで、個人としても、集団としても恩恵を得ている。

シティズンシップ（市民性）――社会と生産的に向かい合い、社会を維持するプロセスに参加する能力

民主主義社会は、情報を充分に与えられた市民が社会の運営に積極的に参加することで成り立っている。市民の社会参加のためには、若者が社会の仕組み、特に法律、経済、政治の仕組みがどのように作用するのか、どのような影響を市民に与えるのかということを卒業時に知っていなければならない。

市民の社会参加というのは、自分の権利と責任を知り、社会制度や政治制度がどのような仕組みになっているかを知り、他人の福利に関心を寄せ、自分の意見や論理を明確に主張し、世界に影響を与えることができ、地域社会で活動を行い、自分の行動に責任を持つことを言う。[9]

市民教育は恭順や現状維持をうながすものではない。平等の権利、異論の価値、平和に生き

るためには個人の自由と他者の権利のバランスを取る必要があることを訴えかけるものなのだ。

市民としてのスキルは習得し、訓練する必要がある。また、持続的に学びなおす必要もある。ジョン・デューイが「民主主義は各世代で生まれ変わらなくてはならず、教育がその助産婦である」と述べたのはこのことを念頭に置いていたのかもしれない。このためには、学校は市民性について語るだけではダメなのだ。ほかのコンピテンシーと同じく、体現してみせることでどういうものなのか示さなくてはならない。

これらのコンピテンシーは学校時代に何らかの段階で身に付けるものではない。教育のスタート地点から進化し始め、一生を通じて訓練し、精錬を続け、やがて自信も洗練度も高まっていくべきものなのだ。この八分野で自信をつけて卒業する生徒は、かならず人生で体験することになる経済的、文化的、社会的、そして個人的な問題に対処する素地が充分にできている。それでは、八つのコンピテンシーを鍛えるために学校はどのようなカリキュラムを策定すればよいのだろうか。

構成を提案する

第4章で論じたように、人間の知性には学力が含まれるが、到底それだけではない。そこで挙げたすべての理由から、学科の教科という従来の考えは学校のカリキュラムを策定する土台としては限定的すぎると私は考えている。また〝教科〟という用語は、はっきりとした、変わることのない境界線によって切り分けられた異なる知識の分野があるかのように聞こえる。実際には、あらゆる形態の知識が進化し続ける。学校の外では、異なる教科の境界線は常に重なり合うものである。また別の問題もある。

ある意味、学術的な教科などというものは存在しない。学術的なものの見方があるだけなのだ。学術研究は分析の一形態であり、外国語から素粒子物理学、詩や地質学に至るまで、何にでも適用できる。学校はこの形態の学習方法に主眼を置くようになったが、学習対象自体が学術的なのではなく、そのとらえ方が学術的なのである。

教科ではなく**分野**という概念の方がカリキュラム策定のためにはよっぽど役立つと私は考えている。〝分野〟は理論と実践をともなう。たとえば、数学はメソッドとプロセスに命題的知識が**加わった**ものである。生徒は数学について学ぶだけでなく、数学のやり方も学ぶ。身体的なスキルや、題材やツールの駆使が関わってくる、音楽、芸術、デザイン、エンジニアリング、テクノロジー、演劇、舞踊などの分野でも同じことが言える。

カリキュラムを分野という観点で考えると、ハイテックハイで実践しているように、複数の分野における概念やスキルを用いて、異なる視点から問題やアイディアを協力して模索する、学際的な活動の可能性も開けてくる。学校の外では物事の大半が本質的には複数分野にまたがっている。それでは、カリキュラムにはどの分野を入れるべきだろうか。

私見だが、バランスの取れたカリキュラムは芸術、人文学、言語、数学、体育、科学を同等に扱うべきだ。いずれも知性、文化知識、人としての成長を扱った主要な分野である。こういった分野のバランスがとれていれば、全生徒共通の学習内容の枠組みとなるだけでなく、生徒一人ひとりの強みや関心に応えることができるのだ。

芸術

芸術で大事なのは人間の体験の質である。音楽、舞踊、視覚芸術、演劇などを通じて、人は自分自身についての感情や考え、周りの世界をどう経験するかということを表現する。芸術の実践と知識の習得は知的発達に欠かせない。芸術は知性の多様性を体現し、その多様性を促進する実際的な方法を与えてくれる。人間文化の中でももっとも躍動的な表現なのだ。異文化を理解するためには、その音楽、視覚芸術、舞踊、言語芸術や舞台芸術と向き合わなければならない。音楽やイメージ、詩、戯曲は人間の深遠な才能や情熱の現れなのである。他者の芸術に向き合うことは、彼らの見方で世界を見て感じ取る、もっとも躍動的な方法である。

人文学

人文学は人間文化の研究であり、歴史、言語、哲学、宗教、地理歴史や公民の一部などが含まれる。人文学の教育は、周囲の世界（その多様性、複雑性、伝統）に対する生徒の理解を深める。違う時代や違う文化の人も含めて、他者と共有するものの知識を深め、自分の時代と文化を批判的な目で見る力を養うことを目的としている。

言語

明確な言語能力は人間の知性のあかしである。子どもは話し方を学ぶ中で、考え方、論理思考、意思伝達の方法を学ぶ。また、文化的な価値観と言語に埋め込まれている物の見方も学ぶ。学校での言語学習にはオラシー、リテラシー、文学の分野がある。オラシーははっきりと、流暢に、自信をもって話す能力で、リテラシーは読み書きの能力と習慣を身に付けることである。文学は人文科学の中でも重要な芸術の形態だ。文芸の研究と実践により、生徒はほかの人生、時代、伝統の識見や感性に迫ることができる。

数学

数学は、数、サイズ、量、空間、そしてそれらの関係性についての抽象的な科学である。数学という学問が誕生したのは人類が文明を創り出した揺籃期にさかのぼり、人間文化の最大の功績にも数えられる。ニューメラシーはそれ自体が重要だが、また、多くの他分野を学ぶための入り口ともなっている。多くの形態をもつ数学はあらゆる科学の実践やテクノロジー、芸術、そして日常生活のさまざまな側面において重要な位置を占めている。

保健体育

人間は歩く脳みそではない。身体性をもった存在であり、心の健康、情緒面の健康、体の健康は密接に関係している。体育とスポーツは多くの異なる文化的な伝統や慣習に深く結びついており、競技自体も、集団活動や競技で生まれる帰属意識も、強い感情や価値観を生みだす。個人のスキルやチームスキルを磨き、成功体験と失敗体験を制御された環境の中で共有するという大事な機会を与えてくれる。このように、創造的で文化的な教育へのバランスの取れた取り組みにおいて、体育は必要不可欠で他教科と同等の役割を担っている。

科学

科学は周囲の世界を理解するための体系的な探求である。物理学、化学、生物学、地球科学、天文学などの自然科学は、自然界の現象を探求し予測することに重点を置いている。心理学、社会学、経済学などの社会科学は、個人と社会の行動に注目する。科学教育はすべての生徒の教育に重要な役割を担っている。証拠を理解する力や客観的分析のスキルを育て、現在の科学が自然界のプロセスとそれを支配する法則をどう理解しているかを教え、現行の科学知識を検証したり疑問視したりするために実践的な調査や理論上の探求の機会を提供する。また、近代世界を形づくった科学的な概念や功績、その意義と限界を評価する力を養う。

分野という概念を導入すると、ハイテックハイなどの学校でカリキュラムの基本となっている学際的な学習のダイナミクスが見えてくる。このダイナミクスのおかげで分野は変わり続け、進化し続けるのである。外の世界では、こういった分野はどれも躍動的な探求の世界となっている。これは学校にも導入されるべきものだ。たとえば、芸術と科学は教育において正反対のものだと思われている。科学は厳然たる事実、真実、客観性の世界で、芸術は感情、創造性、主観性の世界だと思われている。どちらもいくらか真実は含んでいるものの、これはやはり極端に誇張した見方にすぎない。

実際には、芸術と科学はあらゆる形で重なり合っている。想像力と創造性は、正しく理解されれば、芸術と同じく科学を形づくるものでもある。科学における学習は、仮説を科学的に調査するためのメソッドを用いて、テクノロジーなどの他分野との相互作用を模索することで、現行の科学知識に取り組むことでもある。科学の進展をもたらした偉大な発見や理論は、実験の計画や解釈における想像力の大きな跳躍や天才的な実用的工夫によるものなのだ。

芸術は、洗練されたスキルや批判的思考、文化的な感性を必要とする、非常に規律性の高い活動である。人文学は多くの点で科学と芸術と重なり合う。芸術とは、経験の人としての側面を理解することに主眼があることが共通しており、科学とは、理論上の分析、証拠、説明への関心が共通している。

正しい様式を見つける

抽象的な考えをただ学ぶのではなく、積極的に何かをしながら学ぶ方が最大限の学習効果が得られるという生徒は多い。好奇心が呼び覚まされ、質問をして、新しい考えを発見し、こういう分野のおもしろさを実感しているときなどだ。このことはこれまで本書で取り上げてきた、グランジ、ノーススター、ハイテックハイなど、すべての実例が実証している。ラリー・ローゼンストックは、「そもそも小学校が正しかったんです。カリキュラムは学際的で、ファジー理論〔真と偽以外の値をとる命題を扱う論理学〕を使っていて、児童は物を作ったり活動を行ったりする。博士課程もそうです。入学時も頭は質問でいっぱいで、卒業時も頭は質問でいっぱい」と言っている。

どの分野でも、効果的な学習はしばしば試行錯誤の連続で、大成功のかげには何度も失敗に終わった試みがある。このダイナミクスがカリキュラムの核心で、ハイテックハイの成功のカギでもある。「失敗はプロセスの大事な一部です。ハイテックハイでは失敗を歓迎していきます。『これだとうまくいかないことが分かった。リストから外して、別のを試そう』という具合に。学びは失敗にある。学習体験のこの重要な部分が、教科教育では排除されてしまっている例があまりに多いと思います」

教授法と学習法に最近起こった変革の中で非常に興味深いもののひとつに、デザイン思考として知られるようになったものがある。今では多くの団体で採用されているアプローチで、導入する学校も増えている。プロのデザイナーが問題を特定し解決するとき、また新しい製品やサービスを考案するときに用いる創造的で分析的なテクニックを基にしている。デザイン思考は通常学際的で、かなり協働的なものだ。その原理や実践法はティム・ブラウンの『デザイン思考が世界を変える』に詳しい。

デザイン思考や、本書で取り上げたその他の学習戦略の多くは、普通科と職業学科の区別は誤った考えに基づいていて悲惨な結果を招きかねないことを示している。また、自分は本当に興味があり、長けてもいるのは知識の実用だという生徒の行き場がなくなってしまう。躍動的なカリキュラムというのは学校教育において異端ではなく主流であるべきなのだ。

ロンドン大学キングスカレッジ公共部門管理担当教授のアリソン・ウルフは、英国政府のために職業訓練教育を見直し、「ウルフ・レポート」をまとめあげた。生徒を社会に貢献するひとかどの人物に育て上げるという大きな功績が職業訓練にはあるが、こういう種類の教育は普通科と同様の、しかし別種の厳格さがないと成功しないのだという。

「壁を壊さなければいけないんです」と彼女は言う。「学校、大学、教師と進んできたのではないタイプの教師が増えれば、そういう人が一回きりの集会で講師を務めるというのではなく常任の教員として学校に雇われれば、人々が息をつける余裕が学校にも生まれます。教室を飛び出して、本質的に変化するものなのでカリキュラムが組めないような物事を、正式にカリキュラムに組み込まないといけません。かならず実践されるようにアカウンタビリティに組み込まないと。学習基準から外れる部分を伝統的なカリキュラム構成に組み込んで、それ自体が必須事項になるようにするべきで、さらに、その必須事項自体は標準化できないようにしないといけないと思います」

学校を外の世界につなげ、普通科と職業学科を統合することで生徒の授業参加も学力も高まるという見事な例が、ビッグ・ピクチャー・ラーニングだ。学校や教育プログラム、政策の立案のあらゆる側面に関わってきたふたりの教育者、エリオット・ワッシャーとデニス・リトキーが一九九五年に創立した、世界中で一〇〇校を超える学校のネットワークである。設立の背景には、地域社会の誰もが教育に責任を負うという考えがある。参加校は教育の場が学校の外にまで広がったときにのみ可能になるタイプの学習を促進している。生徒たちはボランティアのメンターの指導のもと、かなりの時間を地域社会で活動し、実社会の中で学習する。

「地域社会の人々は協力して学校やコミュニティーを築いていかなければなりません」とワッシャーは言う。「自治体のいろいろな部署をまとめあげて、高校に変革を起こし、地域社会が必要とする学習の仕組みを作らないと。真の意味でコミュニティーの学習場所ができて初めて、高校には地域社会への帰属意識が戻り、生徒にはコミュニティーに大きく貢献していると感じてもらえるのです[10]」

このことについて、ワッシャーと長年の同僚であるチャールズ・モコウスキは共著

『学ぶために学校を飛び出そう《リービング・トゥ・ラーン》』でこう述べている。[11]

> 従来の指導プロセスと評価では全生徒が学習対象に習熟することはできない。まして、熟練、熟達など到底無理な話だ。生徒が卒業まで生産的な学習者として学習に取り組むようにするためには、学校はすべての生徒に校外活動の機会を数多く提供しなければならない。どの生徒も、学校を辞めず石にかじりついてでも学習し続けるためには、しょっちゅう、定期的に、そしてもちろん一時的に、学校を飛び出す必要がある。これを実現するために、学校は学校内の学習と学校外での学習をへだてる壁を取り払わなければならない。双方の環境における学習が継ぎ目なくなめらかに統合されている必要がある。[12]

このアプローチがこれほど重要だと考える理由は、数ページ後に説明されている。

若者の大半が学校生活は役に立たないと考えている。実際、多くの若者が学校は学習には悪環境だと感じている。学校は生徒が人生で重要なスキルを習得する助けにならないだけでなく、「学習は現実世界から隔離された学校の中でのみ、教科や予鈴に区切られて行われ、多肢選択式の筆記試験で成績がつけられるものだ」という歪んだイメージを生徒に植え付けてしまう。若者の生来の学習意欲を抑圧し、自分が何に習熟したいか、いつ練習したいか、誰からどうやって学びたいかという選択肢を制限するような規則や不文律がいくらでもある。これほど多くの創造性と起業家精神に富んだ若者が生産的な学習に興味を失ってしまうのは驚きではない。こういう学校にとどまれば実社会で落ちこぼれることになると分かっているのだ。

過去二〇年間で、ビッグ・ピクチャー・ラーニングは生徒ひとりずつに合わせたコミュニティー主体のアプローチで見事な成果を上げてきた。初のビッグ・ピクチャー参加校はロードアイランド州プロビデンスにあるメトロポリタン・リージョナル・キャリア・アンド・テクニカル・センター。初年度の一年生は大半が黒人とラテン系アメリカ人で、従来の学校環境にはなじめない生徒ばかりだった。普通の学校だったら中退するリスクが高く、大学進学など夢にすぎないという家庭の子が大半だった。それが四年後、このクラスの九六パーセントが卒業し、卒業生の九八パーセントが大学や短大に進学した。米国のビッグ・ピクチャー参加校は全体で卒業率が九二パーセント。米国の全国平均は六六パーセントである。[13]

多くの教育改革政策はまったく間違った観点から教育の問題に取り組もうとしているというのが本書の大前提だ。エリオット・ワッシャーとチャールズ・モコウスキも同意見で、教育問題の本当の解決策はどういった原理とメソッドに拠って立つべきかということをビッグ・ピクチャー参加校が示している。

一風変わった学校精神

スロー・エデュケーションにおけるジョー・ハリソンの活動を第４章で紹介したが、その代表例がリバプールの北東五六キロのロッチデールにあるマシュー・モス高校だ。同校のウェブサイトには「マシュー・モス高校は違います」という見出しが躍る。クリックすると、以下のステートメントが表示される。

マシュー・モス高校が他校と大きく異なっているのは、〝学習計画〟があるからです。おかしなことに、大半の学校が学習計画を立てていません。教えていれば学ぶほうはついてくるだろうと、教えることばかりに目を向けているのです。この考えは間違っていることがこれまで何度も証明されてきました。自分の学校時代を思い起こせば、先生は多くのことを教えてくれたけれども、その大半を実際には学んでいなかったことに気づくことでしょう。

マシュー・モス高校では学習者を中心に据えた学校教育を行いたいと考え、優秀な学習者を育成するために学校には何ができるか研究しました。学び方を知っている学習者は自立心が強く、困難な状況にも対処できるので、人生がうまくいきます。どうすればいいのか分からないときにはどうすればいいのかを知っているのです。[14]

マシュー・モス高校の学習計画の中心にあるのが、〝マイ・ワールド〟という週四回の二時間授業。「プロジェクトベース学習の性格が非常に強いプログラムです」とジョーが教えてくれた。「プロセスに主眼を置いていて、教師はファシリテーターで、ガイドで、コーチの役目を果たします。ときには教壇に立って教えることもありますが、普段は生徒たちが主体的に授業を進めていきます。あるプロジェクトでは家系図を調べました。それぞれ自分の家族の家系図をつくり、系図学者の助けを借りて、作成中の家系図を見せて批評してもらいました。そして、それぞれが自分の家系図で興味を覚える点を見つけて、それを探求したんです。ある生徒はサッカーに熱中していました。校長がこの生徒との学習会話のなかで、『で、サッカーには一体何の意味があるの？　サッカーが好きだというのは知っているけど、一体何のためにやっているの？』と彼に聞きました。すると、その生徒は真剣に考えて、『サッカーをやっていると、いつもとまったく違う感じなんです』と答えました。そのとき、校長は気づきを得たんです。スポーツ心理学のプロジェクトを立ち上げて、深くこのことを探求しました。そういうことに興味がある人はそんなに大勢いるわけないので、普通のカリキュラムではこんなに深く切り込めません」

「いつもこういうプロジェクトで深い目的意識を生徒に与えようとしています。外部の業者を使って、活動を本物の仕事として扱ってもらっています。二年やそこらは生徒のやる気が本当のところ出てこないということもあります。でも、それでもやらないといけない。そうすれば、ひとりの人間にとってずっと強力な、本当に価値のある教育体験になるのです」

「こういったことには時間がかかります。それで見えてくるのは、成績は副産物であって、教育を受けるという体験の中心にあるわけではない、ということです。とはいえ、成績は期待を超えてどんどん良くなっています。他校の生徒よりも成績が低い場合でも、大学はマシュー・モス高校の卒業生を選びます。学習者としてより優れていると分かっていますから」

命の通った民主主義

さらに本質的な部分に生徒を参加させている学校もある。カリキュラムに関する決定はすべて生徒、教師、保護者による投票でおこなう学校を、ヤコブ・ヘクトは一九八七年にイスラエルで創立した。ヘデラ・デモクラティックスクールは、世界で初のデモクラティックスクールである。[15] 今日では世界中で何百校もあり、たとえばニューヨーク州ブルックリンのブルックリン・フリースクールやテネシー州サマータウンのファーム・スクール、ウィスコンシン州バイロークアのユース・イニシアチブ高校など、そのうち一〇〇校近くが米国にある。

「誰でも自分が伸ばしたい分野を選ぶことができれば優秀になれるんだというのが私たちの主張です」とヤコブは最近行われたプレゼンテーションで語った。「デモクラティック教育では普通の発想を止めて、生徒が成功できる分野を探します」[16]

『デモクラティック教育』で、ヤコブはデモクラティックスクールの概要を説明している。

・学習分野の選択――何をどう学びたいかは生徒が選ぶ

・デモクラティックな自己管理
・個人に重点を置いた評価――ほかの生徒との比較や試験、成績はなし
・子どもが四歳から大人へと成長する学校[17]

ヤコブはさらにデモクラティック教育研究所と、世界中の教育者が集う国際デモクラティック教育大会（ＩＤＥＣ）を創立した。

ジェリー・ミンツはデモクラティック教育を推し進める第一人者である。オルタナティブ・エデュケーション・リソース・オーガニゼーションを創立し、全米オルタナティブ・コミュニティスクール連合の初代事務局長を務め、ヤコブとともにＩＤＥＣを創立した。[18]公立のチャータースクールもごく少数あるものの、米国のデモクラティックスクールの大半が私立学校である。が、デモクラティックスクールはすべての公立学校が向かうべき方向性を示しているとジェリーは考えている。

「公立学校制度を変えるベストの方法は、その枠外で教育モデルを作り上げることだと私は思います」と話してくれた。「たとえばカリフォルニアなら、自宅学習を選ぶ人がとても多いので、対策として州内のすべての学区に自習プログラムがあります。つまりホームスクーリングですね。各学区が、公的教育の一環として自宅学習プログラムを導入しているのです。このように、オルタナティブ教育は教育制度に影響を与えています」

「このことには、学習のとらえ方に関する、ふたつの相反するパラダイムが関係してきま

す。子どもたちは生まれつきの学習者だ、というのが私たちの見方です。このパラダイムは真であると分かっていますし、現代の脳研究があらゆる点においてその裏づけとなっています。しかし、ほとんど世界中どこを見ても学校教育を支配しているパラダイムは、子どもたちは生まれつき怠け者で、強制的に学習させる必要がある、というものです。七年、八年の学校教育で、この考え方は自己実現してしまうわけです。興味がないことをそれだけの期間無理やり学ばされれば、そのうちに生まれつき持っていた学習能力もついえるというものですよ」

ジェリーはデモクラティック教育がどういうものか説明するために広く旅している。三〇年以上もそうしてきたが、それでも毎回講演の旅に出るたびに力をもらい、インスピレーションを得るという。

「デモクラティック教育の力には今でも驚かされます。たとえば、中退者が出る危険性が高いロングアイランドの公立学校を訪れたときのこと。この学校は他校が終わってから始まるので、子どもたちは三時半に登校して、七時半まで勉強します。最初、子どもたちはこんなのに参加させられて散々だという感じでした。しかし、デモクラティック教育とはどういうものか説明し始めると、非常に興味深いことが起こりました」

「最初はボディーランゲージから、子どもたちが懐疑的に思っているのが分かりました。それが、説明会が終わる頃には**すっかり**話に夢中になって聞いていたのです。学校で帽子をかぶるのは許可されるべきだと言い出した生徒がいました。それはそうかもしれないが、学区の規則に反する、とある教師が応じました。さらに、その子が望むなら、この学校に関しては規則を変えてもらえないか教育委員会にかけあう、と言ったのです。その説明会の間にも、教師と生徒の関係性が変化したのが感じ取れました。突然、対立していたのが同じ側に立ったのですから。その説明会のあと、学校側はこの話し合いの時間を毎週設けることにしました。これでデモクラティック教育プログラムのできあがりです」

「その年度の終わりに、学区は恒例のコスト削減を行いました。学区全体で削減するつもりで。そこで削減に反対したのはそのデモクラティック教育プログラムを受けていた子どもたちだけでした。彼らにはそうする力が与えられていたのです」

生徒が自分で学びたいものを選び、学校環境が説教じみたものではなく、冒険と発見に満ちた場所になれば、めくるめく驚きが待っているとジェリーは信じている。なにしろ、『一日中休憩時間、宿題はなし《ノー・ホームワーク・アンド・リセス・オール・デイ》』という著作があるくらいなのだ。

「純粋な民主主義によって学校を一七年間運営しました。授業への出席は義務づけられていませんでした。生徒の大半が低所得家庭の子どもで、授業料が学校の収入に占める割合はたった四分の一。残りは募金でまかないました。この学校では子どもたちが作った規則があって、これは厳格なルールだったのですが、成績が良い生徒でなければ放課後学校に残っていることはできないのです。子どもたちは放課後学校に残っている権利をかけて戦いました。職員がひとりでも残っていてくれるかぎり、帰らないんです。また、どんな事情があろうと、雪の日は休みにするという規則も作りました。私が学校に暮らしているのを子どもたちは知っていたので、登校さえできれば学校は開きますから」

「子どもたちは休暇を一部なくすことにも成功しました。夏休みをなくそうとしたのですが、少なくとも週に一日は登校するという規則を議決しました。しかしそのうちに、職員がもうそれはやめてくれと音を上げたんです。子どもたちはそれくらい学校が好きでした。世間では子どもは学校が嫌いなものだとされているので、なかなか分かってもらえないのですが」

デモクラティック教育は生徒の年齢に関係なく、どのような学校環境でもうまくいくとジェリーは確信している。最近、ニュージャージー州のある学校の依頼を受けて保育園児に実演してみせたときにもジェリーはこの思いを強くした。

「その学校に車で向かっている途中、『一番上の子で五歳だって！　うまくいくんだろうか』と思っていました。子どもたちに話し合う題目か何かあげないといけないだろうと思っていたんです。子どもたちはみんな輪になって座って、民主主義的な話し合いでは主にふたつのことが話し合われるという私の説明を聞いていました。ひとつは学校生活の中で問題だと思うこと、もうひとつはいい考えだと思うこと、と私が口にしたとたん、生徒全員が手を挙げたんです。びっくりしました」

「ある四歳の小さな女の子は、チョコレートにはカフェインみたいなものが入っていると聞いたから、午後にチョコレートは食べられないようにするべきじゃないかと言いました。投票を行い、この案は可決。また別の子は、風邪をひいている子は外出しないほうがよいのではないかと提案しました。みんなで議論して、この議案も成立しました」

明らかに、議論の内容や、それにより決まるカリキュラムや方針の内容は年齢により大きく異なる。しかし、どのレベルのどの学校でもデモクラティック教育には役割がある。「州法も連邦法も変えられませんが、どの公立学校にも適用できます。教師の一人ひとりがデモクラティック教育を行えば、何より大きな革命が起こります。大半の学校が抱える問題は、こういうことをどうやればいいのか人々がまったく知らないことです。そういう育てられ方をしてきていないし、こういうことの研修プログラムはないので。それで、うちでは新しい学校をつくろうとしている人や、場合によっては既存の学校を変えようとしている人を対象としたオンラインコースを用意しています」

ジェリーにとって、こういった変革を本当の意味で邪魔するものはひとつだけだ。「子どもたちが生まれながらの学習者だということを信じていなかったら、うまくいくわけがありません」

カリキュラムの原理

本書で取り上げた分野のすべてが、プリキンダーから高校、それ以降まで、教育の全段階において等しく重要である。もちろん、子どもの年齢や発達レベルを考慮して教えられるべきではあるが。生徒一人ひとりに合わせた教育という点では、生徒が成長するにつれて関心を寄せる分野がはっきりしてくるので、分野によって力を入れる程度に差があってよい。それこそ、選択と多様性が意味するものなのだ。[19]

本書で提示した四つの目的と、目的が示唆するさまざまなコンピテンシーのためには、カリキュラム全体が三つの特徴をそなえていることが重要である。

多様性——全生徒に理解してもらいたいことを取りあげるために、また生徒がひとりの個人として自分の得意なことや関心があることを発見する適切な機会を提供するために、多岐に渡る内容にする。

深さ——生徒が成長する過程で自分の関心事をしっかり深く追及できるように、適切な選択肢を提供する。

ダイナミズム——異なる年齢の生徒や専門が異なる教師の間で協働や交流が生まれるようにカリキュラムを設計する。学校外のコミュニティーとの懸け橋を築き、その過程で進化し発展していく。

カリキュラムの多様性、深さ、ダイナミズムを抑圧してしまうのが、間違ったたぐいの評価であり、特に標準化試験で必要とされる成績評価である。では、成績評価とは一体どういうものなのだろうか。

第7章 試験の問題

本書で取り上げたトピックの中で、その後の人生を左右する全国共通テストほど感情的な反応を引き起こすものはない。インターネット上にはこの試験について涙ながらに話す教師や怒り狂う保護者（その逆も）の動画があふれている。ブログではハイステークス・テストによるストレス、不安感、挫折感、二次的な被害の詳細をつづるために何百万語も費やされている。全国共通テストの普及をめぐってかつてない大騒動が起こっている。それでも、米国内、また世界中で、教育の世界における主流となっている。第五学年担当のロンダ・マシューズ先生はこう語る。

「第五学年の試験がどういうものかお話ししましょう。大体一ヵ月はこういう試験にかかりっきりになります。試験は二週間かけて行われて、試験日数は全部で六日。それに、模擬試験をやったり、何か試験戦略を教えてあげたりしなければ生徒にとってフェアじゃないと思うので、試験の準備に二週間かかります。試験の世界ではこれが本当に最低限です。他校では一ヵ月よりもずっと長い期間をかけて試験を行っていますから」[1]

「州試験は思考や議論、コミュニティーの醸成をすべて止めてしまいます。試験の準備期間に入ると、ちゃんとした会話というものはなくなります。試験では制限時間があるので、『文章の意味をあまり**考えすぎないで**。設問に解答することに集中して』と生徒に教えています。今年やる予定の試験勉強では文脈は重要視しません。生徒たちの読解力と思考力には自信があるんです。問題を解く速さとプレッシャー下で効果的に問題を解く方法というのが今年のテーマです」

ジョージ・W・ブッシュ大統領が二〇〇一年にNCLB法を制定する以前、連邦政府の決まりにより生徒は幼稚園から高校修了までの一三年間で試験を六回受けなければならなかった。小学校、中学校、高校で読解と数学の試験をそれぞれ一回ずつ受ける。今では、連邦政府から補助金を受ける資格を得るためには、公立学校は読解と数学の共通テストを一四回実施しなければならない。二〇一四年の時点で全生徒が習熟レベル以上でなければならない。学区の中にはこれだけでは充分ではないと考えて、さらに必須試験の回数を増やしているところもある。これらの基準に満たない学校は大規模な職員解雇や、さらには閉校の制裁措置の対象となる。

州は二〇一四年の期限免除を申請することもできるが、コモンコア学習基準の導入がその条件となる。二〇一四年四月に、ワシントン州は免除資格を喪失する州第一号となった。成績評価に州共通のテストの点数を使用することを学区に義務づけなかったのだ。免除資格を喪失すると連邦助成金の使用が大幅に制限される。ある学校職員は「子どもたちにしわ寄せがいかないはずがない」と話している。[2]
ここでの本当の問題は何なのだろうか。そして、その解決策とは何だろうか。

標準と標準化

私は何もありとあらゆる形態の標準化に反対しているわけではない。分野によっては大きなプラスになったところもある。最近、バーコードの管理団体（ええ、そういう団体があるんです）の年次総会で講演を行った。あらゆる種類の製品につけられている、黒い線と数で構成されるあのパターンのことである。初のバーコードは一九四八年に機械工学を学ぶアメリカ人院生のノーマン・ジョセフ・ウッドランドが発明した。在庫管理の方法を改善したいとスーパーの経営者が学部長と話しているのを偶然耳にしたことから思いついた。ある日、ウッドランドがこの問題について海岸で考えていると、砂の上にモールス信号の点と棒が見え、指でなぞって並行した線を何本か引いた。ここからバーコードのアイディアが生まれた。

今ではバーコードは何にでも使われていて、企業は自社が所有するあらゆる物品を管理することができる。サプライチェーンマネジメントに革命を起こし、食糧生産、輸入、製造、医薬品など、数え切れないほど多くの分野で国際的な品質基準の導入に役立った。バーコードのおかげで、生産地がどこであっても製品は共通の品質基準に準拠するようになった。その結果、私たちの生活は測り知れないほど大きく改善されたとも言える。

分野によっては基準を導入するのは良い考えで、それは教育についても言えることである。ただ、問題がふたつある。まず、これまでも述べてきた通り、人は標準的なものではないという問題がある。生徒一人ひとりに合わせた教育がうまくいくためには、これまで論じてきたような一人ひとりの違いを細かくケアしなければならない。つまり、基準は適切なケアのもとに適用しなければならないのだ。第二の問題は、標準化できるのは一部の分野のみだということである。学校が育成をうながさないといけない最重要分野の多くが標準化できないのだ。どちらの問題も、標準化運動が学校のあり方に及ぼした影響にはっきりと表れている。ふたつの悲劇的な結果をもたらしている。

共通テストは教育改革の手段ではなく、それ自体が目的になってしまった。低学年の子どもですら今では学校で大半の時間を試験のために費やしている。「試験は信じられないほどの普及率で広まりました」とフェアテスト事務局長のモンティ・ニールが話してくれた。「州主導というより、学区主導で導入が進みました。年度末の試験で子どもたちがどういう結果を出すかが予測できるという、安価の粗悪な試験を買うんです。この試験で成績が悪い生徒は試験勉強をさらにやらされる。ほとんどの大都市で、中間ベンチマーク試験が少なくとも三回は実施されています。一ヵ月に一回のこともあれば、さらにそれ以上の頻度のケースも耳にしています」

試験結果にかかっているものが大きいので、試験に合わせて授業を行うプレッシャーはどの学校でも強く、試験範囲に入らないことはほぼ無視される。第二に、これほど大規模に試験が実施されると、光学式スキャナーで素早く処理できる多肢選択式の試験など、限られた解答方法が主体となる。ニュアンスや複雑性はたいてい失われてしまう。生徒の成績に影響を及ぼすような背景的要素は、試験ではまるで考慮されない。考慮されたとしてもわずかばかりである。

「試験では重要なことはあまり測定されず、しかも、測定の仕方が非常に限られています」とモンティは言う。「つまるところ、試験の要件と試験から得られるデータに授業は支配されていて、教師は生徒が知るべきこと、習得すべきことに時間をかけたり、生徒の興味や関心を引いたりするようなことがなかなかできないのです」。共通テストがアカウンタビリティの主要素になっていると、試験をカリキュラムの策定や学習指導の中心に据えたくもなるものである。「教科の試験方法がその教科の指導モデルになります。極端な場合、学校教育は試験準備のためのプログラムになってしまうのです」

共通テストの点数を上げないといけないというプレッシャーから、教師が用いる評価方法の幅が狭まってきている。たとえば、フェアテストによるNCLB法の報告書では、試験準備に必要な時間を取るために読書感想文の課題数を減らさなければならなかった、とある教師が説明している。こういったケースは全国で何千件も報告されている。さまざまな形態の標準と標準化を雄弁に、豊富な知識をもとに批判しているのはアルフィ・コーンだ。元学校教師で現在は著述家、トレーナー、アドバイザーを務めるコーンもまた、この成績評価のアプローチが教えと学びの質に悪い影響を与えていることを数々の著作やケーススタディで提示している。[3]

オレゴン大学の赵勇教授は、カリキュラムと指導方法を標準化しようという試みは、発展国ではふたつの面で生徒のためにならないと指摘する。第一に、発展途上国出身の生徒が、ずっと低い価格で売ることのできるスキルに重点を置いていること。「すべての子どもたちに同じ知識とスキルを学ばせれば、人件費が低い国の子どもの方が、人件費が高い国の子どもよりも競争力がはるかに高くなります。発展国の労働者が必要とする賃金の何分の一かで仕事をしようという、飢えた貧しい人々が発展途上国にはいくらでもいます。グローバルな競争力を身に付けるには、発展国の人々には何か質的に異なるもの、つまり、〝発展途上国の安価な労働力で得られない何か〟がなければいけないんです。その何かというのはいくつかの教科で高い点数をとったり、いわゆる基礎スキルと呼ばれるものを身に付けたりすることでは得られません[4]」

第二に、試験偏重教育では、子どもの生来の創造力や起業の才能を生かす方法を教えることができない。これらの才能こそ、世界中どこでも、不確かな未来に子どもたちをそなえさせることを可能にするのに。フェアテストは『ハイステークス・テストに関する国家の決定《ナショナル・レゾリューション・オン・ハイステークス・テスティング》』で同じことを指摘している。「州と連邦のアカウンタビリティ制度における標準化されたハイステークス・テストへの偏重は、民主主義国家で、そしてますますグローバル化が進む社会と経済の中で生徒が成功するのに役立つ変革、創造、問題解決、協働、意思伝達、批判的思考、深い専門知識を促進する幅広い学習体験に主軸を置こうとする教育者の努力をさまたげ、米国の公立学校における教育の質と公正さをむしばんでいる[5]」

また別の問題もある。試験結果が学校の助成金や成績評価にあまりにも大きなウェイトを占めるため、点数を改竄する学校や学区、州が出てきているのだ。学校は「合格点にあと一歩の生徒を何とか合格させようと必死で、成績が低い生徒も高い生徒もほうっておく」ことが多いとフェアテストは指摘する。試験結果が悪いことが予想される生徒は、全体の成績を押し下げないようにクラスから外されることもある。試験の制限時間を特別に長くしてもらえるように、我が子に注意欠陥障害の診断を下してくれと医師に頼む保護者もいるという話をよく耳にする。少なくとも一部の人にとって、ADHDは戦略的な症状なのである。

いや増すハイステークス・テストの重要性

州が実施するK12試験だけが生徒と保護者を悩ませるストレスの元ではない。おそらく、共通テストの中でも最大の不安の種はSATだ。過去九〇年間の大半で、SATは生徒が突破しないといけない大学進学への最大の難関でありつづけた。米国の高校生の学校生活に暗雲を立ち込めさせるSATのために、年商一〇億ドル近い試験産業が誕生したくらいである[6]。

まだ十代のニキル・ゴヤールは、講演やアドボカシー活動、著作で教育改革を声高に訴え、その地位を確立した。高校時代、ニキルは家族とともに中産階級が暮らす地域から上位中産階級が暮らす地域に引っ越した。すると、SATによるストレスがどういうものかが見えてきた。「転校先の学校では、大学受験の激しい競争が繰り広げられていました」と彼が話してくれた。「子どもたちがストレスでまいってしまっているんです。とても不健康でした。非常に聞き分けが良くて、指示に従ってばかりで、創造性や好奇心はもうすでにほとんど枯渇していて。子どもたちの多くがストックホルム症候群にかかっていました。米国の中でも最高級に恵まれた子どもたちで、今の教育制度のもっとも忠実な支持者でもあります。その中で自分たちがうまくいっていますからね。優秀な成績をとって、ハーバードやイェールやプリンストンに行くわけです」

興味深いことに、試験産業のある大手業者は試験をまったく評価していない。「こういう試験じゃ大事なことは何も測れません」と、プリンストン・レビューの共同創立者であるジョン・カッツマンは言う。「教育者と子どもの完全なる軽視と、完全なる無能のハーモニーですよ」[7]。生徒の大学での成績を予測するのにＳＡＴの点数よりも高校のＧＰＡ《グレード・ポイント・アベレージ》の方がよほど有効だということが複数の報告書で指摘されているなど、研究でカッツマンの意見は裏づけされている。

一九八五年以来、フェアテストは人種、ジェンダー、社会階級、文化に関して中立的な成績評価を提唱し、共通テストの使用と共通テストが生徒や学校教育に及ぼす影響を最低限に抑えようと精力的に活動してきた。「大学や大学院の入学選考に関して共通テストは一切使われない、というのが理想的な結末です」とモンティが教えてくれた。「共通テストに合格することだけが卒業や進級、進路決定などの唯一のハードルであってはならないのです」

米国教員連盟（ＡＦＴ）も同じ考えである。「試験ではなく、指導と学習が教育の中心にあるように、学校のバランスを回復させるべきです」とランディ・ワインガルテン連盟会長が二〇一二年に語っている。[8]「試験主体の教育政策のせいで、学習内容の批判的分析を生徒が学ぶために費やすべき時間を犠牲にして試験のために教えるという状況が続いています」。その年の総会でAFTが発表した決議には、「指導と学習を支援し、カリキュラムを狭めるのではなくカリキュラムに沿っていて、出来合いのものではなく共同作業で練り上げた成績評価法をAFTは支持する」というくだりがある。

米国の大学もこのことに気づき始めていて、各領域で上位に入る一五〇校以上の一流校が、SATやACTなどの試験から得られる情報をそれほど重要視しなくなっている。[9]一方、SATの主催者であるカレッジ・ボードですら変革の必要性を理解し、SATの大体的な改訂版を二〇一六年にリリースすると発表している。

共通テストに対する風当たりがこれほど強いのなら、なぜ生徒はいまだにこれほど数多くの試験を受けているのだろうか。その事情を理解するには、試験産業がどういうものなのか見てみる必要がある。

ハイステークスは金のなる木

試験・教育支援産業は繁盛している。二〇一三年には米国一国だけで同産業の総収益は一六五億ドルだった。[10]参考までに、二〇一三年の米国全体の映画興行総収益は一一〇億ドル弱[11]

で、NFLは現在年商九〇億ドルである。[12]

試験業界はピアソン、CTBマグロウヒル、リバーサイドパブリッシング、エデュケーション・テスティング・サービシズ（ETA）という四大企業が牛耳っている。本書執筆時に、ピアソンは試験問題作成の契約を国内一八州と結んでおり、米国における共通テストの主要な採点機関でもある。CTBマグロウヒルはテラノバとカリフォルニア・アチーブメント・テストで数州と契約を結んでいる。リバーサイドはアイオワ州基礎スキルテストなどを作成し、ETSはGRE〔米国で大学院入試に用いられる試験〕を運営している。[13]

各社ともにこれまで浮き沈みはあった。二〇一三年には、マグロウヒルはニューヨークシティにある高校の最高学年生を対象としたリージェント試験の採点で重大な問題に見舞われ、生徒たちへの卒業証書の授与が遅れるという事態に陥った。[14] ETSは「組織的な詐欺」とみなされた件により英国で入国申請に使われる英語能力証明テストが停止された。[15]

また、いわゆる〝パイナップル問題〟の件もある。数年間、ピアソンは「パイナップルとウサギ」という題の文章を州試験の試験問題の一部で使っていた。魔法のウサギと言葉が話せるパイナップルが競争して、パイナップルが悲劇的な結末を迎えるという話だ。生徒はこのナンセンスな物語について多肢選択式の設問に答えるのだが、その設問も課題文と同じくらい訳の分からないものだった。この課題文のことを耳にした保護者の中には、憤慨のあまり「パイナップルには袖がないというのがお話の教訓」（物語の中でパイナップルが着ている服には袖がついていなかった）というタイトルのFacebookページを立ち上げる人もいた。

「社会実験的な問題なのだろうと何だろうと、なぜ州の共通テストでこんな意味不明の課題文と設問を出すのでしょう」と、ニューヨークシティ在住の保護者で著述家のレオニー・ハイムソンは言う。「特に、こういった試験にかかっているものの大きさを考えると。ニューヨークシティではこの試験の結果で生徒の進級や成績表につく成績が決定されます。それに、近々新しい州共通の成績評価制度でも重要な役割を担うことになります。三日間かけて行われる過酷な国語の試験の初日に、まったく意味不明のお話や、正解がないような設問が出てきたら、どんな生徒だって自信を失います。それがこの問題の目的だったのでしょうか[16]」

この試験や、ほか多数の試験がどういう目的で作られたのであっても、試験産業にしてみれば利益を生み出すという働きがあることは間違いない。金の生る木なのだ。今日の規模で実施される試験は、教育の商業化が進んでいることをまたもや示している。

全試験の親玉

成績評価の標準化が進んでいるのは、昨今OECDのPISAランキングが激化させている国際競争によるところが大きい。二〇一二年には上海が読解、数学、科学で一位だった。読解と数学は上位五ヵ国をアジア勢が占め、科学では上位四ヵ国がアジアで五位がフィンランド。米国、英国、フランスといった面々は中ぐらいだ[17]。近年のPISAでの成績を受けて連邦政府はコモンコア学習基準を推進することになった。

OECDの意図は素晴らしいものである。教育の国際標準に正規の客観的な目安を提供しようというのだ。これに異議を唱える人はいない。しかし問題はその意図ではなく、実際の効果である。特に西側では、政治家が読解・数学・科学の世界ランキングの順位を俎上に載せて、学習基準の強化を主張し、学校教育で何をどのように重視すべきかを学校側に申しつけるのにPISAランキングを利用することが非常に多い。それなのに、PISAランキングで上位につけている国は米国ほど共通テストの実施に力を入れていない。シンガポールの生徒は一二歳で小学校卒業試験を受ける。この試験によって進学先が決まるので、たしかにハイステークス・テストだと言える。高校進学はGCE(一般教育修了試験)OレベルかNレベルの成績によって決まる。[18] 一方、フィンランドでは共通テストは一回しか実施されない。高校修了時に行われる全国大学入試試験だ。[19]

PISAランキング上位の国々でこのパターンに当てはまらない顕著な例が上海で、上海の生徒たちは共通テストを定期的に受けている。しかし先述の通り、上海はPISA試験とは別の路線を行くことを考えている。ベトナムもまた共通テストの細かい規則に縛られずに、教員の裁量に任せるところの大きい成績評価やアカウンタビリティを小学校で試している。[20]

PISA自体が、教育制度を生徒の今後の人生にとってもっと意味のあるものにするためには、試験に関してもっときめ細やかな議論がなされるべきだという認識である。

アンドレアス・シュライヒャーはOECDの教育・スキル局長であり、OECD事務総長の教育政策特別顧問を務める。「世界経済ではもはや知識に対価は支払われません。知識なら

Googleで得られますから」と彼が話してくれた。「世界経済において対価が支払われるのは、〝知識を使って何ができるか〟。科学的な思考能力や、現実世界の問題を数学的発想でとらえる能力というのは評価が難しい。でも、今日の世界では重要性が増している能力でもあります。一方、普通の認知能力の需要は急落。試験で測りやすく教えやすい能力はデジタル化しやすく、自動化しやすく、アウトソーシングしやすいものなのです」

多肢選択式の試験にはそもそも限界があり、米国が直面する成績評価の問題は規模の問題だという。「少人数を対象に低い頻度で試験を実施することで、成績評価の品質にお金をかけるようにしています。対象生徒の人数が適切な規模なので、たとえば自由回答式の設問や、作成も実施もコンピューターによる試験なども扱うことができます」

「評価するべき重要な能力と現実的に評価可能な能力との間で常にバランスを取らなくてはなりません。ＰＩＳＡは二〇〇〇年に読解、数学、科学の三教科で始まりました。二〇〇三年に社会面や情緒面の試験内容を増やし始めました。二〇一二年には、非常に興味深い、創造的な問題解決スキルのテストを始めました。どうして最初からやらなかったのかと聞かれますが、今あるようなコンピューターで実施されるテストシステムは当時なかったんです」

「問題用紙を生徒に渡して問題にどう対応するか書かせても、創造的スキルを測るのは非常に難しい。創造的な問題解決スキルは、被験者が問題と関わり合って、その中で問題の性質が変わっていくところにあるのです。そのようなテストはコンピューターによるシミュレーション環境でしか実現できません」

ＰＩＳＡは今後このようなテストを拡充していくべきだとは断言しつつも、そうする中でさらに灰色のゾーンが出てくるとアンドレアスは指摘している。「自由回答式は多肢選択式よりも信頼性が低いのです。設問数を増やさないといけないし、評価は人が行う必要があるし、それも複数人必要です。評価者間の信頼度という問題もあります。費用がかさみ、多肢選択式よりもやや採点に異議がつきやすいので嫌われがちですが、全体的に見るとはるかに重要性が高い情報が得られます。多肢選択式と自由回答式ではまったく異なる解答が出てきますから」

よくあることだが、問題が生じるのはデータの収集ではなく、その利用法にある。二〇一四年五月、何名もの世界中の学者がアンドレアス・シュライヒャーへの公開状を連名で発表した。その内容は、国別ランキングに代わるものと、試験の間隔を空けて、学んだことを吸収する時間を設けることをＰＩＳＡに検討して欲しいというものだった。

「ＰＩＳＡの結果発表を各国政府、教育大臣、新聞の編集委員会がかたずをのんで待っており、ランキングは無数の政策報告書で根拠として引用されている」と公開状は述べている。「多くの国において教育に深い影響を及ぼし始めている。順位が上がらないと、多くの国で〝ＰＩＳＡ危機〟が宣言され、大臣の辞任やＰＩＳＡの勧告に沿った大規模な改革を求める声があがるのである」[21]

公開状の著者たちが指摘する最大の懸念の中には、ＰＩＳＡの結果が実際に生徒の状況を改善するのではなく、国内での共通テストの増加と、順位上げのために短期間の解決策を策定しようという努力につながってしまう、というものがある。

私のほかにもハイステークス・テストの批判者は数多くいるが、誰ひとりとして、成績評価の必要性を疑問視はしていない。成績評価は教育に欠かせない部分である。だが、現状の成績評価とその弊害を疑問視しているのだ。それでは、成績評価とは一体どういうものなのか、そしてその目的とは何なのか見ていこう。

成績評価（と試験）の必要性

成績評価は生徒の学習進度と達成度を判定するプロセスのことである。『創造的な学習法』で論じたように、成績評価は説明と評価のふたつの部分から構成される。「四分で一・六キロ走ることができる」、「フランス語を話すことができる」というのは能力の中立的な説明である。「学区内トップの陸上選手」、「フランス語をネイティブのように流暢に話す」というのは評価である。その違いは、評価では個々のパフォーマンスを他者と比べ、特定の基準に照らして査定するところにある。

成績評価にはいくつか役割がある。第一が**診断的**評価で、生徒の適性や発達度を教師が把握するのに役立つ。第二が**形成的**評価で、生徒の学習や活動について情報を集め、その進展を助ける。第三が**総括的**評価で、学習プログラムの終了時に全体的なパフォーマンスを判定する。

アルファベットや数字を使う評点による成績評価制度のひとつの問題点は、通常、説明があまりなされず、比較に重点が置かれていることである。生徒は成績をもらってもそれが何を意味するのか判じかねることもあり、教師も完全に理解しているわけではないこともある。第二の問題点は、成績評価とは評点ではとても表現しきれないような複雑なプロセスであるという点だ。この方法ではきちんと表現できない成果も中にはある。著名な教育者のエリオット・アイスナーがかつて言ったように、「重要なことがすべて測定可能なわけではなく、測定可能なことのすべてが重要なわけではない」のである。

成績評価の価値を高めるには、説明と比較の要素を分けるという方法がある。生徒の成績評価には授業に参加する姿勢、学習ポートフォリオ、小論文やほかのタイプの課題など、さまざまな形態の評価資料が使われる。学習ポートフォリオは生徒が行った活動の例や本人や他者による感想などから詳細な説明が得られる。

ピア・グループ・アセスメントでは、生徒は評価基準の策定と相互評価に参加する。このアプローチは創造的な学習の評価において特に価値がある。

昔から、多岐に渡る評価方法を用いる教師はいた。試験の普及によりそれも難しくなってはいるが、しかし抵抗している教師もいる。課題はあるとはいえ、得られるものは大きい。たとえば、ジョー・バウワーはカナダのアルバータ州で理科と国語を教える教師だが、教鞭をとるようになって六年で、評点の成績評価を主な評価方法として使い続けることはできないと判断した。

「評点は学校が好む薬物だと思うようになったんです。みんなこの薬物の中毒患者ですよ……。もとは教師が使用するツールだったのが、今では教師が評点に使われています[22]」

成績をつけることに頼ると自分は教師として有能ではなくなり、生徒に対して悪影響があるということにバウワーは気づいた。授業で何を得たかと生徒に聞くと、多くが「Aでした」といった答えを返す。成績表には評点を記入するようにと学校は譲らないが、それ以外の採点は授業では一切行わないようにしている。成績表は、生徒に自分自身を評価させて、どの点にするべきか意見を聞いてから生徒に渡している。生徒の意見はたいてい彼の評価と合っていて、高い点よりも低い点をあげる生徒の方がずっと多い。評点を廃止した結果、生徒にかかるプレッシャーが軽減され、ルーブリック［観点別の評価内容解説］ではなく課題と授業の内容に集中できる。

「本物の学習ほど見事にこんがらがったものを分かりやすくしようとすると、明らかになる事柄よりもずっと多くのことが隠されてしまう。結局のところ、評点による成績づけでは間違った評価が行われてしまうんです。成績評価というのはスプレッドシートで行うものではなく、会話ですから。私は仕事熱心な教師で、毎日生徒の評価を行っていますが、採点簿は何年も前に捨ててしまいました。学校を〝成績をつける場〟ではなく〝学びの場〟にしたいのなら、学習や人を数字で表すことに熱中するのはやめないといけません」

象徴的ではなく本物の成績評価——一瞬で終わったけれども

共通テストに批判が集まり、問題が山積している中、大規模な成績評価においてほかに共通テストに勝るモデルはあるのだろうか。ときに、前を向くためにはうしろを振り返ってインスピレーションを探すのが一番良いこともある。

「多くの人が知らないことですが、弊社にはカリフォルニア州などでうまくいった大規模な成績評価モデルがあります。判定を下すために必要なデータを提供してくれて、しかもそのデータは生徒の実際の学習という豊かな文脈から切り離されていないんです」とラーニング・レコードのペグ・シヴァーソンが話してくれた。「NCLB法で何より悲しいと思うのは、ラーニング・レコードが非常にうまくいっていたのに台無しにされてしまったことです」

ラーニング・レコードはもともとロンドンで、標準的な評価方法が合わない生徒の発達を測るために開発された。

世界中の子どもたちが通うロンドン市内の学校では、教師に与えられたリソースはごくわずかだった。生徒が学んでいることは分かっていても、まだ英語学習中のため、共通テストでは測ることができなかった。それで、教師たちは目の前で起こっている生徒の学習を把握し記録する方法を編みだそうと決意した。

マイラ・バーズとヒラリー・ヘスター、ほか数名の大学の教育研究者とともに開発にあたった。チームはまたラーニング・レコードで用いられる学習の次元の枠組みを提供したレフ・ヴィゴツキーにも大いに関心を寄せていた。主に読み書きの評価を行いたかったので、子どもたちが読み書きの学習にどうやって取り組んでいるかを把握するために必要な情報を教師たちとまとめあげ、観察記録評価法《プライマリー・ランゲージ・レコード》という良く出来た手法を編み出した。

この評価法では、八ページに渡って教師の観察を記録する。保護者の面接も行い、「お子さんは何をするのが好きですか」とたずねる。これは保護者の母語で行わなくてはならない。生徒とも面接を行うので、当初の生徒の状況が垣間見える。教師はこの評価法を大歓迎した。保護者も、我が子が好きなことを先生が知ろうとしてくれているというので大喜びした。この子は科学が好きだけれども読書は嫌いだ、などという情報を教師は得る。すると、教師は「ＳＦならどうだろう」などと創造的な解決策を編み出すわけである。生徒の母語におけるリテラシーの発達を尊重する方法を探し始めた。

これは本当のところ、適応システムにおいて変化を研究する際に使う経験的モデルだったが、学習評価に利用できると彼らは確信した。経験的モデルではまず開始時にシステムの状況を記録する。それから時間の経過とともに観察し、活動のサンプルを集めて、分析を行う。「たいてい学習ポートフォリオが失敗するのはここです。分析をしないんです。分析には原則があります。理論的枠組みに基づくものでなくてはなりません。たとえば、水が飲めるかどうかを知りたいなら、そのあたりにカエルなどの生物が暮らしているかどうかに目を向ける、という具合に。ヴィゴツキーは生徒の学習を一種の多価的な方法で論じる枠組みを与えてくれました。それで、『読んだことのない本を読むのにも自信がついてきたようです』とか、『知らない言葉の意味を推測するスキルがついてきました』とか、教師は保護者に生徒の学習状況を教えられるようになりました。また保護者は教師の専門性に深い尊敬の念を抱くようになりました」

「英国でこのモデルは非常に強力なモデルとなりました。教師としての仕事を創造的なものにしてくれて、以前は問題児だと思っていた子たちのことを見直すきっかけを与えてくれたこの評価システムに教師は夢中でした。『何がこの子たちの学習の助けになるだろう？　観察記録からわかることは？』と、そういう子どもたちについて関心を抱くようになったんです」

当時、カリフォルニア・リテラシー・プロジェクトの責任者だったマイラ・バーズは観察記録評価法のチームをカリフォルニアに招聘した。そして幼稚園から高校までを対象とした評価法の共同開発に取り組み、実地に実験的プロジェクトで利用し始めた。ペグはこの時点で助手として評価ツールの改善を手伝うためにチームの一員となった。

「ルーブリックは使っていませんでした。使っていたのは発達スケールで、このスケールには生徒が読み書きを覚える中で普通経験していく段階を示すキーワードが使われています。これは何百万時間もの実際の観察記録から開発されたものです。たとえば、第一のスケールは子どもが紙に何か書きつけて、それを指さして何か意味の分からないことを言う。これは読み書きを学ぶ準備ができていることを示しています。言語と紙面上の印の関連性を理解しつつあるからです。このスケールは大いに役立ちました。というのも、子どもがどういう段階に入ろうとしているのかが分かり、その段階のリソースを提供することができるからです」

「当時、すごいものができたと自覚していました。特に市街地の学校に、共通テストの代替案として導入してもらわないといけなかった。生徒ができないことではなく、学習の軌道に乗っているのだということを示してくれますから」。カリフォルニア州教育省に働きかけた際、カリフォルニア州の主任心理測定学者と知り合った。ペグによると、ラーニング・レコードの実演を見た彼は「ああ、あなた方は**本物**の評価のことを言っているのですね。うちでは今、象徴的な評価しかやっていないんですよ」と言ったという。

カリフォルニア州は共通テストの代替案としてラーニング・レコードを用いることを許可した。今日まで、代替案として承認されたのはラーニング・レコードのみである。「カリフォルニア、ニューヨーク、オハイオ中を駆けずり回りました。教師は大喜び。保護者も大喜びです。教師が子どもたちのことをこんなに綿密に見てくれるなんて、と感動していました。それに、学習記録は公開されていますから、保護者も記録を見て子どもたちの学習観察を把握することができます。それに分析も。子どもにとってみれば、こういう形で見られるというのは大改革にほかなりませんでした。自分たちはこういうことができるんだと示すと先生が一所懸命見てくれているのですから。大成功を収めたのですが、それが完全にＮＣＬＢ法でダメになってしまいました」

フェアテストはラーニング・レコードを「強力な評価プロセス……生徒が自分で学習の舵を

取り、学習の記録を取るプロセスである。また、保護者の学校教育への関わりをより一層強める手段でもある」と評価している。[23] NCLB法の圧力で学校が単一の評価基準のみを採用するようになると、ラーニング・レコードは座礁した。今では、ペグはテキサス大学教授となり、大学バージョンのラーニング・レコードを開発してかなりの成功を収めている。

「教え子の院生たちが国中で使ってくれています。ほとんどが大学レベルですけれどもね。公教育はあまりに密封された環境で、政治問題をはらんでいるので。この評価システムを取り入れたいという大学の学部にコンサルティングを行っています」

一方、まだ幼稚園から高校レベルのラーニング・レコードも運営している。「ラーニング・レコードは完全に公開されていて利用可能です。誰でもウェブサイトでダウンロードできるようにしてあります。ペルーの音楽教師からEメールをもらったりもするんですよ」

学習としての評価

ラーニング・レコードは、共通テストに頼らなくても、大人数の生徒の学習度を人々が合意した基準によって評価することが可能であることを示した。

サム・チャルテインは『学習者の顔《フェイシズ・オブ・ラーニング》——学習の決定的な瞬間』の編集者『私たちの学校《アワ・スクール》——選択の時代にコミュニティーを求めて』の著者である。サムにとって、成績評価と標準化は問題ではない。問題は、標準化を私たちが選んでいることだ。米国は試験とアカウンタビリティを標準化することを選び、ぱっとしない結果が出ている。フィンランドは試験ではなく教員育成を標準化する道を選んだが、フィンランド式の教育は世界中で称賛の的である。「このことから、標準化自体が悪者というわけではないと私には思えます」とサムが話してくれた。「ただ、標準化を何に使ったかが問題なのです」

「評価について言うと、従来の評価方法は学ぶための評価でした。最近よく論じられているのは、二一世紀型モデルは学びの評価だというものです。しかし、評価がどれほど学習したかを判定するためだけのものだというのなら、究極の目標は学びとしての評価です。評価がリアルタイムで行われて、学習者が自分の思考について内省して自分の変化を診断するというプロセスになります。この方法を採っている学校もあります。ニューハンプシャー州にある素晴らしい学校では、生徒たちがコラボレーション、リーダーシップから好奇心や感動する心まで、一七の考え方や学習の習慣を身に付けてこの学校を卒業することが何より重要とされています。同校は、これらの習慣がサブスキルごとに分けられた、本当によく考え抜かれた行動のルーブリックを作成しました」

「好奇心や感動を本気で育てたいのなら、『その育成に役立つ小さな習慣は何だろう』と考えなくてはなりません」。この学校は、新しいアイディアを取り入れる姿勢や複雑なものをいとわない精神や質問する能力が、好奇心や感動につながるということを理解している。小さな習慣のひとつずつに異なる説明がなされているので、まったくの初心者ならこう、初級者ならこう、上級者ならこう、と把握できる。このルーブリックを参照するのは教員だけではない。生者は見たことがない。

徒や保護者もしょっちゅう使っている。これこそ、学習としての評価ということなのである。自分が今どの段階にあるのか、生徒は常に考察している。そのため、同校の生徒ほど自分の強みと弱点を熟知していて、自分の人生をどうしたいのか、それはなぜかを明確に述べられる若者は見たことがない。

どの評価方法を導入するのであっても、その前にまず理想的な卒業生の特徴を決定しないといけないとサムは提案する。卒業生は何を知っているべきか。自分の知識をどのように活用できるべきか。その知識がどのように役立つか。こういったポイントを確立したら、〝成績〟という観点からも、学校のコミュニティー（教員、経営陣、保護者）による〝生徒が活躍するための効果的な環境づくり〟という観点からも、どのような評価方法が良いのかを決定することができる。

「何も、どの学校でも理想的な卒業生は同じスキルセットを持たないといけないというわけではありません。大事なことは、こういったことを考えて、自分で答えを見つけて、それに基づいて戦略的な思考と計画のすべてを行っていく場をコミュニティーに与えることなのです。そうでなくては、学校はデフォルトで連邦政府が規定するアカウンタビリティのみに目を向けてしまいます」

モンティ・ニールも同意見だ。「学習ポートフォリオやプロジェクト、特別課題が答えだと思います。だからといって、その一部に記述式問題や多肢選択式問題を使ってはいけないというわけではありません。子どもたちに、考えたり、論理の道筋をつけたり、書いたり、話したり、知識を複雑な方法で応用したりできるようになって欲しいわけです。よく考えられたプロジェクトや課題ならそれが可能だと分かっています……。学習を向上させて意味のある成果をあげるためには、学校や学区は共通テストに頼っているだけではダメです。共通テストには根本的に限界があるので、幅も深さも足りない情報を生み出します。州や学区、学校は授業での課題を強化して、そういうより豊かな評価方法から得られる情報を用いる手立てを見つけるべきです」

未来のスナップ写真

本章で、授業で評点をつけないという大胆な手に出たジョー・バウワーを紹介した。もっと広範囲なレベルで実践している学校もある。ブリティッシュコロンビア州のサレーほか全世界で数ヵ所の学区で、評点による成績ではなく、ホリスティックな評価方法を採用したプログラムが試験的に実施されている。フレッシュ・グレードというオンラインの学習ポートフォリオプログラムを用いて、教師は生徒の課題を撮影し、その子の成長が垣間見える連続した記録を作成し、保護者と生徒本人が共有できるようにする。教師は生徒と一緒にその生徒個人の目標と習熟度の指標を決める。こういった目標や指標により成功は定義される。

「この動きは、従来の教科知識だけでなく、創造性やコミュニケーション能力のようなスキルに力を入れて欲しいという会社経営者からの要求に応じたものだという側面もあります」とジャーナリストのエリン・ミラーは言う[24]。「評点による成績から脱却する動きと足踏みをそろえるように、雇い主の間でも『従来の評価方法は今の世界で成功するために必要なスキルを習得するためにベストではない』という確信が高まってきています。国内調査や国際的な調査でも、試験や評点で評価しやすい特定の知識や技能を持っていなくても雇い主は文句を言いません。批判的分析やコラボレーション、コミュニケーション、問題解決、創造的思考ができる人材を求めているのです」

試験的プロジェクトがしばらく前に始まったブリティッシュコロンビア州では、非常に有望な結果が得られている。成績づけを行わない学校教育にとまどう保護者もいるが、それよりも、ほとんど毎日のように中間報告が得られるこのプログラムの即時性を歓迎する方が多数派である。その利点として、早期に介入できるという点が挙げられる。子どもたちが何かにつまずいているとき、従来の成績評価制度であれば評価期間が終わるまで子どもたちの問題に気づけないこともあるが、それよりもずっと早くに手を差し伸べることができる。このプログラムでは教師の負担が大きくなるのだが、それでも教師もこのプログラムを歓迎している。

「教師は生徒と一緒に目標を設定して、一対一でひとりの生徒に何時間もかけています」とエリンが話してくれた。「『自分の課題を評価するスキルが必要だね。ほかの人の課題を評価するスキルも』などと話しているんです」

興味深いことに、といっても意外ではないかもしれないが、このプログラムの最大の反対者は、実は従来の成績評価制度のもとで成績優秀者だった生徒たちだ。「誰よりも苦労しているのは、以前の評価制度で成績が良かった生徒だと先生方に聞きました。この新しい評価制度では、進歩がなくてはAはとれないんです。旧来の制度では点の取り方がわかっていて、教師の求めるものが分かっているから良い成績を取ることに慣れていた生徒にとっては、やり方がまったく変わってしまいました。中間層や低層の子どもたちは、突然自分で目標を設定して進歩の度合いが見えるようになったので目覚ましい成果を見せたのですが」

この新しいプログラムにも課題がないわけではない。たとえば、大学は今でもこの新しい評価制度による成績表と、従来の評点による成績表をどう比べればいいのかまだ判じかねている。しかし、特に小規模の大学では、評点ではなく学習ポートフォリオのみによる評価制度を検討できるくらいの規模なので検討は進んでいる。そして、マンモス校ですら適応しようと試みている。「大学側に受け入れる用意はあると言えます」とエリンは言う。「ですが、まずは解決しないといけない問題がたくさんあります」

少なくともそれは正しい問題であり、良い問題というのはどれもそうだが、答えはひとつではない。人生とは普通そういうもので、それこそ、本物の学習評価が反映するべき点である。

評価は教えと学びに欠かせない一部だ。その正しい姿では、公式の評価も授業中の評価も少なくとも以下の三つの点で生徒の学習と達成を支援するべきである。

・**やる気**——効果的な評価は生徒に良い成績を取りたいという気を起こさせる。生徒が現状を理解できるように生産的なフィードバックを与え、改善できるところは改善していくようにはげます。

・**達成**――効果的な評価は、生徒が実際に行い、達成したことについて情報を提供する。また、同様の基準における他生徒との比較も提示し、生徒が自分の進歩と潜在能力を把握できるようにする。

・**標準**――効果的な評価は、生徒に大志を抱かせ、それを実現させるために必要な指導と実際的な支援に役立つ、明確で重要な標準を設定する。

評価は教育の最終目標としても、最終地点としてもみなされるべきではない。教育というプロセス全体に欠かせない一部であり、学習指導、学習、カリキュラム策定という日常的なプロセスと自然に組み合わさったものであるべきだ。普通の学校文化に欠かせない、学校文化を支える一部であるべきなのだ。そのバランスを取るのは、学校経営者の役目のひとつである。

第8章 校長のための教育方針

素晴らしい学習体験の中心にはかならず学習者と教育者という必要不可欠なふたりがいる。しかし、学校が優秀な成績をあげるためには、第三の人物の存在が重要になってくる。ビジョンとスキルを学校にもたらし、学習者が学ぶ意欲を持って学ぶことができる環境づくりを深く理解している学校のリーダーだ。ここで論じてきた原理のすべてではなくてもその大半を実践している素晴らしい学校を何校も知っているが、どの学校にも共通しているのは、ビジョンがしっかりとあって情熱にあふれる校長が率いる学校、という点である。ボストン・アーツ・アカデミーはこういう種類のリーダーシップに支えられている。

芸術を教育の中心に据えた高校が地元で必要とされていると考えたボストン地域の芸術家養成を専門とする六大学（バークリー音楽大学、ボストン建築大学、ボストン音楽院、エマーソン大学、マサチューセッツ芸術大学、ボストン美術学院）は、協同でボストン・アーツ・アカデミーを一九九八年に創立した。同院はボストンの公立学校の実験校で、学区の監督下にあるが、予算や年間予定、職員の雇用などでは自治が許されている。

市内の公立学校として、ボストン・アーツ・アカデミーは低所得者層の割合が高い学校ならどこでも直面する学力面の問題を抱えている。同校の貧困率は高い。生徒の六五パーセントが給食費の免除・割引を受ける資格がある。そして、新入生の三分の一は読解力が学年レベルを下回る。大きく下回ることも多い。それでも卒業生の九四パーセントが大学に進学する。これは国内基準をはるかに上回る数値である。興味深いことに、卒業生の大半が芸術系の大学には進学しない。その大きな理由は、校長が生徒たちの目をより大きな世界に開かせてくれるからだ。「卒業生の中で一番多いのはデザイン専攻と工学専攻です」とアン・クラーク校長が教えてくれた。「他分野とからめて教わり、その分野での自分の強みを知らなければ、生徒たちは決してこういう分野を理解できなかったことでしょう」

「教育がどういうものであるべきか、どういうものになれるのかという点について、ボストン・アーツ・アカデミーは世間とまったく異なる考えに基づいて教育を行っています。共通テストなどに定義される狭い意味での教育ではなく、やり抜くことや協力し合うこと、創造性やビジョンや独創性といった、芸術が教えてくれることによって定義される教育です。ボストン・アーツ・アカデミーに来る前は成績が良くなかった生徒の多くが、芸術を通じて学校生活に取り組む姿勢を学んでいくのを目の当たりにしてきました。学校もほかと同じく苦手で嫌いなもの、ではなくなるのです」

とはいえボストン・アーツ・アカデミーは公立学校であり、マサチューセッツ州の他の公立学校と同じく、共通テストを実施しなくてはならない。職員と経営陣にとって、それは試験準備のために授業を行うことを意味する。

「試験にそなえて授業を行わなかったら生徒たちが不利です」とアンは言う。「いつも試験勉強をしています。州に規定されている試験が終わると、今度は頭を切り替えてまったく系統の違うSATに向けて準備を始めないといけません」

こうした規定による試験勉強の対策として、ハイステークス・テストを直前に控えていても生徒が学習意欲を失わない環境を作るようにしている。「生徒たちはたいてい八時に登校して四時に下校します。パフォーマンス期間や学習ポートフォリオ作成期間なら、学校にいる時間はもっと長くなります。一日の半分は芸術、残りの半分は学科を勉強します。できるかぎり芸術を通じて、学際的な方法で教えていますが、学科は理数系科目、文科系科目、外国語、と一通り教えます。それから全員が音楽（器楽か声楽）、舞踊、演劇、視覚美術といった芸術科目を履修します。下級生には特別にほかの専攻科目を経験できる時間が設けられています。ひとつの教科をメインにしないといけないのですが」

学校の生徒は一人ひとりが違う個性を持った個人だが、芸術への情熱で全員が結びつけられている。これこそ、教育のあらゆる側面におけるボストン・アーツ・アカデミーのアプローチなのだ。アンは創立時に教員として同校に参加したが、のちに校長職に就いた。それ以来、この情熱の力を数え切れないほど目の当たりにしてきている。

「子どもたちはこの学校が大好きなんです。それが私たちみんなにとって大きな違いを生んでいます。学科担当の先生の大半が芸術畑出身で、芸術と学科の両方を教えています。私は教師だった頃、読解力が最低レベルの生徒たちに読解を教えるということもしていました。一七歳の青年が、第三学年のレベルの読解を学んでいました。生徒自身が自分の強みを自覚できるようなことを学ぶ時間が一日に二、三時間でも取れれば、自分がダメに思えてしまうような苦手なことも一対一で教えられます。『うちの娘ができないことではなくて、できることから始めてくれた学校はここが初めてです』と最近保護者の方に言われました。それで対話が一変します」

ボストン・アーツ・アカデミーは生徒の才能と強みに光を当てるんです。ボストン・アーツ・アカデミーは私がこれまで仕事上、世界中の学校で見てきたことを体現している。生徒の関心があることを中心にカリキュラムを組めば、すべての分野で成績が上がるのだ。それにまた、芸術主体のプログラムであり、芸術家は批判されることに慣れていてすぐに対応できるものなので、ボストン・アーツ・アカデミーは卒業後に待ち受けていることに対して生徒たちをそなえさせてくれる。

「世の中で求められるのは創造性と学際的思考です。だから、うちの卒業生はこれほど成功しているのだと思います。そう大学から聞いていますから。うちの子たちはリスクをいとわず、想像力を働かせて、真剣に取り組み、他人と力を合わせて働くことができます。批評にへこたれない。これは芸術系大学では非常に大事なことです。改訂や論評、フィードバックは芸術につきものですから。私は自分の子どもが『これで合ってるかな？　まぁ、試験が返ってきたら分かるか』という環境で育つのは心配です。うちの生徒たちは自分の答えを想像し、批判に対し反論し、見直すことを奨励されています。それも、何か基準を満たさないといけないからではなく。そういう思考法が必要なんです。学校で習うことが特定のやり方を覚えて、空欄を埋めて、成績をもらうのを待つだけだったら、こういう風にはいきません」

「ボストン・アーツ・アカデミーの理事会には企業の重役もいます。社員を採用する際にいつもバイオリニストを探しているので理事会に参加しているそうです。創造的で想像力があるので、芸術系のバックグラウンドの人を探すんだと言ってます。新鮮な発想で問題に対処する訓練を受けているので。それが芸術系の教育というものです」

ボストン・アーツ・アカデミーには、受け入れられる人数をはるかに超えた入学希望者が押し寄せる。毎年入学者の定員は大体一二〇名なのだが、志願者は五〇〇名を超す。志願者を一人ひとりじっくり検討するが、選考の際にまったく考慮しない項目がひとつある。

「うちが芸術学校としてユニークな点は、入学希望者の学力を問わないところです」とアンは言う。「以前の成績も、試験の点数も、一切見ません。芸術系の教育はすべての人に開かれているべきだと信じているからです。『数学の点数が低すぎるから歴史は勉強できませんよ』とは決して言いませんよね。数学の点数が悪いから芸術は学べないなんて言えるわけがありません。でも、それが通常国中で起こっていることです。出願審査で学科の成績も審査されます。しないと言う場合でも、『代数1』は履修していないといけないなどと言うので、それが実際上は障壁になる」

「ボストン・アーツ・アカデミーでは入学審査をオーディションで行います。しかし、正式なオーディションでどうすればいいか分かっている子だけを選んでいたら、当校の使命である、ボストン市の住民層を反映した生徒は得られません。反応が良くて本気でやってきた生徒を求めているのですが、かならずしも正式なスキルを身につけている必要はありません。踊らずには**いられない**子を求めている、とでも言いましょうか。うちの生徒は正式な訓練は受けたことのない子ばかりです。ボストンの公立学校にそのリソースはありませんから」

「楽譜が読めない音楽家や、芸術の授業はあまり受けたことがない視覚美術のアーティストが大勢います。低学年では芸術の授業がカットされてしまいましたから。コミュニティーでは踊ったことがあっても、正式なバレエの訓練は受けたことがないダンサーはたくさんいます。正式な訓練を受ける機会があれば大きく伸びる子を探しているのであって、かならずしもすでに正式な訓練を受けてなくてもいいんです」

生徒たちの個性を理解し、いつでも潜在的な能力を追い求め、変化し続ける世界の中で常に学校を前進させようと努力する――アンの説明は、校長の仕事とは何かを物語っている。

校長の仕事

コミュニティーの活力と目的にリーダーがもたらす影響の大きさは、どれだけ高く評価しても評価しすぎということはない。大統領の交代や新しいCEOの就任、新しい部長、新しい校長は、彼らに率いられる人々の思惑を一新させることができる。

リーダーシップと管理は別物だ。リーダーシップはビジョンを持つことで、管理は実施するものである。どちらも重要だ。有能なリーダーは有能なマネジャーであることもあり、またその逆もしかり。その違いは、どのような状況でもリーダーとマネジャーの役割の違いにある。高い実績はやる気と希求心により生まれるが、偉大なリーダーは人の心にやる気と希求心を引き起こす術を知っている。希望のない者に希望を持たせ、打ちひしがれている者に強い心を与え、道に迷った者に方向性を与える。

もちろん、ビジョンだけでは充分ではない。支援やリソース、仕事をするためのスキルも必要である。経営者の役割は、ビジョン実現のために制度やリソースが活用できるようにしておくことなのだ。しかし、リソースはそれだけでは充分ではない。学校を離れて、もうひとつ別の例を見てみよう。

最近、ある企業の年会でサー・アレックス・ファーガソンとともに講演する機会に恵まれた。彼はサッカー史上最大の成功を収め、最大の人気を誇ったサッカー監督である。彼がマンチェスター・ユナイテッドＦＣの監督を務めた二六年半の月日で、弱小チームをプレミアリーグは一三回、ＦＡカップは五回優勝に導き、年間最優秀監督に四回選ばれ、九〇年代の最優秀監督に選ばれた。デビッド・ベッカムやクリスティアーノ・ロナウド、ウェイン・ルーニーなどの有名な人気選手を育て上げ、最後のシーズンにはプレミアリーグ優勝という最高の形で監督人生に幕を引いた。[1] マンチェスター・ユナイテッドＦＣは世界最高のクラブ収入を誇る（『フォーブス』誌によると二三億三〇〇〇万ドルで、これはニューヨーク・ヤンキースより二六パーセント高い)[2]。そのため、同クラブの他に類を見ない成功は、選手に能力を最大限発揮させるアレックス・ファーガソンの手腕ではなくクラブの資産のおかげだと思う人もいるだろう。しかしそれも、ファーガソンの引退直後に起こったことを知るまでである。チームメンバーはほとんど変わらず、もちろんファーガソンが自由にできたのと同じ資産が使えたのにも関わらず、新監督のデビッド・モイーズは(ファーガソンが前年度優勝した)プレミアリーグで優勝できなかっただけでなく、マンチェスター・ユナイテッドFCは二〇年間で初めてUEFAチャンピオンズリーグへの出場を逃した。六年契約がまだ一年も経過していない二〇一四年四月にモイーズは解任された[3]。

それが学校におけるリーダーシップと一体何の関係があるのだろうか。実は、関係は大ありなのだ。プレミアリーグには高い才能に恵まれた選手がそろっている。才能がある選手が世界中どのリーグよりもこのリーグに集中しているとも言える(英国人はいつもそう言っているが)。マンチェスター・ユナイテッドFCなどの常勝チームが突出しているのは、選手の一番良いところを引き出すリーダーによる指導と動機づけのおかげである。そうでなければ、ファーガソン最後の年とモイーズの短い任期で、ほかの条件はほぼ同じなのにこれほど成績が急降下したのは説明がつかない。

リーダーシップに唯一無二のスタイルはない。リーダーにふさわしい性格というのは一種類ではないからだ。他人と協力し合うタイプのリーダーもいれば、命令を下すタイプのリーダーもいる。行動を起こす前に総意を得ようとするリーダーもいれば、自分の確信のみで行動を起こすリーダーもいる。どのタイプのリーダーにも共通するのは、「自分は正しいことをしている」、「自分には正しいことをする能力がある」という意識が人々にインスピレーションを与える、という点だ。異なる状況では異なるスタイルのリーダーシップが必要となる。戦争の真っただ中では、軍部の指導者には他者の意見を聞く時間も余裕もないだろう。しかし、どのような分野でももっとも尊敬を集めるのは、下の者のために心を砕き、言葉だけでなく行動にも思いやりの心が表れているようなリーダーだ。[4]

学校では、優れた校長は試験結果を良くすることが自分の主な仕事ではないと理解している。共通の目的を共有するべき生徒、教員、保護者、職員の間にコミュニティーを築くことなのだ。それに比べたら従来の学校教育の慣習は重要ではないことも分かっている。とは言っても、慣習に挑むのは気を遣う仕事である。「起こそうとしている変革は正しい」とすべての関係者が信じていて、変革を起こす気になってくれれば、慣習をくつがえすことに成功する可能性は高くなる。第2章で紹介したリチャード・ガーヴァーを見ると、彼がこのことを理解していることはグランジで変革を醸成した手腕に表れている。

リチャードはこのアイディアの導入に時間をかけなければ、大改革だと抵抗を示す人の支持を失ってしまう恐れがあることを分かっていた。「まず、街を複製しようというグランジトンプロジェクトを立ち上げました」。当初はグランジトンを通常の時間割やカリキュラムとは別に、放課後の活動として導入した。「その方がゆるやかな導入になると思ったんです。その方が、グランジトンが進化して発展する余裕ができる。初日からこの仕組みを保護者の方々にいきなり見せたら、大反対に遭っていたでしょうね。それに、先生方も初日はまだ取り組む準備ができていなかったと思います。何より、生徒たちの準備ができていなかった。特に上級生がね。これに多くのことがかかっているとか、もしくはまったく異質なもののように感じたりしないで、みんなに夢中になってもらいたかったんです」

「すでに細部まで決められた大改革を学校のコミュニティーに押しつけるというのは避けなければなりませんでした。不安に感じないアイディアに取り組む環境と能力をコミュニティー内で構築しなければなりません。グランジトンを最初は課外活動にしたことで、スタートはそろそろと様子見しながら、やがて自信がついたら本腰を入れる、ということが可能になりました」

グランジトンをゆるやかに導入しようとリチャードが決断したおかげで、プロジェクトは加速度的に進歩していった。放課後のプログラムを立ち上げたとき、五年越しの学校の進化が始まったのだと彼は思った。保護者、生徒、教員の間で徐々に支持者が広がっていくような進化である。彼のアプローチが新鮮だったので、誰もが好意的に受け入れた。「学校はたいてい経営陣か政府にプログラムを押しつけられることに慣れています。このプログラムはそうじゃなかったので、その自由さに誰もが喜んでこんなにあっという間に受け入れられたのです。その結果、グランジトンプログラムは六ヵ月以内に稼働していました」

文化を変える

複雑な適応系についてはさきほど取り上げた。教育制度が複雑な適応系の一例であるように、個々の学校も複雑な適応系である。学校は変化に適応することができる。実際に適応している。校長の課題は、学校がそれを意識的に行えるようにすることである。

マネジメント理論の多くが、組織の効率性を向上させることに重点を置いている。教育標準化運動も本質的にはそれが目的だ。その前提となっているのが、組織は機械装置のようなもので、手順を緻密なものにして、無駄を最小限に抑え、生産高に集中することで経営がより効果的になるという考えである。組織の典型的な組織図を見ると、多くが図面や配線図のようだ。一例を下に挙げよう。

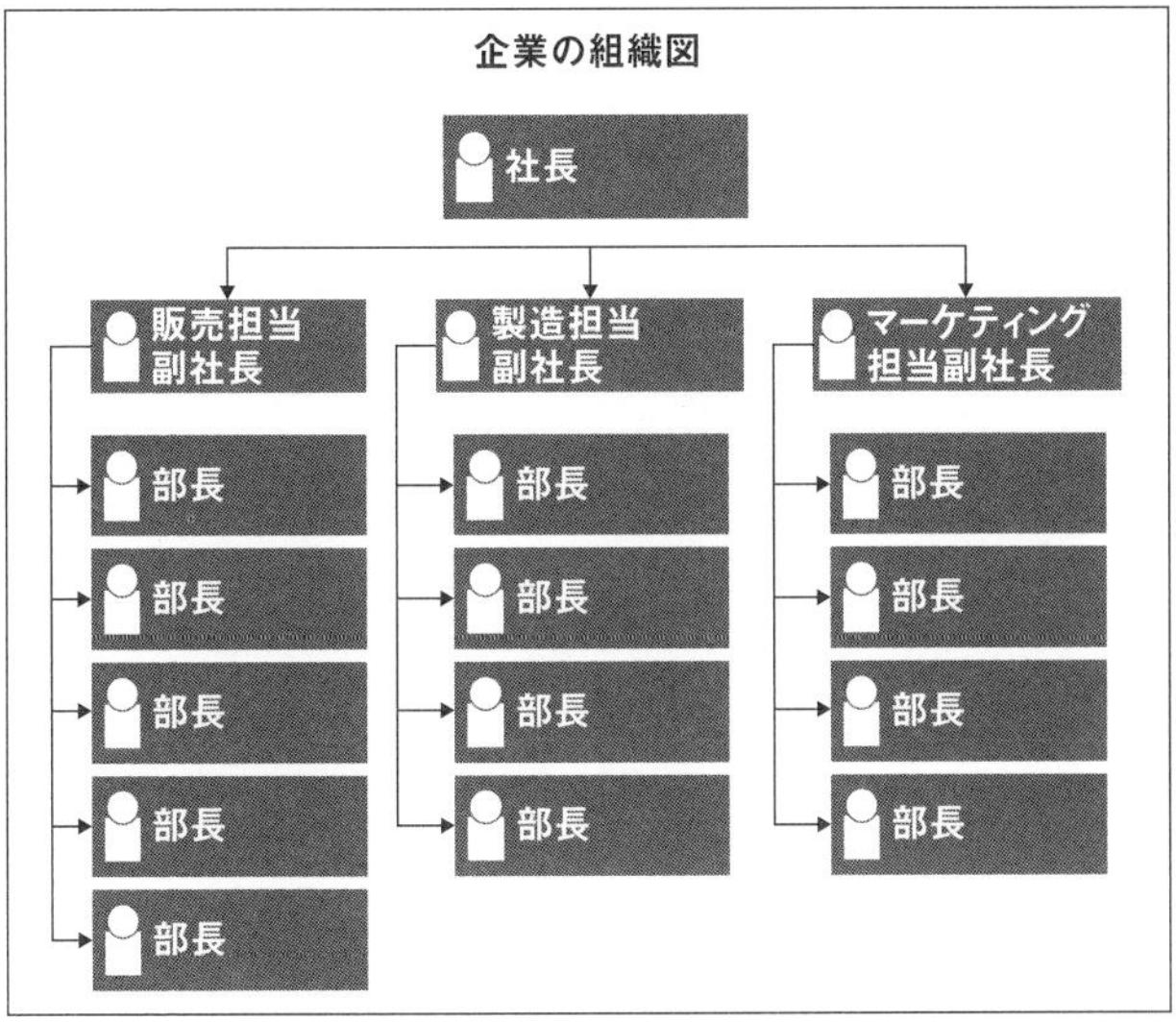

こういうたぐいのイメージや、それにともなう費用対効果や生産高といった物言いで、組織は機械装置のようなものだという印象が強まる。問題は、そうではないということだ。製造業の分野ではこの比喩が当てはまる場合もあるかもしれないが、学校など、その他多くの分野では当てはまらない。効率性やコスト削減に重点を置くこと自体は目標として悪くないかもしれないが、人の組織は機械装置とは違う。それよりも有機体のようなもので、ひとつひとつに独自の文化がある。

社会的な意味において、文化とは共同体の生活様式のことである。価値観や行動様式、共存のための行動規範だ。有機体としての文化は成長や進化をするものである。最高の学校は、学習と発達という冒険をともにするために集まった個人から成る、命の通った共同体である。この冒険がどれほどうまくいくかには、学校の文化が関わってくる。

『創造的な学習法』で組織文化について説明したとき、私は**習慣**《ハビット》と**生息地**《ハビタット》の違いについて述べた。学校の変革はその両方を見直し、たがいにどう影響し合っているかを検討することなのだ。

習慣《ハビット》

物事をこなすために、どの組織も決まった手順や手続きを作る。それは理解できる。物事のやり方について合意がなければそもそも何も終わらない。問題は、こういった手続きはそのうちに定着し、その目的が忘れられてしまうことだ。手続きが組織そのものになってしまう。ウィンストン・チャーチルがかつて言ったように、「建物を形作るのは我々だが、その後、建物が我々を形作る」のである。[5]

従来の学校教育における習慣の多くは法令で定められてはいない。多くの学校は、そうでなくてはならないからではなく、〝昔からそうだったから〟そういう学校運営を行っている。本書で取り上げた実例の多くで、学習のさまたげになる旧習を打ち壊している。『未来のイノベーターはどう育つのか』という重要な著作で、イノベーターの独創的な発想や習慣や考え方を生み出す（または抑圧する）重要な要素は学校文化と、それが創り出す考え方や常識だとトニー・ワグナーも述べている。[6] 学校文化の人を変えるほどの影響力については、最近の著作では『総合制中等学校の偉業《コンプリヘンシブ・アチーブメント》』が分かりやすく説明している。同書では、北ロンドンにあるハムステッド総合制中等学校を成績優秀な公立学校へと変身させた、二〇年にわたる大変革が描かれている。タムシン・イミソンというビジョンを持った校長のもとで同校の学校文化は進化していく。彼女は「子どもたちが学ぶことを好きになり、試験に受かるだけでなく、バランスの取れた人になるように、広範でホリスティックで創造的な教育」を提供するために有能な教員を集めた。[7] 同書には生徒、教師、理事、保護者の声が載せられているが、みんな口をそろえて「良いリーダーに導かれた、えりすぐりの教員がそろった学校なら、教育者としての信念、道徳的な信念を固持することができ、そうすることで生徒や保護者、そして学校のコミュニティーの共感を得ることが可能だ」と語っている。本書で取り上げた多くの学校と同じように、ハムステッドの大変革を引き起こしたカギは、学校文化でよしとされてきた習慣を疑問視し、同校のコミュニティーのニーズ、関心に合わせた学校としてのあり方を模索したことにある。

生息地《ハビタット》

学校の物理的な環境は、雰囲気だけでなく、実際にどういう学校かということにも影響を及ぼす。正門をくぐった瞬間にどういう学校か何となく分かるものだ。建物が古くても新しくても、人間味に欠ける、ぬくもりのない雰囲気の学校はある。一方、生命力に満ちた、生き生きとした学校もある。壁には一面に生徒や職員の作品が飾られ、展示や展覧、公演など、活気にあふれている。物理的な環境の雰囲気や特徴というのはうわべだけのものではない。その学校のコミュニティー全体の気分や士気、生命力に影響を与えるものなのだ。『第三の教師《ザ・サード・ティーチャー》』では、ブルース・マウと国際的な建築家やデザイナーの一団が、生徒の学習とその学習の場の密接で強力な関係性をつぶさに追う。[8] 物理的な環境が学校の哲学を体現していることを説明し、学校のスペースを一新させるために実際的なデザインのアイディアや戦略を提案している。

　異なる活動には異なる種類の空間と雰囲気が必要だ。異なる活動に与えられた空間は、学校にとってその活動がどれほど重要かを示していることが多い。また、施設の配置もそうだ。施設が離れて配置されている場合、カリキュラム上、教科がバラバラに教えられていることが多い。教室では机が常に前向きに整列していたら、どういう教育がそこで行われるべきなのか、生徒にも教師にも明確なメッセージとなる。ハイテックハイの物理的な空間は、異なる分野との間に交流を促進するという同校の哲学の中心的な理念を実現するように設計されている。グランジはその大部分が職業人の街へと姿を変えるという大変身を遂げたが、これは学校自体の物理的な再編が体現している。学校環境をそれまでとは違った、より変革的なカリキュラムや学習の概念を体現するものへと設計し直すには、ほかにも数多くのモデルが存在する。

地を耕す

創造性と変革に関する広範な戦略について、数年間オクラホマ州の仕事をした。開発段階で、知事や州政府のさまざまな関係者と何度か打ち合わせを行った。変革の文化を育成するということがオクラホマ州の未来にとってどんなに大事かということをそのうちのひとりが語っていたのを覚えている。「ただ、どこからそういう素晴らしいアイディアが寄せられるのかと不安ではありますね」と彼は言った。「オクラホマ中から寄せられますよ」と私は答えた。人は誰でも模索してみたいアイディアがあるが、うまくいくかどうか試してみるにはゴーサインが必要なのだ。失敗や恥、叱責を恐れると、普通は考えを胸の内にしまっておく。ところが、試してみたらと勧められれば、たいてい試してみるものなのだ。

文化にとって是認は重要だ。許容されることとされないこと、そして誰がその線引きをするのか、という問題なのである。その線引きの変更には時間がかかることもある。時を経て振り返ってみて初めて、変化の真の大きさに気づけるのだ。私が二〇代の頃、英国は喫煙者ばかりだった。私も喫煙者だったし、私の知人もみんな喫煙者だった。レストランも、パブも、家庭も、常に灰色の煙がたちこめていて、すべてに煙草の煙がつきまとい、それが楽しいひとときを過ごすための環境だと誰もが思っていた。一〇年後には室内での喫煙は禁止されるようになるなどと言ったら、馬鹿にされたことだろう。しかし実際にはそうなったし、今でもその状況は変わらない。

本書執筆時点で、米国では同性婚を認める法律を制定する州が次々に現れている。しかし、寛容な六〇年代の真っただ中でも、同性婚の合法化は考えられないことだったろう。今では同性婚は、当然そうあるべきなのだが、何ら問題がないとされている。こうして、社会的に許されることの境界線が徐々に引き直されてきた。変化は多数の複雑な力がたがいに干渉し合って起こることが多い。本書で取り上げたさまざまな理由で、学校も変化している。その変化がどれほど早く成しとげられるかは、主に、学校の経営陣、特に校長のビジョンや、期待値をどう設定するか、許容の境界線をどこにするのかといったことにかかっている。

私が非常に感銘を受けた教育者に、オクラホマ州の公立学校の校長を長年務めた人物がいる。そこでの彼女の仕事と後年の活躍は、優れた校長のビジョンとリーダーシップが学校の文化と成績を変える力をまざまざと示している。

ジーン・ヘンドリクソンは一五年間で三校の校長を務めた。そのうちの一校は、社会的にも経済的にもオクラホマ・シティの学校の間で頂点に位置していた。「あるカントリークラブの隅にあって、公立高校にとってあらゆる利点に恵まれていました」とジーンが教えてくれた。「学区が提供できないことは、保護者と地域社会が提供してくれました。もちろん、あの学校にも注意が必要な生徒はいました。それに、やり方を変えていかないといけないことも。すべての子どもがひとりの個人として扱われるように手を尽くす必要もありました」

「その学校には六年間いましたが、教師のコミュニケーションの取り方を組織的に改革して、芸術科目を導入しました。その後校長にならないかと打診を受けた学校は、開拓者第四世代の貧困家庭が多く、ヒスパニック系の生徒の割合が高い学校でした。前年度の新任校長は自分の役目は引っ掻き回すことだと思っていて、教師たちは保身が自分の役目だと思っていて、実に最悪の一年だったそうです。私が前にいた学校でやっていたことをいくつかこの学校でもやってくれないかと頼まれたのですが、五分くらい考えて引き受けました」

「就任した当初、学校はふたつのコミュニティーにはっきりと分かれていました。とても収入が低い移民者のコミュニティーと、開拓者第四世代の荒廃した白人コミュニティー。人生で初めてあの学校に足を踏み入れたとき、そこらじゅうが落書きだらけで、荒れきっていました。この街でそんな学校に通っている子がいるなんて、怒りを覚えました」

その学校で、彼女は突っ込んだ質問をした。「ここの子たちは、私が他校で見てきた子たちと同じようにちゃんとした教育を受ける機会を手にするべきだと思いますか」。思わない、と答えた人はいなかった。「それで、みんなで仕事にとりかかりました。子どもが通う学校ならどこでも当然やるべきことをやったんです。自分自身の子どもにも通わせたいような学校を築きあげる、ということです。芸術を取り入れる必要がありました。学校内のコミュニティーが必要でした。ほかの人たちに尊重されていると感じられる、居心地の良い場所が必要でした。つまり、すべてが必要で、しかも同時に必要だったんです。停滞から脱却するために最初に打った手は、芸術と音楽の時間を二倍にしたことです。タイトルI事業［NCLB法が定める、連邦政府の財政支援］の助成金を使って」

「オクラホマ州はより良い教育モデルを求めて国中を調査することにしました。一学年とか一教科だけではなく、学校全体のモデルでなくてはならない、芸術科目がなくてはならない、効果が出ていることが研究で確認できていなくてはならない、など、いくつか条件がありました。それに該当したモデルのひとつに、ノースカロライナ州のA⁺イニシアチブがあります。私はこの教育モデルを調べるためにノースカロライナ州に遠征したチームに加わりました」

「学校のアカウンタビリティが米国全土で支持を得始めた頃にA⁺は発足しました。キーナン芸術学院で、『芸術に真剣に取り組んだら学校で何が起こるだろう？　芸術を通じて教えたら、芸術について教えたら、何か影響はあるだろうか？　もしあるのなら、どういう影響だろうか？』と考えた人々がこのプロジェクトを立ち上げました。それがノースカロライナ州の二五校が参加する実験的プログラムにつながり、四年間、その答えを見つけるために参加校はこのプロジェクトに取り組みました。それで分かったのは、A⁺ネットワークの参加校であるということは、八つの約束を交わしたことを意味する、ということです」

「すべての子どものために、毎日芸術教育を行うという約束。時間割を超えてつながりがあり、共有、計画されているカリキュラムの約束。デスクワークだけでなく、実践的な実世界学習の約束。複数の学習方法の約束。豊かな評価方法の約束。教師間だけでなく、家庭と学校、子どもと教師が意図的に行うコラボレーションの約束。変わり続けるインフラの約束。生徒も教師も生き生きとして、保護者や地域社会も教育の一部であると感じられるような、ポジティブな環境づくりの約束」

二〇〇一年には、ジーンは夏季の全体研修を実施している学校チームの一員だった。日中は学校チームの一員で、夜はプランナーやファシリテーターと一緒にその日の研修を振り返った。校長として、これこそ、これまで彼女が教育にたずさわってきた年月の中で探し求めてきた教育モデルだということに気づいた。二〇〇三年にはA^+スクールの事務局長の職に就任した。

A^+スクールの実績と研究で、学校教育の実績や効果の成否を決めるものは学校の種類や所在地ではないことが示された。どのような状況にある学校でも、三つの主要因があれば改革を起こすことができる。校長のリーダーシップと、変革に取り組む意欲のある職員と、一流の教員の育成という三つである。

A^+スクールの試験の点数は平均よりも高い。それは悪くないことだが、それより、問題行動や報告書の件数が少ないのだ。また、〝喜び指数〟が高い。これは、生徒が学校生活にどれくらい積極的に取り組んでいるかによって決まる。教員を対象とする意見調査では、教員満足度が高く、能力も高かった。教師として力を与えられていて実行力があるという意識を持っているのだ。

「ひとつ目の教訓は」とジーンは言う。「子どもたちに何を与えたいかということを明確にすることです。共通テストで高い点を取る以上のことを求めているか。学校生活を楽しんで勉強してほしいのか、課題をこなしてほしいのか、高い学力か、バランスの取れた学習か。大切にされている独自の確固とした文化やコミュニティーを学校に求めるのであれば、そういったことに組織的に取り組む枠組みを見つけるべきです」

もちろん、私たちはこういったことをすべての生徒に望んでいるわけである。それとも、私は何か誤解しているだろうか。

正門の向こう側

優れた学校は、学校がその一部を成している外の地域社会と常に創造的な関係性を構築する。一般社会から隔離された収容所ではなく、地域社会全体の学びの中心地なのだ。たとえば、小学校、中学校、高校、コミュニティーカレッジ、大学、生涯学習など、私たちは教育を別個の段階として考えることに慣れている。しかし、教育は異なる年齢層をまたいで、他機関と協同で行った方が、最高の学習体験が得られることが多い。小学校、中高、大学は、通常別の段階に区切られるが、今ではその垣根を取り払おうと一緒に教育を行っている学校もある。

たとえば、マサチューセッツ州ウスターにあるクラーク大学がそうだ。

　クラーク大学学長のデビッド・エンジェルは大学と街、そして学生が大学卒業後に歩んでゆく人生との間に懸け橋を築こうと教職員や学生とともにはげんできた。最近話したときにはこのように語っていた。「『従来の教養課程の基準からしても学力が高く、教育で習得したことを活かして実社会で影響力を発揮するような人物を意図的に生み出していきたいのなら、若者がちょっとした壁にぶつかったときに立ち直るための力をどう培えばよいだろうか』と自問しました。どうやって三方向の創造的な解決策を組み立てられるだろうか。そういったスキルを意図的に育成したいのなら、現実的な状況で教育したほうがずっと効果的ですよね。学生をプロジェクトチームに参加させて、本物の問題を与えれば、能力は格段に向上します」

　LEEP（リベラル・エデュケーション・アンド・エフェクティブ・プラクティス）[9]は、学生が大学卒業後に遭遇する、外の世界の問題と学際的な研究を組み合わせたプログラムである。クラーク大学の卒業生や、多岐に渡る職業人がプロジェクトに学生を受け入れる。インターンシップでは、学生は今後のキャリアをちょっと味わうだけだが、これは従来のインターンシップとは違う。本当に問題を解決するか、成果を達成するためのプロジェクトチームに学生を加わらせることが目的なのだ。

　オール・カインズ・オブ・ガールズというクラーク大学の学生団体は、近隣の地域社会に暮らす十代の子どもたちとアイデンティティやいじめの問題について取り組んでいる。徹底的に解決するために、毎週土曜日に五〇名を超える十代の少女を大学に招くプログラムを立ち上げた。「成績のためじゃありません」とデビッドは言う。「ある一三歳の少女を助けるためなんです。このプロジェクトは感情と知性に働きかけます。課題に情熱を注いでいて、しかもそれが押しつけではない本物の課題であれば、ほとんど例外なく誰でも能力が開花するものです」

また、ユニバーシティ・パーク・キャンパス校といったイニシアチブにも参加している。クラーク大学は大学近辺の貧しい地域で高校生が直面している窮状に対処するひとつの手立てとして、ユニバーシティ・パークの創立を手伝った。この地域では、生徒の四分の三が無料給食の利用資格があり、入学時に学業が数学年分は遅れている傾向がある。[10]しかし、二〇〇名を超える生徒たちの一人ひとりに合わせた教育を行うことで（第七学年にあがる前に子どもたちが参加するキャンプでプログラムはスタートする）[11]ほぼ全員が大学に進学する。ほぼ全員が家族の中で初めての大学進学者だ。実社会の状況に学生を組み込んで、学士課程のうちに重要な役目を果たせるようにしようというクラーク大学全体の試みの一環として、同校の学生はユニバーシティ・パークで大きな役割を果たしている。

クラーク大学卒業生の理想像を見直したことで、デビッドはカリキュラムに対して劇的な新アプローチをとることになった。従来は、大学は一年生、二年生という風に学年で区分けされている。クラーク大学は、カリキュラム編成の中心になる三つの発達段階を策定することにした。移行段階（大学のコミュニティーの一員としての地位を確立する）、成長・探求段階（枠から飛び出して、ほかの何より情熱や興味が持てることを探す）、統合・実証段階（専攻やそれ以外のコースで学んだことの集大成として、実際的な方法で応用する）の三段階である。自分のペースで段階を進めていくことが奨励される。

デビッド・エンジェルがクラーク大学で行っていることは非常に洗練されているとはいえ、すべての学校長が目指すべきことだ。つまり、生徒と社会の進化し続けるニーズに合わせて学校を作り直し、磨き上げるのである。今は学校経営がこういったアプローチに向かう重大な転換期だとデビッドは言う。

「教育界は、生徒が受けられる教育を評価するための基準として、学習成果に焦点が当てられるようになってきたと私は考えています。これは、この国の教育の未来をより深く考察するための非常に強力なツールとなりえます。『この点において、どういう種類の成果、どういう種類の教育法が重要だろうか』と問いかけているわけです」

枠から外れて現状打破

全米中等学校校長協会（ＮＡＳＳＰ）はこの質問を三〇年以上も問いかけ続けてきた。一九九六年に、ＮＡＳＳＰは「米国の教育制度の変革《ブレーキング・ランクス》」という報告書を発表した。何十年間にわたって行われた試験と観察に基づき、生徒と学校コミュニティーのために学校長が生徒一人ひとりに合わせた教育を行えるように考えられた推奨事項を提示している。[12] 二〇〇七年以来、ＮＡＳＳＰは毎年メットライフ財団とともにリーダーシップ、パーソナライズ化、カリキュラム、学習指導、評価を考慮して全米から数校を大躍進校として表彰している。[13]

最近、NASSPは大躍進校と同様の基準に基づいてブレーキング・ランクス・フレームワークを設立した。これは全国の学校の行動を標準化することを目的としているわけではない。学校独自のニーズに合わせてプログラムをパーソナライズ化するために学校長が参考にするモデルを提供している。NASSPはあらゆる学校長が検討するべきだと考える三つの主要分野を取り上げている。

コラボレーションを基調とするリーダーシップ――共通のビジョンを打ち立て、明確で持続可能な改善計画を策定し、教員に有意義な役割を与える

学校環境をパーソナライズ化する――あまりに多くの生徒がまるで注目されないまま学校生活を終えてしまう匿名性の文化をなくし、生徒一人ひとりに合わせた計画を立案する

生徒のパフォーマンスを向上させるカリキュラム、学習指導、評価方法――知識の幅ではなく深さを重視し、トラッキング・グループ分け［生徒の能力・特性ごとに職業・普通教育を分離して行うこと］に代わる選択肢を提供し、学習内容に現実世界とのつながりを持たせる[14]

また、持続可能な変化を起こせる学校文化を培うためのプロセスも提示している。データ収集と優先順位づけ、計画の伝達、計画の監視、必要であれば調整など、六段階に渡る。さら

に、「学校長のリーダーシップに求められる」一〇のスキルを指摘している。これには学習指導の方向性の決定、リーダーシップの育成、意義あるチームワークの構築が含まれる[15]。

NASSPがブレーキング・ランクス・フレームワークで提供しているテンプレートは、幼稚園から高校修了までの教育全体に適用できる。学校長の仕事というものに対する唯一のアプローチではないが、NASSPが報告書を発表してから二〇年近く、無数の学校を支えてきた。

成果を生み出すもの

第2章で、健康、生態系、公正、ケアという有機農業の四大原則を説明し、それを教育に当てはめてみた。有機農業で大事なのは生産高だけではなく、土壌の生命力と、自然で持続可能な成長を支える環境の質も重視される。教育では、自然で持続可能な学習を支えるのは学校文化と学習環境の質だ。活力にあふれた学習文化を維持するのが校長の主な役割である。

さきほど、機械的な原理による組織図を例に挙げたが、そういう表は組織の構造という点に関してなら少しは教えてくれるものの、実際にそれがどう作用するのかについてはまったく何も教えてくれない。何年か前にニューヨークシティのあるデザイン会社と変化と変革という問題について探求したことがある。有機的なモデルの力について論じた。何週間か後に、その企業はオフサイトミーティングを開いて有機的な原理に基づいて組織図を引き直した。お見せしよう。

組織の根っこは収入が生み出される顧客層にある、と彼らは説明する。企業の成長は営業と収入というふたつの活動の茎と、それぞれの多様な要素が他花受粉することにかかっている。この仕組みがうまくが作動すると、企業は繁栄する。作動しなければ繁栄はない。社長の役割は、ひとつに、企業を理事会の高すぎる期待から守り、人々が働きやすくベストを尽くせる環境を維持することである（ウサギが何を意味しているかは謎）。

学校もある面では企業に似ているが、ほかの面では異なっている。成功する学校には独自の仕組みがある。一般的に、生徒に力を与える学習文化に欠かせない以下の特徴を促進するものである。

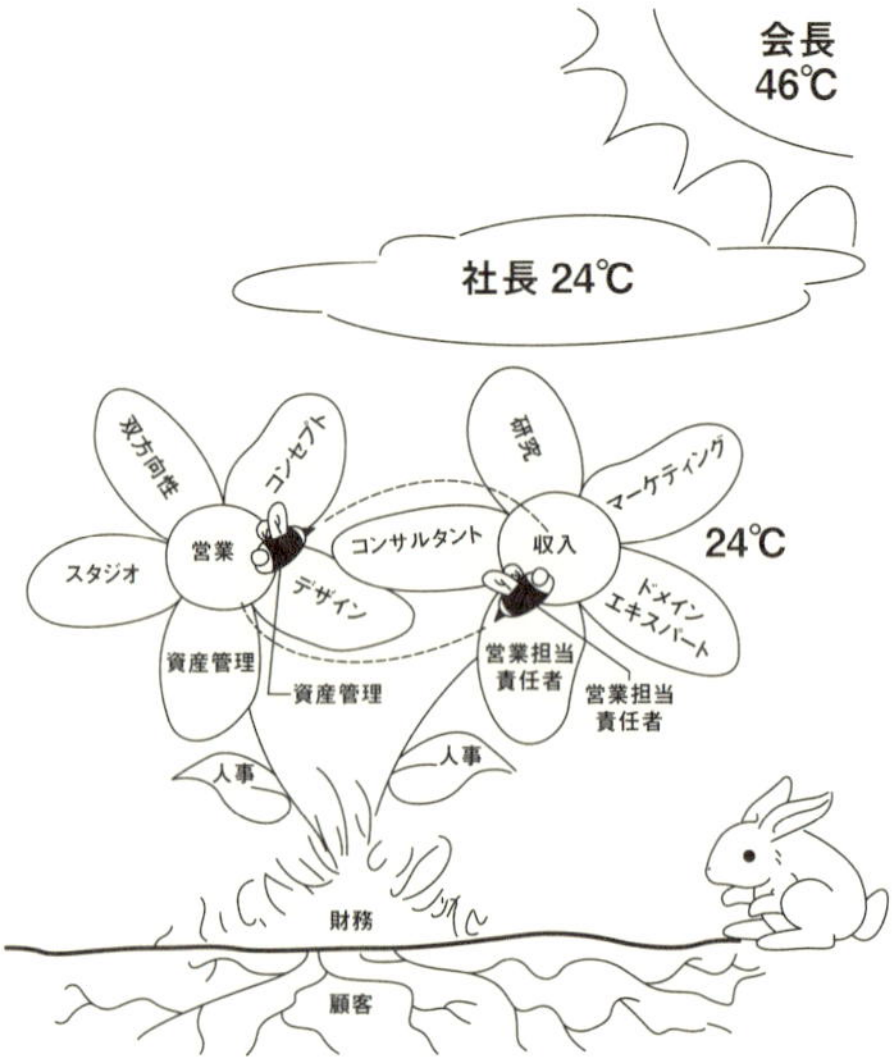

コミュニティー――全員が、たがいのニーズや大志を支え合う、思いやりの心にあふれたコミュニティーへの帰属意識を持っている。これは学校外にも広がり、学校コミュニティーが抱えるすべての家族の願望とすべての提携パートナーを包み込むアイデンティティと目的を、コミュニティー全体が共有している。

個性――全員が独自の才能、関心事、ニーズを持つ個人として尊重されていると感じている。ひとりの人間として、自分自身のこと、自分の価値観や大志、恐れや不安をより深く理解することが奨励される。全員が自分よりも大きなコミュニティーの一部だと感じているが、大衆の中で自分を見失うことはないと分かっている。

可能性――学校は関係者すべてに希望と機会を与える。多岐に渡る才能を認識し、願望を実現させるために複数の道を提示する。全員が共通して知っていなければならないことを学ぶ機会と、全員が自分のやり方で秀でた存在になれる機会を提供する。

学校文化はカリキュラム、学習指導、評価方法により体現される。これまでの章で、その主な特徴を説明してきた。私の見解では、そのすべてが全体的な学校文化に次のように関わっている。

組織は環境に適応することで繁栄する。このことは、新鮮なアイディアや新しいアプローチを試す積極性にかかっている。創造的なリーダーの役目はアイディアをすべて出すことではない。みんながアイディアを持つような文化を醸成することである。この観点から、校長の主な役目は**命令と管理**ではなく、**環境の管理**なのだ。

また、学校文化は学校が置かれた社会全般の環境にも深く影響を受ける。そのため、教育政策の立案者の大事な役目は、学校のために最高の機会を創造することである。このことはのちに取り上げるが、まず、学校のもっとも大切なパートナーである、家庭について考えてみよう。

成長の条件

文化	カリキュラム	教授法	評価
コミュニティー	多様性	インスピレーション	やる気
個性	深度	自信	成果
可能性	原動力	創造性	基準

第9章 家庭で教える

児童や生徒は学校の中よりも外で過ごす時間の方が長い。親など家族は、子どもたちの学校における活躍に大きな影響を及ぼす。学校と家庭が正しい方法で力を合わせれば、すべての関係者にとってさまざまな利点がある。これはいずれの社会的、経済的集団にとってもそうである。とはいえ、今日では学校にとっても生徒にとっても、家族の意味合いに大きな変化が生まれていることが非常に複雑な問題となっている。一体、「親」とは誰を指すのだろうか。

通常、その問いには生物学的な答えがあるものだが、社会的な答えは複雑なものであることが多い。米国では、生みの親と従来の核家族として暮らす子どもはごく少数派である。[1] 親が離婚したか別居中か、または親がそもそもきちんとした関係ではないため、多くが片親と暮らしている。母親が同じだが父親が違うきょうだい、またはその逆パターンのきょうだいと別に暮らしている子もいる。ふたり以上の親とその連れ子たちと一緒に暮らす子もいる。きょうだいや親戚に育てられる子もいる。たったひとりで生きている子も。

代理母や養子により同性カップルに育てられている子どもは、まだ数は少ないが増えてきている。そして、どのような親であっても、長時間勤務の人は多く、職が見つかれば生活のために仕事をかけもちするケースもしばしば見られる。その結果、大勢の若者が結局のところ自分の面倒は自分でみないといけない状況に置かれているのである。

そのため、事情は複雑になっている。本書では、誰であれ、学校外における生徒の幸せな生活に誰より責任を負う人を生徒の保護者と呼ぶことにする。実の両親またはその片方、あるいは養父母かその片方の場合もあれば、そうでない場合もある。保護者が誰かということをきちんと把握することは、学校と生徒にとって共通の課題のひとつだ。

親になってみると、親業というのは思っていた以上に大変だということが分かる。これは断言する。子どもが大きくなっていくのを見守り、子どもとの絆が深まっていくのを感じるのは非常に満たされるものである。しかし、子どもを養うことの実際的、経済的な問題や、親としてのさまざまな役割を担う精神的な負担に、多くの保護者が疲労の色を濃くしている。

子どももまた変わりつつある。身体的成熟のスピードはかつてなく速まってきている。仲間や社会全般の文化的な環境、デジタルな世界やソーシャルメディアの容赦ない要求。そして間断なく関心やアイデンティティや金銭を求めて子どもにつきまとう広告の騒音から、苛烈なプレッシャーを受けている。

あなたが保護者であるなら、どういう風に子どもを支えるのが正しいのだろう。これは複雑な問題だが、研究と実体験に基づいた一般的な助言をここでさせてもらいたい。この際、「これがベストの子育て、教育方法だ」という全世界的に認められたルールはない、ということを認めておこう。文化的な背景や個人的な体験によるところが大きい。このテーマだけを取り上げた、本書よりも分厚い書籍や大量の報告書、学術論文が巷にあふれている。確固とした指導や管理、しつけが正しい子育てだと信じるタイガー・マザー〔エイミー・チュアの著作により米国で有名になった中国式教育ママのこと〕もいるが[2]、それよりも子どもの成長を助けて導く役割がベストだと考えている人もいる[3]。

あなたの考え方がどちら寄りかは、多くの要素で決まる。ここで私が提案するアドバイスも同様に、必然的に私の人生経験や性分に影響されている。この分野におけるほかの意見も、大半が発言者の人生経験と性分に影響されているのだ、と前置きしつつアドバイスに移ろう。

個人として見る

ふたり以上子どもがいる人とよく賭けをするのだが、この賭けにはこれまで負けたことがないし、今後も負けることはない。どういう賭けかというと、子どもたちはそれぞれまったく違っているはずだ、という賭けである。私がそう断言するのは、すべての子どもがあなたと同じく唯一無二の存在だからだ。

きょうだいで似ているところはあるだろう。親戚に似ているところもあるかもしれない。私はそうだし、あなたもそうじゃないだろうか。しかし、大体の点において、個人は誰よりも自分自身に似ている。自分の気質があり、関心事があり、才能があり、性分がある。学校でみんなと同じ道を進むべきだとか、同じ基準で評価されるべきだなどと思いこむのではなく、子どもをひとりの個人として扱うことがその子のためになる。

これほど多くの生徒が落ちこぼれる理由は、ひとつに、個人として扱われていないから、ということがある。その生徒の強みに気づいていないか、伸ばそうとしていないのだ。注意深い保護者ならば、子どもの担任も含めてたいていの人よりも自分の子どもをよく知っている。あなたは保護者として、学校があなたの子どもにそなわった独自の性質や能力を全体的に理解できるように力を貸すという重要な役割を負っている。

子どもはどのような人間になりつつあるのか、常にシグナルを発している。保護者や教師にとって重要なのは、常に目を光らせて注意深く観察することだ。前著の『才能を引き出すエレメントの法則』と『才能を磨く』では、人生の幼年期に異なる種類の活動の手ほどきをうけた人の実例を数多く取り上げた。家族も学校もそのときはまったく注目していなくても、本当の才能は気づかれなくてもみんなの目の前にある。たとえば、レゴでいつまでも遊び続けていた子どもが建築家として大成したり、異常なほどしつこくいたずら書きをしていた子どもが人気漫画家になったり、〝多動性〟の幼児がのちにプロのダンサーや体操選手になったり、読書好きな物静かな子が研究熱心な学者になったり、といった具合である。

人生はまっすぐな線じゃない

標準化教育には、「誰にでも同じアプローチが当てはまる」、「人生は直線的だ」という危険な考え方がひそんでいる。本当のところは、達成にたどりつくための道はいくつもある。大半の人々は標準的な人生の道のりを歩んできたわけではない。思ってもみなかった方向に転がり、新しい興味の対象が見つかり、予定外のチャンスをつかんだりする。自分が受けたたぐいの教育はかならず我が子のためにもなると思い込んで、学校時代に子どもの将来を制限してしまわないことが大切だ。キャリアのためにはある教科のほうがほかの教科よりも絶対に重要だと思うかもしれない。変わり続けるこの世界で、その考えは大きな間違いになりうる。親が子どもにしてあげられる最善のことは、第6章で説明した一般的な能力をその子なりのやり方で伸ばせるように手助けして、その子の才能と一番夢中になれることを見つけてあげることだ。あなたがそうしてきたように、子どもは自分で人生を切り拓いて自分の人生を歩んでゆく。どんなにその子のためを思っても、代わりにその子の人生を生きることはできないのだ。

あなたの選択は？

本書のイントロダクションで述べたことだが、あなたが教育にたずさわる立場にあるのなら、選択肢は三つある。教育制度の中で変革を起こすか、教育制度に対して変革を求めるか、教育制度の外側で行動を起こすか、の三つだ。保護者にもこの三つの選択肢がある。学校と協力して学校を変えていこうとすれば二種類の利点が得られる。

保護者が子どもの教育に関わると、社会経済的な立場や文化的な背景に関係なく、子どもの**やる気と成果**に直接的な影響が出る。「ニュー・ウェイブ・オブ・エビデンス（エビデンスの新しい波）」という報告書によると、親が「子どもと学校について話し、子どもが好成績を修めるものと期待し、大学進学に向けて計画を立てるのを手伝い、学校外活動が生産的なものかどうか確認すると、子どもの成績は向上する」のである。[4]

家庭と連携を取ることで、学校は預かっている生徒の関心事や性格がより深く理解できるようになる。学校と家庭と地域社会のグループが協力して子どもの学習を支えれば、出席率が上がり、中退率は下がる。学校が以前よりも好きになり、成績が上がり、卒業率が上がり、高等教育機関に進学する可能性が高まる。[5]

薬物使用やいじめ、暴力、問題行動など、多くの学校が直面する問題の多くは教室で起こるのかもしれないが、その大元は教室にはない。生徒が時間と労力の大半を費やしている外の世界からもたらされるものなのだ。家庭と地域社会とのより綿密な連携は、こういった問題を理解し、解決に向けて取り組むベストな方法である。

二〇一〇年にシカゴ大学が研究報告書を公表した。この研究では、シカゴの市街地にある低所得者層の生徒が多い小学校を七年にわたって追い、その改善を評価している。[6]「生徒の学校教育に深く関わっている家庭が多い小学校は、関心の低い家庭が多い小学校と比べて数学の成績が上がる確率が一〇倍で、読解力では四倍高かった」

保護者と学校が協力し合うことの利点はほかにもある。学校と家庭のコラボレーションは**学校の改善**を引き起こす強力な原動力となる。これまでに見てきた通り、地域社会との創造的な協力関係を通じて学習指導もカリキュラムもより豊かなものにする機会は、それこそいくらでもある。学校は家庭と前向きな協力関係を築き、子どもの教育についての考えや心配事に耳を傾けるようになると、学習環境を改善し、以前よりも大きな成果を出す傾向にあるのだ。

シカゴ大学の報告書によると、「親と地域社会のつながり」は、強力なリーダーシップ、教職員の質、生徒中心の学習環境、カリキュラムの連携など、教育改革を成功させるための〝五大サポート〟に挙げられている。学校の施設や人員補充の改善を先頭に立って推し進め、カリキュラムの決定にポジティブな影響を及ぼし、より良い課外活動をより多く提供する立役者は保護者と地域社会の団体だと報告書は述べている。同時に、家庭や地域社会が成績の悪い学校の責任を問うと、学区は政策、その実施、リソースにポジティブな変革を起こす可能性が高い。[7]

保護者による指導

これまで不思議に思っているのが、保護者など地域社会の人々の専門的な意見を取り入れてプログラムを向上させることに抵抗を見せる学校があることだ。さきほどスティーブ・リースとマインドドライブの例で見たように、そういった意見を取り込むことで大きな成果につながるものだ。そのため、大半の学区が保護者や地域社会の声をもっと取り入れていかない（それどころか締め出している）のは理解に苦しむ。

私の共著者であるルー・アロニカも、子どもの学校との関わりで同じように不思議に思ったことがあるという。学年が始まるときに、ライティングのプロジェクトに関してどんな形でも力を貸しますよ、とルーはいつも担任の先生に申し出る。彼は小説とノンフィクションのベストセラー作家であるだけでなく、受賞歴もある編集者でもあり、さらに、大学での副専攻は教育学で、ニューヨーク州での教員資格を有している。だから、決して素人が気まぐれで超微細手術を行おうと申し出たわけではない。それなのに、毎年、せいぜい職業の日に来校してもらう程度で、教師も学校経営者も彼の申し出を断った。ルーの近所の人も専門分野でお手伝いを申し出ると同じような経験をしていた。

それが今年、一番下の娘が通う小学校が〝クラスター〟という強化プログラムを立ち上げ、四年生と五年生からなる少人数のグループを対象に短編執筆のワークショップを開くためにルーを招待した。ルーのワークショップは大盛況だった。全校中、宿題が出されるクラスターはうちだけだと文句を言いながらも、グループの大半が全五回のワークショップで短編を書き上げた。初回と比べて最終回では作品は見違えるように良くなっていた。ルーが二回目のワークショップに出られなかったときには学校の教員が代役を務めたが、生徒の熱心さに目を見張ったという。

ルーにとっては驚きではなかった。生徒は自分で彼のクラスターを選んだのだから、やる気があってもおかしくない。それはそうだが、あれほど熱心だったのは、全員が創作活動に非常に興味を持っていて、ワークショップの講師が学校の先生ではなく本物の作家であるルーだったからなのだ。地域社会の人々を講師として迎えることの意味合いはここにあり、また、保護者が子どもの通う学校に手伝いを申し出ることが大事なわけもここにある。有能な、専門的な訓練を受けた、熱意にあふれる教師はほかに代えがたい。保護者や地域社会の人が学校教育に力を貸すことができれば、それは誰にとっても素晴らしいことである。

過保護な保護者

ひとつだけ但し書きがある。保護者の学校教育への関与がありがたいものであることを示す非常に有力な証拠はあるものの、超えない方がいい一線もある。全米私立学校協会のパトリック・F・バセット会長によると、保護者が「子どものうしろにぴったりとついて、何か問題があれば手助けしてしまう」〝ヘリコプター・モード〟に入ると過干渉になってしまうという[8]。

バセットが言っているのは、子どものしあわせを思うあまり、うまくいくように細かいところまで口を出す親のことである。子どもの成長の妨げになってしまうことも多い。中でも一番危険なのは、もっと良い成績をつけてくれと教師に訴えたり、子どもが悪いことをしても言い訳したり、罰せられるなら訴えるなどと脅したりさえする過保護な親だと彼は指摘する。

「そういう過保護な親から、生徒は『一生誰かに頼って生きていける』と学びます。『自分では自分のことがどうにもできない、自分の不始末の責任は負えない、だから親がいてくれてよかった』と思ってしまうのです。子どもの選択科目を登録しようとする困った親のケースを大学が報告しているのも、子どもが初めて結ぶ雇用契約の交渉を行おうとする親のケースを雇用主が報告しているのも、大学を出た成人の子どもが『お金を節約するため』に実家に戻ってくるケースが増えているのも、このせいかもしれません[9]」

インディアナ大学の心理学者であるクリス・メーノも同意見だ。ひとりの個人として確立されていくべき人生の段階でこのような共依存の関係にある学生を見かけると、彼女はわざわざ〝説教〟する。親が過保護になる原因は、子どものためを心から思う親心だったり、昔はなかった親子間の〝友情〟だったり、外界の危険から子どもを守ろうとする衝動だったりと、それ自体は良いものであることが多い。が、こういう保護者は我が子に害をなしている可能性が高く、ほとんどその子のためにはなっていないのである。

「子どもは自分自身で問題に対処するスペースを与えられていないとき、問題解決方法があまり学べません。自分の能力に自信がつかず、自尊心にも影響が出てくることがあります。まったく苦労することがない子どもには、失敗を経験することがなく、挫折や、期待を裏切ることを異常に恐れるようになる可能性があるという問題も。低い自尊心や失敗への恐れは、鬱や不安の原因となることもあります」

メーノがここで話しているのは大学生についてだが、どの学年の生徒にもこの話は当てはまる。子どもが学校で学んでいることや、教師がどうやって教えているかについて関心を持ち続けるのは非常に良いことだ。子どもの代わりに物事をやったり、証拠を突きつけられてもわが子は成績優秀で品行方正な優等生だと言い張ったりするのは然にあらず。ＰＴＡの会合や理事会の会合で発言するのは良いことだ。子どもを特別扱いしてもらおうと圧力をかけるのは良いことではない。

家庭から学校へ

学校と保護者が協力するベストな方法とは何だろうか。ここで紹介した例の多くで、保護者は共同プロジェクトで学校と協働している。学校内で誕生したプロジェクトもあれば、学校外から持ち込まれたプロジェクトもある。そのどれもが、学校と家庭の従来の関係を作り変える一助となっている。

前著『創造的な学習法』で、マンハッタンにある小学校とミドルスクールであるブルー・スクールの変革的な取り組みとその比類ない精神を紹介した。ブルーマン・グループが創立したブルー・スクールは、「変わりつつある世界に合わせて教育を再考する」ことを目的とする。同校のアプローチの根底に流れるのは、「子どもたちの人生にふさわしい、そして子どもたちに与えたい世界にふさわしい教育にとって大事なことは何か」という問いである。ブルー・スクールが出した答えは、「調和が取れた持続可能な世界をつくるために勇敢で変革的な発想を行う、創造的で、学習を心から楽しみ、思いやりの心を持つ学習者」の育成、である。学校の教育は「創造力を養い、学力を促進し、人間関係をはぐくみ、学習意欲を刺激する、質問主体の教育法」によって実践されている。

同校は子どもたちの育成を助けるために「生活のすべての面において人との深い絆ができるように機会を提供します。子どもたちがたがいに尊重し合い、協力し、リーダーシップを発揮し、他者を導き、人の話に耳を傾け、人としての誠実さを身に付け、人々の違いを尊重し、対立を解消するように支えます。一生を通じて人間関係がうまくいくように必要な社会的スキルの習得を手伝います[10]」

学校長のアリソン・ゲインズ・ペルはこう述べている。「もし、学校が子どもたちの知性を抑えつけるのではなく、尊重したらどうなるでしょう？　子どもたちの質問や世界についての疑問によって、人としての自然な創造欲、行動欲に基づいてカリキュラムをつくり上げたら？　創造性や変革をさまたげるのではなく、はぐくむような教育プログラムを開発したらどうなるでしょうか？　学校を縛りつける慣習から、そして米国教育界の議論や実践を麻痺させる共通テストから解放された学校が、変わりつつある世界の中で大胆不敵な行動を取る発明家、アーティスト、変革者を生み出したらどうなるでしょうか？　子どもたちが将来送ることになるだろう人生に、子どもたちに送って欲しいと思える人生に合わせた学校教育をおこなったら、一体どうなるでしょうか？」

ブルー・スクールの中心にあるのは、家庭と学校が協力して子育てや教育に取り組むべきだという信念である。年度を通して、保護者は子どもたちの学校での学習と発達に密に関わり合う。保護者だけでなく、学習者自身も。保護者と生徒と教職員が一緒に力を合わせて学び、絆を築き、一緒に遊ぶというのは、同校での学校生活に欠かせない重要な一面だ。毎年、「ディスカッショングループ、地域社会の集い、もっと堅苦しい行事まで……学校のミッションとビジョンを支援し、大人たちの活力あふれるコミュニティーの中で交流するために」、生徒の家族を招いてイベントが開催される。

年度中に保護者はラウンドテーブル（円卓会議）などのイベントに招待される。その目的は以下の通りだ。

・ブルー・スクールの教育上のミッションと目標を支援する
・家庭と学校の絆を強化する
・学校コミュニティーへの保護者の積極的な参加を援助する
・保護者間で密なコミュニティーを形成する
・ブルー・スクールのコミュニティーに属する全員の間で効果的なコミュニケーションが取れるようにする
・ブルー・スクールの教育の枠組みに対するより深い理解を促進する

こういった学校とそのパートナーや保護者のコミュニティーの密接な協調関係は、宣伝目的のものではない。同校の哲学、そして同校の定義の中枢にあるものなのだ。これこそ、ブルー・スクールが教育と、子どもたちに暮らしてほしい、維持して欲しいと願う世界を再定義することができた大きな理由である。ブルー・スクールだけではない。全米PTAは学校教育における子どもの擁護者として米国最大かつ最古の組織である。何百万人もの保護者、教育者、地域社会の住民が加わっている。生徒が成功するための教育参加の見本となる「家庭と学校のパートナーシップの全国基準」を発表した。その六つの基準は以下の通りである。

1 **生徒の家族全員を学校のコミュニティーに歓迎する**——家庭は学校生活に積極的に参加する。学校生活において歓迎され、尊重され、たがいに、そして教員とも連携し、生徒の学習内容や活動内容も知らされている。

2 **効果的なコミュニケーション**——家庭と教員は生徒の学習について定期的に、双方向性の意味あるコミュニケーションを取り合う。

3 **生徒の成功を支える**——家庭と学校における生徒の学習と健全な発達を支えるために家庭と教員は常に協力し合い、そのための知識とスキルを強化するための機会を定期的に設ける。

4 **すべての子どものために声を上げる**——家庭は、我が子とよその子を擁護し、生徒が公正な扱いを受け、人生で成功するために学習の機会を手にすることができるように目を光らせる力を与えられている。

5 **力を共有する**――家庭と教員は子どもや家庭に影響を与える決定において平等なパートナーであり、方針、慣習、プログラムの作成にともに取り組む。

6 **コミュニティーと協働する**――家庭と教員は地域社会の人々と協力して、生徒や家庭、教員が学校外での学習の機会や地域社会での奉仕活動、市民活動への参加の機会を得られるようにする。[11]

全米ＰＴＡのオーサ・ソーントン会長は、「家庭の教育参加は子どもたちの宿題を手伝ったり、学校での会合に顔を出したり、先生に話を聞くだけではありません」と言う。「国際レベルの教育を子どもたちに提供するために必要なリソースを学校が確保できるように、地元の教育委員会や州政府、連邦政府に働きかけることも活動のうちです[12]」

また、米国教育省も家庭の教育参加について発言しており、「教育のパートナー――家庭と学校のパートナーシップのための二重の能力育成の枠組み」という（やや堅苦しい）タイトルの報告書を発表した。[13] この報告書では、家庭と学校が協力することの重要性が強調されており、保護者と教育者が実現を目指すべきだと考える状況、目標、成果を挙げている。この枠組みは、学校も家庭も協働の能力に欠ける非力なパートナーシップから、〝四つのＣ〟（能力《ケイパビリティ》、つながり《コネクション》、認識《コグニション》、自信《コンフィデンス》）を通じて、学校と家庭が力を合わせて生徒の成功を支援する効果的なパートナーシップに移行するためのプロセスが提示されている。

教育者にとって、この枠組みは家庭の知恵と絆を認め、保護者の教育参加を歓迎する文化を築き、生徒の学習を向上させるために保護者と学校の交流を活用する機会を授けてくれるものである。家庭にとっては、「人種や民族、学歴、ジェンダー、障がい、社会経済的地位に関わらず」、保護者が学習の見本となりながら、子どもを支え、励まし、子どものために発言することができる環境を提供してくれる。[14]

家庭の教育参加は重要だが、学校の助けなしには実現できない。学校は保護者を参加させるために積極的に働きかけ、保護者のワークショップや定期的な会合を奨励し、教員、家庭、地域社会の人々との間に信頼関係と協働関係を築く必要があることが多い。

ジョージ・ルーカス教育財団が創立した非営利団体のエデュトピアは、学校をより魅力的なものにするための一〇のアドバイスを教育者に向けて発表しているが、保護者も子どもが通う学校との関係においてこのアドバイスを指針にできる。[15]

・保護者がいるところに出向く――Facebook や Twitter、Pinterest といったソーシャルネットワーキングサイトを活用し、保護者を学校の情報の輪に入れて、交流をうながす。

・全員を歓迎する――地域社会には英語を母語としない家庭も多いことを認識し、そういう保護者とコミュニケーションをとるためにテクノロジーを活用する。

・仮想的に支援する――ウェブベースのツールを用いて〝教室がのぞける仮想の窓〟を提

供する。教室用ソーシャルネットワーキングサイトのエドモードや、宿題管理ツールのブラックボード・ラーンなどを推奨。
・スマートフォンとスマート**スクール**――グループメールや家庭との連絡に役立つアプリを活用して、家庭の学校教育への参加をうながす。
・メディアを活用する――学校での活動や教育改革について議論するオープンフォーラムを開くための題材としてメディアの話題作を利用する（たとえば教育関連の新しい書籍や映画のリリースなど）。
・家庭で読書時間を設ける――リード・アクロス・アメリカやファースト・ブック、エクスペリエンス・コーなどのプログラムを利用して、読書を家族全体の活動として促進する。
・話し合いの場を家庭に――二者面談の逆を行き、教師に家庭を訪問させる。
・**生徒主体**の保護者会議――学習内容を紹介したり、得意なこと、課題、目標を披露したりして、生徒に保護者と教員の会合を進行させる。
・家庭を動かす――家族のアクティビティとして、エクササイズや遊びを取り入れた学校の行事を企画する。
・保護者とのパートナーシップを築き上げる――保護者の積極的な教育参加をうながすために、保護者主体の読書会の立ち上げや、家族への質問を取り入れた課題など、さまざまなツールを活用する。

九〇年代後半に、ロサンゼルス郡の公立学校によって、低所得世帯の多い都心部にある学校の改善に広範なアプローチを採用するイニシアチブが発足した。このイニシアチブで得られた主な教訓は、保護者の教育参加の大切さだった。英語を話せないか、話してもカタコトという保護者が多く、複数の仕事をかけもちしていて学校の行事や会合に出られない人も多いため、保護者の教育参加はこの地域では特に難しい問題だった。

さらに、こういった保護者は「英語が話せないのなら子どもの教育には関われない」と言われたも同然の経験を持ち、学校教育制度の中でのけ者にされていると感じている人が多かった。このイニシアチブで発足したのがファミリー・イン・スクールだ。こういった障害を乗り越えて、保護者、生徒、教育者を共通の目的のもとに団結させるのがその目標である。[16]

ファミリー・イン・スクールのオスカー・クルツ会長はこう語る。「子どもの教育に保護者が関わり、支援することの重要性は分かっています。ただ、保護者の参加促進における学校の役割はあまり理解されていませんでした。保護者の教育参加は純粋に保護者の責任だと思われていたのです。英語を話せない保護者が学校に情報を求めて来校したとします。教員は一目見て、『まず英語を学んでください。英語が話せるようにならないと、お力になれません』と言うんです。保護者はこういう壁に直面しています。保護者の教育参加をうながす学校の戦略としては、学校を訪れるあらゆる保護者が歓迎され、尊重されるように、教員の育成研修を行うことが考えられます」

「学校が保護者をどのように扱っているかを真剣に検討し始めると、『労働組合は教員評価に保護者のフィードバックを使うことを支持するだろうか』、『労働組合は学区の契約交渉で保護者に今までよりも発言権を与えることに同意するだろうか』などなど、とても根深い利害関係が出てくる。形式主義が力をふるい、政治的かけひきも教育界にはびこっています。多くの場合、生徒の学習成果よりもそういったことの方が優先されてしまうのです」

「保護者が大事だということは昔から分かっていました。問題は、特に低所得者層の地域では、保護者を今までよりも歓迎し、支えるには、学校内の状況をどう変えなければならないか、ということなのです」

ファミリー・イン・スクールはこの問題に三つの分野で取り組んでいる。第一に、保護者が子どもの学校教育により積極的に参加するためにはどうすればいいかを学ぶための多文化向け資料の作成。第二に、保護者との上手な付き合い方を教えるための教員研修の援助。第三に、このふたつのイニシアチブへの予算割り当てをうながすため、学区レベルでの政策の変更を求めていくこと。予算不足で教員研修が行えない学校のためには、ファミリー・イン・スクールが研修を行うこともある。

保護者の教育参加をうながす唯一の方法は、家庭での子どもの学習に保護者が参加するのを手伝うことだとオスカーは理解している。そのためにファミリー・イン・スクールが立ち上げたプログラムをここでふたつ紹介しておこう。ひとつ目はミリオン・ワード・チャレンジ。これは、学校外での読書を奨励するために、ロサンゼルスの学校を対象に開催される企業協賛のコンテストである。このコンテストは保護者の参加がカギとなっていて、保護者は子どもが読書記録をつけて進み具合を報告するのを手伝う。ふたつ目はリード・ウィズ・ミーという貸出文庫で、本がたくさん詰まった二〇個のバッグをいくつもの教室に与え、生徒は本を家に持ち帰って家族と一緒に読む。本を貸してもらえるおかげで、読書時間は一日二〇分長くなった。

「保護者の教育参加について議論がどんどん高まってきています」とオスカーは言う。「ニュースからも、州レベルの政策からもそれはうかがえます。保護者が学校を仕切って変革を求めています。以前よりも情報が手に入るようになり、そのおかげで保護者は主体的に子どもの教育に取り組むようになっているのです。ほかにも良い変化としては、より多くのラテン系や少数派のリーダーが権力の座につくようになったこと。問題の本質が把握できているので、解決策を打ち立てています」

「学校における保護者の教育参加の仕組みを見てみると、保護者が発言できる正式な場が用意されていません」とオスカーは言う。「ＰＴＡかもしれないし、学校側の評議会かもしれない。しかし、人々が決定を下すために情報が提供されればパートナーシップが生まれ、共通の理解が生まれ、たがいに敬意が生まれるという、本当の意味で民主主義的な組織というものはまだ実現されていません。保護者が学校のパートナーとなるためには、情報を充分に与えられる必要があり、それは学校の責任なのです」

オスカー・クルツとファミリー・イン・スクールの教員が保護者と都市周辺部の学校との関係性を変えようと尽力してきたのは、あらゆる人にとって大事な理由のためである。それは、どこに暮らしていても、どのような社会経済的立場でも、保護者が子どもの教育に関心を持てば、子どもが成功する可能性はずっと高くなるということだ。

よく子どもに教えよ

最大級の保護者の教育参加は、ここ数年で増えてきたホームスクーリングである。変人のやることだとかつては思われていたが、今では主流派になってきている。米国教育省によると、二〇一一－二〇一二年度では学齢期の子どもの約三パーセントが自宅で教育を受けている[17]。ホームスクーリングをひとつの選択肢とみなすべき強力な理由はいくつもある。ひとつに、共通テストに合わせた学習指導の偏重を避け、子どもが真の関心事や情熱を見つけるスペースを与えることで、他所で取り上げた、一人ひとりに合わせた教育に関するいくつかの問題に対処できるということが挙げられる。ホームスクーリングを受けた生徒は学力試験やＳＡＴでほかの生徒よりも成績が良いことを示唆する証拠が出ている。

クイン・カミングスは『娘と学んだ〝危険な学習〟の一年《イヤー・オブ・ラーニング・デンジャラスリー》』で娘のアリスにホームスクーリングを施した経験をつづっている。以下、引用する。

娘アリスのことを誰よりも良く知っているのは夫と私であって、学校でアリスがあまり勉強していないという事実をこれ以上無視していることはできなかった。〝さぼり〟の上品な言い換えが尽きたときによく言う通り、娘は「可能性を生かし切れていなかった」。同時に、学年があがるたびに宿題の量が増え、突然興味を持ち始めたことを追いかけたり、どれかひとつの教科を深く勉強したり、意味のない活動に夢中になったり、創作意欲が降ってわいたからというだけで何かを創ってみたりするための自由時間が少なくなる。私は娘に多くのものを与えたかった。知性と自信を高めて欲しかったが、また、友達と遊んで、本を読んで、音楽を聴いて、どこかに行く用事もすることもなく長い午後をただぼんやり過ごすという贅沢な退屈を味わってほしかった。[18]

クイン・カミングスがここで言っているのはホームスクーリングを支持する最大の理由だ。つまり、子どもに学習をうながすべきところはうながす一方で（たとえばアリスの場合、余りの出る筆算ができないふりをすることが多かった）、心のおもむくままに学習したり、自分で発見したりするためのスペースをたくさん与えることができる。

ローガン・ラプラントはこの考え方を支持することだろう。ローガンは第四学年からずっとホームスクーリングを受けてきた十代の少年である。ホームスクーリングにより教育を受けたことで、一部の分野は深く追求しつつ、広範な教育を受けることができたという。「もちろん、いくつかの分野に特に力を入れていますが、ほかもおろそかにはしていません。学校で習った教科はひとつ残らず今でも勉強しています。ただ、やり方が違うだけで。僕のカリキュラムはごちゃまぜです。数学は従来の方法で学んでいます。オンラインで、だけど。また、インターンではデザインを通じて数学を学んでいます。ある学年で学ばないといけないことはすべてカバーしていますよ」

ローガンは、友人たちが受けた従来の学校教育よりも、このアプローチによる学習経験の方がずっと価値が高いと考えている。「歴史の授業の次は数学、その次は理科とかそんな感じなので、僕の友達はかなり苦労させられています。各科目を深く勉強しているわけじゃない。もっと深く掘り下げて、あるトピックで複数の教科をまとめて勉強したいんです。僕が今年の秋に受けた政府についての講座がそうだった。米国政府の歴史を南北戦争までさかのぼって学んで、その上芸術も勉強しました。政府というひとつのテーマにいくつかの教科が詰め込まれているんです」

二〇一三年にローガンはＴＥＤｘネバダ大学で講演した。利用できるさまざまなリソースを活用して教育を〝ハッキング〟し、自分にとって一番だと思えるカリキュラムをつくり上げた体験について話した。「地域社会での機会や、家族や友人を通じて得られる機会を活用しています」と彼は講演で語った。「自分が学習していることを経験できる機会を活用しています。より良い結果を早く出すために、ショートカットやハッキングも恐れずに使いながら[19]」

オンラインのコースや専門の家庭教師、地域発展学習プログラムの助けを借りて自分でホームスクーリングを行う保護者もいるが、ローガンはほかのホームスクーリングを受けている子どもたちと一緒にもっと幅広い地域の教員グループに教わっている。「先生の中にはネバダ大学リノ校の化学の教授もいます。あの政府についての講座みたいに、夏季プログラムだけ教える生徒のお母さんもいます。文学の修士号を取っている人もいて、ライティングを教えてくれています。週に一コマか二コマで、全部で八週間くらいです」

ホームスクーリングにも課題はある。最近、全米教育協会が「保護者の選択に基づくホームスクーリングの教育では、広範な学習経験を生徒に提供することはできない」と発言している。[20]また、ホームスクーリングだと人づきあいの能力が未発達になると懸念する声もあがっている。もちろん、年数千ドルから一万ドル以上にもなる費用の問題もある。最後に、毎日かならずこれほどの長時間を子どものために費やさなければならない。家庭をもったときにそれほど子育てに時間がかかると思った人はまずいないだろう。

これらの問題はどれも軽視できないものだが、プラス面の方がマイナス面を上回ると考える保護者は増えてきている。もちろん、生徒一人ひとりに合わせた教育において、ホームスクーリングが家庭による最大限の教育参加の形であることは否定しがたい。そして、舞台が家庭であれ、学校であれ、教育をより個人的で、面白く、充実したものにするというのがその目的なのである。

第10章 環境を変える

どんなに学校が変革を行おうとしても、学校文化は学校を取り巻く政治情勢に大きく影響される。地方自治体や中央政府の政策による支援があれば、学校変革もずっと根差しやすくなる。そのためには、政策立案者はそういう変革を促進する自分たちの具体的な役割を理解する必要がある。

政策立案者とは誰のことを指すのだろうか。それは、誰であれ、学校が準拠しなければならない規定や実際的な条件を定める人のことを指す。教育委員会や教育長、政治家、組合の指導者が含まれる。異なる（しばしば対立する）利害関係が複雑に絡み合っているのである。私はこれまで世界中の初等教育から高等教育まで、それこそあらゆるレベルの政策立案者と仕事をしてきた。その大半が、自分たちの政策が影響を及ぼす学校のことを真剣に考えていて、生徒のためになる政策を作ろうとしていた。多くは難しい状況で最善を尽くしていた。実現したい目標を図らずも阻害するような政策の策定に、善意からはげんでしまう人もいた。

この通り、政策策定というのは複雑な環境に置かれた難しい問題である。それが、間違った目的に重点を置いていたり、実際の学校運営と戦略が噛み合っていなかったりすると、さらにひどいことになる。それでは、一般的に学校変革における政策立案者の役割とは一体どのようなものであるべきなのだろうか。そして、学校が**経済的**、**文化的**、**社会的**、**個人的**な四つの基本目的を達成するのを手助けするために、実際には何をするべきなのだろうか。

＊＊＊

その答えを提示する前に、政策立案者と教育者のある一団が、米国の非常に貧しい地域で教育文化の変革にどのように取り組んでいるかを見てみよう。教育標準化運動の文化の枠を超えて、地元の公立学校に革命を起こそうとしている。

成果のもと

サウスカロライナ州の成績は良くない。全米学力調査（ＮＡＥＰ）によると、二〇一三年に読解力と数学の両方で習熟レベル以上だった四年生と八年生（ＮＡＥＰが対象とするのはこの二学年）の割合は国内平均よりも低い。四年間で生徒の四分の一が高校を中退しており、卒業者の四〇パーセントが大学に進学する前にレメディアル教育［大学で必要となる学習内容を学び直すための補習］を受ける必要があった[1]。レメディアル（やり直し）教育は資金繰りに苦しむ州にとって年二千一〇〇万ドルの支出となっている。世論調査では、サウスカロライナ州の公立学校に通う子どもの保護者のうち四分の三が学校制度に大きな変革が必要だと回答している。しかしそのためには、この地域社会に根づいている学校制度に関する信念をどうにかしなければならない。

これはかなりの逆境だが、熱意に燃える教育者の一団がこの挑戦を受けて立った。二〇一二年一〇月、州の教育委員会に問題点や課題を概説した変革報告書を提出。州内で必要な変化を起こすための援助者について問うと、経済発展に重点を置く非営利団体のニュー・カロライナの名前が州議会で挙げられた。チームはニュー・カロライナと会合を設け、共同でトランスフォームSCを立ち上げた。本書執筆時で、このプログラムはまだ勢いを増している段階だが、その野心やアプローチは州の教育制度に新しい重要な方向性を与えてくれることを約束している。

モリヤ・ジャクソンはニュー・カロライナで教育イニシアチブ担当ディレクターを務めている。ニュー・カロライナは「点と点をつなげ、人々を超党派的なひとつの集団にまとめあげる団体」だということを誇りに思っていると話してくれた。最初のステップは、まず地域社会の人々と話をして、州教育の改善のために何が最重要の変革だと世間では見ているかを探る。書類は整っていても、大規模な変革が根づくのに必要な支持を得るためには世論に沿っていないといけない。「反応に圧倒されてしまいました」とモリヤは言う。「上院議員も、下院議員も、市役所職員も、保護者も、教員も。本当に人の心をつかむことができたと思いました。学校で起こっていることを心から気にかけてくれていた。これで確かな土台ができました」

「変化は起こせるということを示したいんです。短期的には、意識のすり合わせを行います。学校の経営者を対象に二一世紀型教育の特徴について合意形成を行い、州の商工会議所でも最近この合意が採用されました。教育者と実業家はまったく違うところを見ていることが多いので、これは大きな成果です」


こういったアウトリーチ活動や教育長との会合を通じて、本書で論じてきた「実践的で協働的なプログラムの比重を大きくしたい」という真剣な声が州内の各地で上がっているということが分かった。サウスカロライナ州の学校はテクノロジーを重要視し、プロジェクトベースの学習モデルへと移行しつつあり、問題解決能力やコミュニケーションスキルなどの過小評価されているスキルの育成に力を入れ、教師の裁量に任せるところを以前よりもかなり増やす一方で、成果に対しては変わらずその責任を問う。また州全体で、新しい形態の評価方法が必要だという認識が強くあった。「形成的評価と総括的評価の重要性は分かっています」とモリヤは言う。「そういう評価を教師が手にするのは年度末で、次に試験結果が出るのは翌年度というのはおかしい。非認知的評価が必要です。プロジェクトベース学習なら、リーダーシップはどう評価できるでしょうか?　コミュニケーションスキルはどう評価しますか?」

「長期的には、少なくとも生徒の九〇パーセントが就職や進学に向けて万全の態勢で卒業できるようにしたいと考えています。これは、試験の成績向上をかならずしも意味しているわけではありません。このことは本当にスマートにやるつもりです。授業が実社会を反映したものにするんです。世の中は変わりつつあります。生徒たちを知識経済における競争に向けて確実にそなえさせないといけません」

ニュー・カロライナは、学校全体の学力文化を改善するために校長と教員に力を与えることに主眼を置いている。「校長や教員の仕事には柔軟性がおおいにありますし、自分たちだけでいろいろと変革を試すこともできますが、『皆さんには味方がいますから安心してください、議会で皆さんのことを擁護しますから』と言ってくれる誰かが必要なんです。サウスカロライナ州の構造は微妙なバランスを保っています。各学区に教育委員会があり、教育委員会が教育長を雇う。州レベルでは、州の教育長にはあまり力がありません。地域社会のご機嫌をそこねたらクビになってしまいます。ですから、『教育長も教員もちゃんとやってますよ』と人々に伝えることで彼らを支援しています」

プログラム立ち上げで一番の難題となったのが、変革が重要だと考えている保護者や議員の間ですら見られる、学校や教育に関する根深い考えだった。「ここ何十年かで初めて、教育改革の必要性を誰もが認めています。しかし、文化を変えるというのは大変なことです。学校がどういうものかは誰でも知っていますから、学校にはとても強い思い入れがあるわけです。それが、学校とは思えないほどまったく別の形に設計し直すなどという話をすれば、地域社会の反発を受けます」

サウスカロライナ州レキシントンにあるリバー・ブラフ高校は、探検学習カリキュラムや、教科書やロッカーを使わないことなど、その進取的なデザインで世間を驚かせてきた。まるでスターバックスのようで、もはや学校ですらないという批判もある。トランスフォームSCがここで遭遇しているのは、教育改革者が世界中で直面してきたこと——つまり、これまで長年信じられてきたビジョンをくつがえすような新しいビジョンが登場したときに起こる断絶である。

「ひとつの強力な変革を起こす方法として、公教育についての議論を変えていくという手があります。明るい面を強調するように努めています。反対派が『そうだね、そんなに悪くないかもしれない』とか、『可能かもしれないね』とか言ってくれるかもしれませんから。活動内容については非常に意図的に話しています。『貧困率が高いからあの学校は成績が悪い』と言うのではなく、貧困率が高くても成績が良い学校を探してきます」。いざスタートすると、このプログラムは勢いに乗った。二〇一三年秋には三七校が参加し、幅広い人口層がその対象となっていた。

成長のための政策

トランスフォームSCや、本書で取り上げたその他多くの例では、トップが出す政策は下からの変革をうながすことに主眼を置いていた。学校が自分で変革を起こせるような環境づくりのための政策なのだ。それはどういう環境なのだろうか。

先に述べた通り、教育における敏腕なリーダーの本当の役割というのは**命令と管理**ではなく

環境の管理だ。教師と校長は生徒とコミュニティーが成長するための環境づくりをしなければならないのと同様に、政策立案者の役割は自分が担当する学校と地域社会のネットワークのために同様の環境づくりを行うことである。教育は**健康**、**生態系**、**公正**、**ケア**の原則に基づくべきだと本書で提案した。この四大原則を実践するためには、政策立案者は特定の環境を用意しなければならない。どういう環境かということは、本書に挙げた多数の実例を見れば分かるが、ここではっきりと提示しよう。

健康を促進する

意欲に燃える学習者

効果的な教育の大前提は、生徒の学習意欲を湧き立てることである。生徒がどのように学ぶのかということを理解し、多様なカリキュラムを提供し、学習意欲を抑圧ではなく刺激するような学習指導と評価を支援する。生徒が学校生活に関心がなければ、教育という名のもとに行われるほとんどすべてのことが無意味になってしまう。生徒が関心を失ったり中退したりするコストは、そもそも生徒に学習意欲を起こさせる学校づくりに投資するコストよりもずっと大きい。

専門的な教師

本書の冒頭で学習と教育とは違うと述べた。教師の役割は学習の手伝いであり、これは専門的な仕事だ。そのため、成績優秀校では優れた教師の雇用、維持、継続的な人材育成をこれほど重視するのである。優秀な教師がいない優秀校は世界中どこにも存在しない。

人の心を動かすビジョン

人を突き動かすビジョンや目的意識があれば、奇跡的な成果が達成できる。そのビジョンは一人ひとりの心をつかむものでなければならない。朝起きて、どうやったら州の読解力水準が上げられるだろうかと考える子どもはそういないだろう。が、自分自身のために読み書き、計算を学び、歌い、踊り、探求し、実験したい子どもなら無数にいる。そして、子どもたちを支えたいと思っている保護者や教師も無数にいる。こういう人々に必要なのは、何か抽象的な政治論争で統計データとして扱われることではなく、彼らの関心事や事情に合った政策やビジョンなのだ。

生態系をはぐくむ

人にインスピレーションを与えるリーダー

優れたシステムには優れたリーダーが必要である。良い刺激を与えてくれる先生によって生徒が新たな高みに導かれ、学校も明確なビジョンのある校長によってインスピレーションを得るように、学区内、州内の学校もその指導者たちを信じなくてはならない。学校が抱える日常的な指導と学習の問題を政策立案者が本当に理解していることを知り、彼らが策定する政策は学校の利益を最優先して作られているのだと信じなければならない。政策立案者は、実際に学校教育を行う人々の信頼と尽力なしには学校の学力を上げることはできないのだ。

整合性と一貫性

健康的な制度は各要素が他の要素を支えるホリスティックなものである。教育もそうであるべきだ。教育のように多くのサブシステムやダイナミクスをそなえた複雑なシステムでは、異なる利害関係を持つ集団の関心事がすれ違っていくというリスクが常にある。優良校では、教育のビジョンがすべての段階、レベルにおいて実践されている。学校を通り過ぎていくのは命ある人々であり、彼らに一貫した学校教育を提供するということは二の次にされるべきではない。

上手なリソースの配分

成績優秀校はリソースに恵まれている。これは金銭面の話だけではない。教育の質はそれにかけた金額にかならずしも関係しているわけではない。本書で取り上げた実例の中には、資金が限られている中で非常に高度な教育を実践している学校もある。米国全体では、世界中どの国よりも生徒一人頭にかける教育の支出額は高いのだが、世界最高の教育制度を持っているとはとても言えない。すべては、リソースをどこに集中させるかにかかっているのだ。成績優秀校は特に人材育成や適切なテクノロジー、そして個々の学校では手が届かない共通の支援サービスに投資する。

公正さを促進する

パートナーシップとコラボレーション

教育標準化運動は生徒間、教師間、学校間、学区間、そして今では国家間の競争に根づいている。人生におけるほかの側面でも競争はあるように、教育においても競争は必要である。しかし、人と人を競い合わせる制度というのは、人が物事を達成する仕組みを根本的に誤解している。学校内でも、学校間でも、そして他の集団や組織との間でも、素晴らしい教育を生み出すのはパートナーシップとコラボレーションなのだ。

戦略的な変革

現状から新しいパラダイムに移行するには想像力とビジョンが必要である。また、ケアと判断力も必要となる。〝ケア〟というのは、新しいアプローチを責任を持って模索しつつ、これまでうまくいっていたことは守るという意味だ。体系的な変革を成功させる非常に強力な戦略のひとつに、違うやり方を試してその利点を体験してみるという戦略がある。変革は、特定の状況を超えた意味合いを帯びるとき、他者にも自分の置かれた状況で同様の変革を起こそうと思わせるときに、戦略的な変革だと言える。

擁護と是認

政策立案者には、地域で変革が積極的に求められ、支援される環境づくりという役割がある。変革を起こすのは困難であることが多い。特に、長年常識とされてきた慣習に挑む場合はなおさらそうである。許される行動と許されない行動という許容のラインを決めるのが文化だとさきほど述べたが、政策立案者は、変革を擁護し、新境地を切り開くために古い習慣を捨てるゴーサインを学校に出すことで、あらゆるレベルにおいて変革を起こしやすくすることができる。

ケアする

高い水準

学校にとって、学習の全分野において高い水準を保つことは重要だ。それは疑う余地がない。水準が高ければ、生徒は上を目指し、自分の想像を超えた高みに到達することができる。これは音楽にも舞踊にも、数学にも工学にも当てはまる。効果的な教育のためには、水準に達することはそれ自体が目的になるのではなく、あくまで学習意欲を駆り立てるものでなくてはならない。この水準の具体的な内容について合意を形成し、またその合意に至るためにたがいに尊重し合う協働のプロセスを持つことが重要だ。

理にかなったアカウンタビリティ

高い水準は生徒のためだけではない。学習指導、運営、リーダーシップにも欠かせない。アカウンタビリティは一方通行のものであるべきではない。もちろん、教育者はその能力と成果に責任を負うべきである。が、彼らの仕事に影響を及ぼす政策立案者も責任を問われるべきなのだ。アカウンタビリティという語は責任と管理を示唆する。人々の責任を問うのであれば、その人の管理下にあるものに対してであるべきだ。知的なアカウンタビリティの制度は、学校教育のすべての分野とレベルを対象とし、生徒の生活において学校が緩和はできても制御はできない要素をきちんと考慮に入れるべきである。

持続的な人材育成

教職は非常に大変な職業である。世の中が変わり、教師の仕事に対する要求も変わる中、教師が専門的な知識や技能を磨く機会が定期的に設けられることは大事だ。学校の育成はつまり人材育成なのである。教師の持続的な人材育成は贅沢な話ではない。生徒や学校、そしてコミュニティーの成功のために欠かせない投資なのである。

進路変更

教育標準化運動が意図された通り進んでいるのなら、進路を変更する必要はない。しかし予定通りには進んでいない。世界中の政策立案者がそれは承知している。変革の中でもとりわけ興味深い例が、かつて教育標準化運動を支持した州で起こっている。NCLB法は主にテキサス州を発信源とする政策に基づいているのだが、テキサス州の一部は今では生徒の多彩な才能や異なる地域のニーズをきちんと考慮した、パーソナライズ化された戦略に向けて進みだしている。

これこそ、テキサス州選出のベテラン議員ジミー・ドン・エイコックが私に話してくれたときに念頭にあったことだった。「細長い風力発電地帯から製油所、それからその途中にあるすべての地域と、テキサス中で経済的、社会的な問題は大きく異なります。その地域ごとの教育戦略を策定するための手段を各学区に与えることが非常に重要です」

ジミーが立案した第五下院法案は二〇一三年にテキサス州議会の下院と上院の両方で満場一致で成立し、卒業の条件やテキサス州の生徒が受けなければならない州試験の数に大きな影響を与えた。また、高校卒業後の人生の目標はさまざまであることを鑑みて、卒業への新たな道を提供する。

「私の議会における仕事はすべて教育関連のものです。実際のところ、『隠居生活から私を引きずり出すほど重要だったのは教育だけだ』とよく私は言っているんです。テキサスの生徒の四〇パーセントから五〇パーセント近くが就職への準備もほとんどできていないまま、職につけるような学歴もないまま放り出されてしまう。そんなことは許されません。この法案で、大学に進学しない子どものためにもちゃんとした教育が提供されるようになってもらいたいものです。学力の問題で進学しない子もいますが、経済的な事情で進学しない子もいるし、ただ行きたくないだけという子もいます。何かやりたいことがあるけれども、そのために四年制の大学に行く必要はないというケースです」

「高校時代に習うのでも、高校卒業後に習うのでも、子どもの大半が何らかの高度な技能訓練を必要としているということは、ほとんどの人が認めるところでしょう。この法案は、就職に役立つスキルや就職に直結するようなスキルセットの習得に向けて生徒が動き出せるような柔軟性を与えてくれます。大学に行かないからといって落伍者ではありません。何か目標が実現できることを知ると、子どもや保護者は教育に関心を取り戻し、以前は分からなかった教育の目標も見えてくる、ということが分かってきました。就職やキャリアの決定が向上するだけでなく、『重要な結果につながるならやってみる』と大学に進学する生徒も増えるかもしれません。こういった対話というのは今までなかったものです。生徒と保護者の心がつかめるだけでも成果はあったと思います」

「ハイステークス・テストの実施数を一五回から五回に減らしました。それでも、来年は四人にひとりの生徒が卒業できない。一五回実施していたら、卒業できない生徒は四〇パーセントを超え、五〇パーセント近くなっていたかもしれません。そういった生徒の多くが履修科目は修了して、その科目で良い成績は取っていることでしょう。ハイステークス・テストを年度末にいくつも行うと、学校の成績は良くて、やらないといけないと思ったことはすべてやっていても、期末試験に合格できない生徒が出てくるのです。良い成績が簡単に取れすぎるのか。それとも試験に問題があるのか。または、生徒たちが試験を苦手としているのか。おそらく、そのすべての要因が混ざり合っているのだと思います」

「この法案は、ちゃんと機能するためには試験、カリキュラム、アカウンタビリティという三つの要素を取り上げないといけないため、いくぶん多元的になっています。この三つは意図的にまとめて取り上げられています。どれかひとつだけを取り上げてほかのふたつには対処しなかったら、悪い結果になっていた可能性が高いと思います。しかしこの三つの兼ね合いを取れば、『これは生徒のため、これは州のニーズに応えるため、そしてこれが学区の責任を問うためのより良い方法です』という法令の大要のようなものができるわけです。とても実用的な法案で、教育者の大半は喜んでくれています。保護者や生徒も喜んでくれているようです。が、教育改革者の中にはこの法案に満足している人もいれば、していない人もいるようで」

「法案に対して懸念の声をもっとも声高く上げた人たちはＮＣＬＢ法を熱心に支持していた人々なので、試験をもっと数多く実施して、水準を上げて、プレッシャーをかけ続ければ教育の成果が出せると思っているんです。私自身、そのように考えていた時期はありました。しかしその発想は教育を機械的にとらえているということに気づいていなかった。工場生産のような考え方です。人はみんな同じではないということを考慮に入れていません。何人かで同じことをやっても、まったく違う結果が出ることもあります。それで、私はそういう発想をやめました。そして、ＮＣＬＢ法は基本的にそういう考え方に拠るものだと気づきました。私はもうそういう考え方は信じていないんです」

標準化からパーソナライズ化への移行、準拠から創造への移行は、米国だけで起きているわけではない。世界各地で起こっており、等しく劇的な結果を引き起こしている。

違うやり方で

政策立案は集団的プロセスであり、また複雑なプロセスでもある。しかし真の変革者は、情熱に燃えるひとりの個人がプロセスを一変させ、世界を変えることを知っている。そういったリーダーシップは、ときに呼びかけに応えることから生まれることもある。

アルゼンチンに走った稲妻

アルゼンチン経済が二〇〇一年に急落し、シルヴィーナ・グヴィルツは学者としてのキャリアで舵を大きく切らないといけないと自覚した。博士号を取得し、教育に関する研究にたずさわっていたが、母国でこれほど多くの子どもたちが貧困に突き落とされてしまったのを見ると、象牙の塔から出ていかなければと思った。そこで彼女は数多くの大企業から補助金を得て、資金繰りに苦しむ学校の教育の質を上げるために大胆なプロジェクトを立ち上げた。国中の貧しい学区とともに、学校改善のための活動に地域社会を巻き込んでいくイニシアチブを指揮。中退率は三〇パーセントから一パーセントへ激減、留年率（生徒がある学年を繰り返した率）は二〇パーセントから〇・五パーセントになるという目覚ましい結果が得られた。

「地元のパートナーと協働しました」と彼女が話してくれた。「地元の政策を強化するために地域限定にして、地元の教員と校長と力を合わせました。大事なことは、一緒に達成したい目標を校長たちに分かってもらい、それを校長たちから先生方に伝えてもらうことです。罰則は決して用いませんでした。教室で先生方と一緒に具体的な問題を検討しました。医者は何人かで一緒にひとつの症例を検討しますが、それにかなり近いものがありました。先生方は味方がいる、力になってくれる人がいる、と感じられたそうです」

このプログラムは成果を上げ続けていたが、規模が問題だということにシルヴィーナは気づいた。本当にできるかぎり多くの生徒を助けたいのなら、生来の気質には合わないけれども政界に身を投じるしかなかった。それでブエノスアイレス州の教育大臣になり、この役職を八年近く務め上げた。直近では、アルゼンチンの生徒たちにテクノロジーを伝授するためのプログラムであるコネクタル・イグアルダッドを発足させた。本書執筆時で、アルゼンチンの生徒たちに三五〇〇万台のネットブックを配布している。ネットブックには学習補助のオープンソースのアプリケーションがいくつも搭載されているが、火を点けることが最初からプログラムの目標だった。

「私にとって、子どもには三種類あります」と彼女は言う。「テクノロジーの受け身的な消費者。よく知られているプログラムを利用しますが、テクノロジーのことは理解していません。次に、知的な消費者。インターネット上で善と悪の判断をつけられる子たちです。テクノロジーについては受け身の消費者よりも詳しいですが、自分で制作するほどではありません。それから、制作もおこなう子たち。オープンソースだと自主制作ができます。創造的な子どもになってほしかったら、プログラミングを教えないといけません。コンピューターをそれまで手にしたことがなかった子にコンピューターをあげれば、デジタル格差が緩和されます。ほかの分野でも、子どもたちの創造性を高めるのにも非常に便利な機器です」

かつては純粋に理論の世界に没頭していたシルヴィーナ・グヴィルツは、今やコネクタル・イグアルダッドの事務局長、アルゼンチン国立科学技術研究会議（CONICET）の研究者、ニューヨーク州立大学オールバニ校客員教授、ふたつの教育書プログラムの編集委員長と、複数の分野でリーダーの位に就いている。リーダーになることを時勢が求め、彼女はそれに応えたのである。

創造的な中国

江学勤は中国が問題を抱えていることに気づいた。数値上は何ひとつ問題なかったが（先述の通り、PISAの最新ランキングでは上海が一位に君臨している）、それは容赦ない詰め込み型勉強法と試験で良い点数を取る方法ばかりに重点を置いた勉強法によるものだった。この勉強法では「生徒の生来の好奇心や創造性、学習欲を殺してしまう、功利主義的で、道徳心に欠け、近視的な行動が高得点をもたらします。一般的に、成果や目標をプロセスや姿勢よりも重視する教育制度はいずれも生徒にとって良くないというのが私の考えです[2]」。この制度は〝高考〟制度と呼ばれている（中国における大学入試のこと）。

西洋の教育が産業革命に合った制度をモデルとしたように、高考制度は中国ができるかぎり多くのエンジニアと中間管理職を必要としていた時代に合わせて作られた。この制度は大量生産が目的で、大量の生徒を米国の大学院に留学させる。しかし中国は変わりつつある。中産階級が拡大し、製造業への偏向が弱まってきた。これまでとは違う種類の生徒を生み出さなければならない。「中国が進歩するのなら、異なるスキルセットを持った人々が必要です。起業家、デザイナー、経営者――つまり、中国にはいない人種が必要なのです」と彼は言う[3]。

それで、二〇〇八年に江学勤は深圳に新しいタイプの学校を創立するために動き出した。この学校の生徒たちは高考を受験せず、作文により多くの時間をかけた。コーヒー店と新聞社の運営を手伝った。起業すること、そして人に共感することを学んだ。社会奉仕活動に参加した。

以来、江学勤は清華大学付属中学国際部の教頭となり、この次世代型教育を中国で促進することに引き続き取り組んでいる。最近、著作『クリエイティブ・チャイナ』を出版したが、同書では創造性を教えてきた彼の体験談と、このアプローチを広げていくためのプラットフォームについて語っている。

中東で変化を求める

Ｄｒ・アミン・アミンは人間の能力育成こそアラブ諸国における最大の課題だと考えている。「二一世紀型人的資本の必要性が高まっているアラブでは、結果を出し、生徒一人ひとりのニーズに完全に応えられる教育が求められ、既存の教育制度にこれまでにない圧力がかかっています」と彼は言う。[4] このため、彼はアスク・フォー・ヒューマン・キャパシティー・ビルディング（〝アスク〟は「姿勢《アティチュード》」のＡと「技術《スキル》」のＳと「知識《ナレッジ》」のＫの頭文字を合わせた略語）を創立した。[5] アスクの主な目標に、アラブに新しい世代の批判的思考者を生み出す教育を提供する、というものがある。この教育は、教員養成、教員免許試験、カスタマイズしたコンテンツの開発、モニタリングと評価、ＮＧＯと学校へのコンサルティングの五つの分野にまたがる。

二〇一一年以来Dr・アミンの活動に影響を受けた学校は四〇〇〇校にものぼり、すでに多岐に渡る効果をもたらしている。このため、メンタリング団体であるモーグリ財団により年間最優秀国際事業アドボケイト・メンターに選ばれた。[6]

スコットランドを生まれ変わらせる

現在、決して見逃せない国家的教育事業がスコットランドで実施されている。このイニシアチブは本書で論じてきた原理や条件の多くを体現している。その中心には、全校的な変革の全般的な枠組みである〝卓越のためのカリキュラム〟がある。フィンランドのカリキュラムと同様に、[7]そして英国や米国の教育改革イニシアチブの多くとは異なり、卓越のためのカリキュラムはスコットランド全土に渡る教育者、保護者、生徒、企業、地域社会のリーダーとの長期にわたる話し合いを経て策定された。スコットランドの教育の未来に対して大胆なビジョンを掲げ、それを実現させるための広範な枠組みを提示する。これは上から押しつけられた規範的な枠組みではない。A+のように、生徒やコミュニティー独自のニーズに応えるために学校側にかなりの裁量を与えている。このイニシアチブの根底にあるのは、プログラム実施における問題点の思慮深い分析と、理路整然とした変化の理論である。

このイニシアチブは、教育者と政策立案者と研究者の世界的な集団である国際未来フォーラム（IFF）と協同で開発された。IFFは私と同じく、変化を起こすために必要な三つの形の理解を定義している。ＩＦＦはこれを三つのホライズンと呼ぶ。第一のホライズンは既存の体制であり、第二のホライズンは移行のプロセス、第三のホライズンは変革のプロセスが目指す新しい環境を指す。スコットランドから大西洋を隔てたカナダのオタワで起こりつつある変革の核にあるのもこれと同じ原理である。

オタワに耳を傾ける

ピーター・ガムウェルは私と同郷で英国リバプール出身だが、今はオタワ・カールトン教育委員会（ＯＣＤＳＢ）の教育長を務めている。ＯＣＤＳＢはインクルーシブ（包括）教育［障がい児と健常児を区別せず、すべての子どものニーズに多様な教育形態で応える教育］と創造性を追い求め、世界中の教育委員会の唱道者となっている。

ピーターによると、ＯＣＤＳＢにとっての分岐点は二〇〇四年に学区がさまざまな教職員を対象に行ったリーダーシップについての会合で訪れた。ピーターや関係者が会合を開始してから半時間くらい経ったときに、部屋の後ろ側で手が挙がった。自分は何のためにこの会合に呼ばれたのかと質問者が聞くと、リーダーシップについての考えをほかの人たちと共有してもらうためだと主催者側は答えた。

この返答に質問者は驚いたようで、学区で二〇年間用務員を務めてきたが、リーダーシップについての自分の意見が価値のあるものだとはまったく思ってもみなかったという。そのとき、教職員、保護者、そしてもちろん生徒を含めたすべての関係者からの創造的な意見を歓迎する学区全体のイニシアチブを実施する必要がある、とピーターは思った。

「誰にでも創造的な能力はあります」と彼が話してくれた。「誰でも内なる輝きを秘めている。それを認識し、尊重し、そこから力を引き出す方法を見つけなくてはなりません。それができれば、教育への主体的な参加、帰属意識、創造性を促進する機会が最大限に得られるのです」

ピーターは創造的な環境づくりのために、「人々が提供できるものを見つけ出し、彼らの話に耳を傾け、独自の能力を発見し、そこから育成していく」ことに関係者全員の力を借りようとした。また、生まれながらにして自分には創造性が本当にそなわっているのだということを学校教育に関わるすべての人に理解してもらえるよう努めた。

「幼稚園の授業を見学して子どもたちを見てみると、創造性にあふれています。しかし、中学校のクラスで『創造的な子は誰かな？』と聞けば、とても信じられないような反応を示します。同級生のひとりかふたりを指差すんです。実に悲しいことです。大人たちも同じでした。私たちの目標は、自分から目をそらすのをやめて、自分の内側を見つめ、一人ひとりがみんな創造性を持っていることを認識してもらうことです」

この目標に向けて、ＯＣＤＳＢは学区全体に創造的なイニシアチブのアイディアを提案して欲しいと呼びかけた。最初は、慎重で消極的な反応しか返ってこなかった。しかし、彼らの意見を本当に必要としていることをピーターと彼が率いるチームが人々に伝えると、何百件も意見が寄せられた。新しい授業のプログラムから、起業を教えることで自閉症の子どもに働きかけるプログラムなどさまざまなアイディアが寄せられ、メンテナンススタッフからはコスト削減案の提案もあった。

イニシアチブの多くは、より多岐に渡る内容の授業を提供するようにして、生徒の視野を広げることで教育をパーソナライズ化することを目標としている。

「数学と言語は重要ではないと言っているわけではありません。もちろん、どちらも重要ですから。絶対的に必要な教科です。そういうことではなく、自分の強みを知らないまま子どもたちが学校を卒業することがないようにする、ということなのです。多くの子にとって、自分の得意なことが分からないまま学校時代は終わってしまいます。『私、何が得意なのか分からない』なんてセリフがただのひとりからも卒業時に聞かれることがないように、バランスを取るということなのです。情熱や能力を生徒と分かち合いたくて心がはやるというような教師が教室にいれば、学習環境にとてもポジティブな影響が与えられます」

ＯＣＤＳＢに見られる創造性と潜在能力の文化を促進したいと考えているほかの学区の政策立案者にはどうアドバイスするか、ピーターに聞いてみた。最初の答えは「でこぼこの道のりにそなえること」だった。ＯＣＤＳＢではこういった変革をただちに楽々と起こせたわけではない。次に、以下のリストをくれた。

・教育機関の温度を測ること。学習文化について人々がどう感じているか調べる。考えを刺激するような難しい質問をする。学習、リーダーシップ、創造性について人びとはどんな見解を持っているだろうか。個人、集団、組織全体のレベルで、組織の中で想像性はどこに位置するだろうか。リーダーシップや理想的なリーダーの特徴や行動についてどういう考えを持っているだろうか。インフォーマル・リーダーシップ［権限に拠らないリーダーシップ］や個人の創造性をはぐくむような組織文化があるだろうか。個人、集団、組織の創造性を助長する、あるいは阻害するようなことを組織はしているだろうか。改善するにはどうすればいいか。忌憚のない意見に耳を傾けること。人々の本心が知りたいのだと伝えること。

・その情報を活用して、強みを生かしたアプローチで文化を変えていく。これはただちに始めること。意見収集で浮かび上がってきたアイディアを取り込んだビジョンやリーダーシップの方向性を協働で作成する。その際、異なるグループすべてのメンバーで協働すること。上下関係がない対等な関係性を築き、また、そういう認識を醸成すること。

・人々の意見を尊重し、その強みを生かそうという姿勢で意見に耳を傾けていることを人々に示せる慣習や仕組みを作ること。

・対話は長期的に、持続的に行う。人々の声を吸い上げるような仕組みを作り上げる必要がある。重要なのは人の話に耳を傾け、ストーリーを伝える文化を持つこと。この文化に対して人々は異なる形で反応するので、意見を提供する機会は複数設けること。人々が本物の帰属意識を感じると学習文化に火がつく。

・組織の壁を壊し、外部から人を招き入れること。まったく異なる視点をもたらしてくれる。企業や地方自治体、芸術や科学の団体、その他多くの組織がこの新しい、創造の時代にどう対応して、どう運営していくのかを検討する中で、素晴らしい改革の話がたくさん出てきている。そういったパートナーを探し、招じ入れること。訪問すること。対話を行うこと。アイディアが衝突し、好奇心に火が点く中で、異なる種類の原動力が着火することになる。

こういったアプローチが適切に実践されたところでは、アルゼンチンからオタワ、テキサスからドバイまで、同様の結果が出ている。原理と条件が明確なら、なぜどの学校も導入しないのだろうか。

問題は？

本書で論じてきたような変革には障壁が多い。学校などの組織がもともと保守的ということもあれば、必要な変革について意見が対立することもある。または、文化やイデオロギーが障壁となっていることもあれば、政治家の我田引水が原因の場合もある。

リスク回避

ジョン・テイラー・ガットは、『大量指導兵器《ウェポン・オブ・マス・インストラクション》』で学校における変革をはばむ種々の要因について語っている。彼は元ニューヨークシティ年間最優秀教師だが、工場のような教育標準化の文化が教師と生徒のどちらにも及ぼす影響に幻滅して引退した。人生の大半を教育にかけてきたが、「生徒も教師も長期間独房に閉じ込める」学校のことを「子ども人間製造工場も同然」だと思うようになった。なぜ学校がこんなものでなければならないのだろう、と彼には理解できなかった。

「私が自分の経験から学んだことは、ほかの多くの教師も教員生活の中で学んでいるはずです。でも、報復を恐れて自分の胸にしまっているのです。やろうと思えば、古いばかげた構造はすぐにでもコストもかけずに捨て去って、子どもたちがただ学校に通うのではなく教育を受けられるように手助けすることもできる。時間割や教科書、試験をもう少し柔軟にするだけで、真に有能な大人を子どもに与えるだけで、ときどきリスクをとるために必要な自律性をすべての生徒に与えてあげるだけで、好奇心や冒険心、しなやかな精神、驚異の洞察力など、若者の素晴らしい性質をはぐくむことができます。しかし、そういうことを学校はしていません[8]」

古い習慣を変えようとすると、教室から州議会の下院まで、あらゆるレベルで抵抗がある。また、ほかの要素もある。

文化とイデオロギー

教育政策にはどうしても他の文化的要素がからんでくるものだ。また、教育がどのようにほどこされているかというのは地元や全国の文化に深い影響を与える。たとえば、アジアの一部では規律の順守や権威への恭順が学校文化に色濃いが、これはアジアの思想や文化の一般的な伝統に根づいているものである。

米国と英国では、特に右翼の政治家が公教育の解体や民営化を支持することが多い。一般的に市場経済を信奉しているので、学校や保護者が決定を下す際に市場経済の発想を取り入れれば教育も改善されるという見解におのずとたどりつくのである。こういったイニシアチブに対する政治家の熱意は、教育に対するイニシアチブの効能を本当に理解しているためというよりも、その国の文化における資本主義の一般的な価値観によるところが大きい。

収益と影響

チャータースクールや幼稚園や保育園、営利企業が運営するインデペンデントスクールなどを通じて、一部の政治家が公教育に市場経済を導入しようとしている。いずれのカテゴリーも、手厚い支援を受けている公立学校に勝るという証拠は出ていない。[9]

政治と野心

教育分野の政策立案者は、みんながみんな教育を大切に思っているわけではない。一部の職業政治家や公務員は教育をキャリアのステップアップのために使っている。教育における野心がほかの政治的な利害関係や動機に結びついていることもある。試験結果をこれほど重要視するのは、次の選挙戦で使える短期的な成果だからだ。選挙は多くの民主主義国で四年ごとに実施される。ニュース番組の報道が過熱する中、選挙活動は一八ヵ月以上前に始まる。そのため、政治家は当選してから数年のうちに、次の選挙戦の際に遊説でアピールできる成果を出さないといけない。そのためリテラシーやニューメラシー、就職対策などの政治的に関心の集まる分野で数値に出る成果を求める。PISAランキングは政治家の点数稼ぎにもってこいなのである。

命令と管理

政治家は自然と〝命令と管理〟型の教育に惹かれることが多い。生徒個人の充足感や公益の促進を口ではさんざんうたいながら、社会的な管理、服従、大衆の追従は教育の歴史では実例に事欠かない。今も昔も、大衆教育には社会工学の一面がある。政治家の意図は無害のものもあれば、そうでないものもあった。本書の冒頭で教育は「本質的に論争を呼ぶ概念」だと述べたが、事実そうであり、ときに教育の方法だけでなく目的についても意見が分かれることもある。戦略についてどれほど論議を重ねても、思い描く目的が相容れないものなら合意に至るわけがないのだ。

変革を体系化する

教育において変革と可能性の環境づくりをするためには人にインスピレーションを与えるリーダーが必要だと先に述べた。私は光栄にもこれまで何人ものそういうリーダーとともに仕事をしてきた。中でもカリスマ的存在なのがティム・ブリッグハウスである。英国を代表する著名な思想家で、オックスフォードシャーとバーミンガムというふたつの有名な学区に変革を起こした責任者でもあり、さらにロンドンや英国全土に渡って重要な戦略的変革プログラムを実施した人物だ。長年の経験から、ビジョンを変革へと移行させるのは単純な話ではないということを彼は知っている。行動、臨機応変な対応、評価、そして経験と事情を鑑みて新たな方向づけを常に繰り返すというプロセスなのだ。ときに以下の表を使って、ビジョン、スキル、動機づけ、リソース、行動計画という重要な要素の概要を説明する。[10]

変革を起こすにはこれらすべての要素が欠かせない。人に前進してもらいたいのなら、その進むべき未来のビジョンを提示しなければならない。自分には変わる能力があり、変わるために必要なスキルをそなえていると感じさせる必要がある。変わらないといけない大きな理由があり、目指す先は今いるところよりも良いところであり、移行するだけの価値があると感じさせる必要がある。移行を実行するため

ビジョン	スキル	動機づけ	リソース	行動計画	＝	変革

の人的リソースと物的リソースが必要である。また、そこに到達するための説得力のある行動計画も必要である。たとえ内容が道の途上で変わるとしても、少なくとも変革に向けて旅立たせてくれる行動計画が必要なのだ。

変革の最大級の障壁として、その実行のために必要なさまざまな要素が噛み合っていないということが挙げられる。ひとつ以上の要素が欠けていたらプロセスが頓挫しかねない。いや、たいてい頓挫するものである。これを図にまとめると以下のようになる。[11]

	スキル	動機づけ	リソース	行動計画	＝	混乱
ビジョン		動機づけ	リソース	行動計画	＝	不安
ビジョン	スキル		リソース	行動計画	＝	抵抗
ビジョン	スキル	動機づけ		行動計画	＝	欲求不満
ビジョン	スキル	動機づけ	リソース		＝	散乱

これらすべての要素がそろっていれば、人々が今あるところから行きたいところへとたどりつくのを手伝える可能性はかなり高い。リーダーの役割は人々が常に正しい方向を向いているように手を添えることである。それは結局のところ、教育に関わる政策や政策立案者の役割でもある。

あなたがとる行動は？

本書全体を通じて論じてきた原理や条件は、教育が始まった当初から存在してきた。バランスのとれた教育を提供する優れた学校の中心にあるものであり、それは昔からそうだったのだ。私自身、この四〇年間学校や政府と関わってきたが、その活動はいつもこういった原理に基づいていた。そして、本書で数多く取り上げた教育改革の実例は、何らかの形でこれらの原理をはっきりと具現化している。今の課題は、これを世界中で実行することである。何度も力説してきた通り、希望にあふれた優秀な人材をそなえた素晴らしい学校は数多くある。しかし、そのあまりに多くが主流の教育文化に力を得るどころか、そのせいで苦戦を強いられているのだ。

米国の博識な政治家ベンジャミン・フランクリンは、万民のためのバランスのとれた自由教育はアメリカンドリームを人々がかなえるために欠かせないことを理解していた。いや、世界中どこであれ、人々の夢の実現には欠かせないものなのだ。世界がより複雑に、より危険に満ちたものになっていく中、教育を変容させて人々のための学校を作ることは、かつてなく切迫した喫緊の課題となっている。

かつてフランクリンは人には三種類あると言った。動けない人、動ける人、そして動く人である。この意味するところは分かる。変革の必要性が理解できず、理解したくもないという人がいる。早瀬のように出来事が立て続けに起こる中、川の真ん中で岩のようにしゃがみこんでいる。こういう人はほうっておくのがよい、というのが私の助言だ。潮流と時代は教育改革派の側にある。変革の流れにこういった人々は置き去りにされることだろう。

「動ける人」もいる。変革の必要性には気づいている。どうすればいいのかは分かっていないかもしれないが、違う意見を聞いて自分の考えを変えることにやぶさかではなく、考えを変えれば行動を起こすこともできる。こういった人々と協働し、彼らが打ち込めることをやろう。パートナーシップを醸成し、夢や計画を立てよう。

そして、「動く人」もいる。異なる未来の形を思い描いて、自分の行動や他者との協力でその未来を実現させる意志の強さを持った変革エージェント［変革の担い手］である。こういう人は、かならずしも人の是認が必要ではないことを知っている。ガンディーが言ったように、世界を変えたければ、自分自身がその変化にならなければならない。動く人の数が増えていけば、それは運動《ムーブメント》となる。運動が高まれば、それは革命となる。そして、革命こそ教育制度に必要なものなのだ。

あとがき

私は一九六八年に高校を卒業すると、夢のような幸運に恵まれてヨークシャーのウェスト・ライディングにある教育課程と舞台芸術で知られたブレトン・ホールという大学に入ることができた。ブレトン・ホールは、公教育の変革の道を切り拓いた偉大な教育者サー・アレック・クレッグが率いる優秀な学区の中でも突出していた。つまり、三重に素晴らしい大学なのだ。ブレトン・ホールは鋭敏な知性を持つ若き科学者であるＤｒ・アリン・デイビスが率いていた。彼はその魅力や博識、政治的な才覚で教職員と生徒の判断力や感性を磨き上げる、心遣いの細やかなリーダーでもある。

学部にはいろいろなやり方で生徒の知的好奇心を刺激したり、根負けさせたりしてベストを尽くさせる、風変わりで情熱にあふれた講師が大勢そろっていた。それに生徒も並外れていた。年齢も才能も気質もさまざまで、そういう仲間たちと英国でも指折りの景勝地である田園地帯に広がる何十万坪という広大な敷地に建てられた壮大な邸宅で数年間一日中顔を突き合わせて暮らした。しかも無償だった。当時の政府の賢明な政策のおかげだ。実にありがたいことに。

私は教育学の学位と、英語と演劇を小学校と中高で教える資格を取って卒業した。この大学時代に、これまで出会った中でも最高級の先生たちから学び、これまで出会った中でも並外れて才能にあふれる生徒たちと共に学び、人生で知りえた中でもひときわ興味深く創造的な学校で教えることができた。また、公教育に起こっている小さな変化の波と、公教育のパーソナライズ化の必要性に興味を持つようになった。

教育のパーソナライズ化というと革命的に聞こえるかもしれないが、これは新しい話ではない。教育史に深く根差している。一七世紀にジョン・ロックが身体と性格と精神の同時教育、つまり、ひとりの人間を同時に教育することを唱道した。幾多の個人やさまざまな組織が、子どもの発達の自然な流れに合わせてパーソナライズ化された教育や、より公平で文化的な社会におけるそういった教育の重要性を唱えてきた。

パーソナライズ化されたホリスティックな教育の支持者、実践者の間には、多くの文化や観点が見られる。ジャン＝ジャック・ルソーやヨハン・ハインリヒ・ペスタロッチ、ジョン・デューイ、マイケル・デュエイン、クルト・ハーン、ジッドゥ・クリシュナムルティ、ドロシー・ヒースコート、ジャン・ピアジェ、マリア・モンテッソーリ、レフ・ヴィゴツキー、サー・アレック・クレッグ、ノーム・チョムスキー。ほかにも大勢いる。彼らの多様なアプローチはひとつの学派や流派を成しているわけではない。しかし共通しているのは、子どもたちの学習方法や、人として成長するために学ばないといけないことを中心に教育を作り上げようという情熱だ。

マリア・モンテッソーリは医師でかつ教育者だった。二〇世紀前半にイタリアのサン・ロレンソで、恵まれない、障害を抱えた子どもたちを相手に教育者としてスタートを切った。モンテッソーリは一人ひとりに合わせた教育という点を強調した。「教師は子どもが自分から興味を持つかどうかを観察します」と彼女は言った。「どれほど、どれくらいの間、何かに興味を持っているかということや、その表情を観察します」。また、自由の原則を侵さないように細心の注意を払わなければならないとも言っている。「なぜなら、不自然な努力をさせてしまうと、何が子どもの自発的な活動なのか分からなくなるからです」[1]。彼女の学習アプローチにならったモンテッソーリ・スクールは、今や世界中で二万校以上存在する[2]。

ルドルフ・シュタイナーはオーストリア人の哲学者で革命論者だ。シュタイナー教育と今では呼ばれる人道主義的なアプローチの教育学を開発した。シュタイナー方式は、子どもたち一人ひとりがひとりの人間として持っている**すべて**のニーズ（学力面、身体面、感情面、精神面）を中心として築かれている。初のシュタイナー学校は一九一九年に創立された。今日では、六〇ヵ国で三〇〇〇校近くがシュタイナーの哲学とメソッドを用いている[3]。

興味深いことに、シュタイナーは生態系と持続可能性の原理に基づく有機農業のシステムも開発している。彼が提唱したバイオダイナミック農法は、自然界の季節のサイクルに従い、化学肥料や殺虫剤は一切使わない。今では有機農業の実践法のひとつとして世界各地で広く用いられている。

A・S・ニールが一九二一年に創立したサマーヒル・スクールは、それ以降に誕生したすべてのデモクラティックスクールのモデルとなった。同校の哲学は、「どの子どもも自分の人生に責任を負うことができ、自分の理想の人間像に近づくためにみずから関心があることを追求するものなので、生徒には個人としての自由を与える。それが内なる自信と個人としての自己を真に受け入れることにつながる」というものである[4]。

ほかにも例はいくらでも挙げられる。

こういったパーソナライズ化された学習のさまざまなアプローチは、〝進歩主義教育〟という全般的なカテゴリーに分類されることが多い。この進歩主義教育というのを〝伝統的な教育〟の対極としてとらえているように思える批評家もいる。これは悪影響の大きい誤解で、間違った二項対立を数多く生み出してしまう。教育政策の歴史はこの対極とされるふたつのアプローチの間で揺れ動いてきた。一方に大きく振れた直近の例が教育標準化運動である。効果の高い教育というのは常に厳格さと自由、伝統と変革、個と集団、理論と実践、内的世界と外的世界の適度なバランスを取るものなのだ。

かならず揺り返しはある。振り子が次に戻ってくるときには、課題はこれまでと同じく、学校と生徒が釣り合いを取る手助けをすることである。教育において永遠の理想郷というものはない。常に変わり続ける世界の中で、実際の地域社会に暮らす実際の人々のためにベストの環境を作ろうと常に努力し続けるしかない。それが、複雑でダイナミックなシステムの中に生きるということなのである。これは喫緊の課題だ。教育体験は常に個人的なものだが、問題はますますグローバル化してきている。

革命はそれを引き起こす思想によってのみ定義されるものではなく、それが及ぼす影響の規模によっても定義される。思想が革命を引き起こすかどうかは情勢による。つまり、正しいときに充分な人数の共感を得て、行動を起こさせることができたか、ということだ。私が温め続けてきた革命の裏にある思想は昔からあった。ただ、それを求める声が今高まりつつあり、変革は加速化しているのである。

私が提唱する原理や実践方法の多くは、教育史上、公立学校、学区全体、実験的な学校、貧困にあえぐ都市部、牧歌的な私立学校、そして今では少なくともある一国全体で、限られた形であっても実践され、成功を収めてきた。何がこれまでとは違うのだろうか？　第一に、人々を取り巻く環境が急速に変化しているため、こういったアプローチを適切に理解し、大規模に実践することが緊急に求められている。第二に、今ではまったく新しい形で教育のパーソナライズ化を可能にするテクノロジーが存在する。第三に、教育についての考え方や実践方法に大変革を求める声が世界各地でうねり高まっている。

本書で取り上げた学校はいずれも生徒一人ひとりと向き合った、厳格な教育を実践している。誰もがこういう教育を必要としているが、これまであまりに多くの人々があまりに長い間こういう教育を受けることはできなかった。これらの学校は長きにわたって行われてきた改革の一端を担っている。しかし今度は、限られた一部の人々のためだけでなく、あまねくすべての人々のための教育でなければならない。学校教育にかかっているものはかつてなく大きく、教育の成果がこれほど重要性を帯びたことはいまだかつてないのだから。

脚　注

イントロダクション　午前0時の1分前

1. 本書における全体的な主張の土台となる概念や慣習の一部については他の著作や出版物でより詳しく述べた。『演劇を通じた学習』(1977年)、『アート・イン・スクール』(1982年)、『私たちみんなの未来』(1999年)、『アウト・オブ・アワ・マインズ』(2001年、2011年)、『才能を磨く～自分の素質の生かし方、殺し方～』(2013年) などがある。
2. 特にTEDでの講演が好評を博して以来、私は世界中のそれこそいろいろな人々と私のアイディアについて論じ合い、また私の考えに同意してくれる人や意見をたがえる人による評論も拝読してきた。私と同意見だと言う人でも、私の主張を本当に理解したらおそらく同意はしないだろうと思える場合もあった。そして、私の意見を間違った形で提示し、その誤解のもとに批判する人もいた。私は自分の意見であればいつでも説明するのにやぶさかではないが、自分の意見でないものを説明したいとは思わない。教育を前進させるのであれば、私たちが一体何について合意しているのか、何について意見を違えているのかはっきりさせることが重要である。読者諸兄姉が私の考えに対して意見を決められるように、私の見解を本書でできるかぎり明確にするよう努める。以下のURLを参照。
http://edition.cnn.com/2002/ALLPOLITICS/01/19/bush.democrats.radio/index.html.

第1章　基本に立ち返る

1. 学校が自由に動くために法令の隙間を見つけ出して、スモーキーロードが9年前には思いもよらなかったような進歩を遂げるのを手伝うと、ローリーは次

の挑戦へと進んだ。実は、彼女とのインタビューはエバーグリーン学区の教育長に就任するローリーがモンタナ州カリスペルへと自動車を走らせる道中行ったのだ。それ以来彼女とふたたび話す機会はないが、生徒たちのために何がベストかということを、伝統にも外部の命令にも決めさせてはいないことだろう。

2．“Bush Calls Education 'Civil Rights Issue of Our Time.'” CNN.com, January 19, 2014. 以下から取得。
http://edition.cnn.com/2002/ALLPOLITICS/01/19/bush.democrats.radio/index.

3．2012年に、中国の習近平国家主席は「中国の人民は人生を心から愛しています。より良い教育、より安定した雇用、より高い収入、より手厚い社会保障、よい良い医療ケア、改善された住宅事情、より良い環境を求めています」と述べている。“Transcript: Xi Jinping's Speech at the Unveiling of the New Chinese Leadership (video).” *South China Morning Post*, November 15, 2012. 以下を参照。 http://www.scmp.com/news/18th-party-congress/article/1083153/transcript-xi-jinpings-speech-unveiling-new-chinese.

4．「教育の質が改善されたときにようやく、テクノロジーと知識を最大限生かして国を導くことができる［……］青少年を形成することができる」とルセフは論じている。Edouardo J. Gomez. “Dilma's Education Dilemma.” *Americas Quarterly*, Fall 2011.

5．Organisation for Economic Co-operation and Development (OECD). “PISA Key Findings.” 以下から取得。http://www.oecd.org/pisa/keyfindings.

6．たとえば以下を参照。http://internationalednews.com/2013/12/04/pisa-2012-headlines-from-around-the-world/. または、以下を参照。
http://www.artofteachingscience.org/pisa-headlines-from-the-uk-world-league-standings.

7．U.S. Department of Education. “The Threat of Educational Stagnation and Complacency.” 2012年PISAランキングの発表に対するアーン・ダンカン教育長官の2013年12月3日の発言。以下を参照。http://www.ed.gov/news/speeches/threat-educational-stagnation-and-complacency.

8．「1位をめぐる競争《レース・トゥ・ザ・トップ》は米国の教育において歴史的な瞬間を刻んでいる。この

イニシアチブは、米国の学校における学習指導と学習を改善するために体系的な改革を行う用意のある州に対して大胆なインセンティブを提供する。レース・トゥ・ザ・トップは特に学力向上、大学進学や就職準備に合わせた政策や構造の構築などの分野において教育制度に大きな変化をもたらした。全米中の州がより高い標準を追い求め、教師の有効性を改善し、授業でデータを効果的に用い、苦戦している学校を助けるために新しい戦略を導入することにつながった」The White House. "Race to the Top." 以下から取得。
http://www.whitehouse.gov/issues/education/k-12/race-to-the-top.

9. "Background and Analysis: The Federal Education Budget." *New America Foundation Federal Education Budget Project*, April 30, 2014. 以下から取得。
http://febp.newamerica.net/background-analysis/education-federal-budget.

10. Sean Cavanagh. "Global Education Market Tops $4 Trillion, Analysis Shows." Education Week.com, *Marketplace K-12*. February 7, 2013. 以下から取得。
http://blogs.edweek.org/edweek/marketplacek12/2013/02/size_of_global_e-learning_market_4_trillion_analysis_how.html.

11. Elizabeth Harrington. "Education Spending Up 64% Under No Child Left Behind But Test Scores Improve Little." CNSNews.com, September 26, 2011. 以下から取得。
http://www.cnsnews.com/news/article/education-spending-64-under-no-child-left-behind-test-scores-improve-little.

12. U.S. Department of Education. "A Nation at Risk: The Imperative for Educational Reform." April 1983. 以下を参照。
http://datacenter.spps.org/uploads/sotw_a_nation_at_risk_1983.pdf.

13. World Bank Education Statistics. 以下から取得。
http://datatopics.worldbank.org/education/EdstatsHome.aspx.

14.「構造は共通であっても、独自の環境にあり、いまだ多くの生徒にとって高校生活は学校ごとに別々で不平等な経験である状況を鑑みて、21 世紀における高校の目的とは何だろうか」とジョンズ・ホプキンス大学所属の研究者であるロバート・バルファンツは問う。「証拠の重みは、学校に通う生徒の間でも、学校を組織する学区や州の間でも、学校や生徒の特徴に関わらず、今日で

は高校の主な目的は大学進学に向けて進学準備教育を行うことであるというコンセンサスが高まりつつあることを示している」

15. この傾向の参考になる分析については以下を参照。Diane Ravitch. *Reign of Error: The Hoax of the Privatization Movement and the Danger to America's Public Schools*. New York: Knopf, 2013.
16. National Center for Education Statistics. "PISA 2012 Results." 以下から取得。
http://nces.ed.gov/surveys/pisa/pisa2012/index.asp.
17. OECD. "PIAAC Survey of Adult Skills 2012— USA." 以下から取得。
http://www.oecd.org/site/piaac/surveyofadultskills.htm.
18. Paul R. Lehman. "Another Perspective: Reforming Education— The Big Picture." *Music Educators Journal*, Vol. 98, No. 4 (June 2012), pp. 29-30.
19. "2006 National Geographic Roper Survey of Geographic Literacy." *National Geographic*. 以下から取得。http://www.nationalgeographic.com/roper2006/findings.html.
20. たとえば2008年は以下を参照。
http://www.theguardian.com/education/2008/nov/19/bad-at-geography.
また2013年は以下を参照。
http://www.britishairways.com/en-gb/bamediacentre/newsarticles?articleID=20140115072329&articleType=LatestNews#.VG226zB1-uY.
21. 英国では、大卒の失業率は2000年には5.6パーセントだったのが2011年には12パーセントに上昇している。この期間、ヨーロッパ大陸では大半で上昇が見られたが、1、2ヵ国例外はあった。特に、フィンランドでは失業率が14.8パーセントから7.4パーセントに低下している。2011年10月に、米国で2011年に大学を卒業した20歳から29歳の青少年の失業率は12.6パーセントだった。学士号を取得したばかりの人の失業率は13.5パーセント、修士号や博士号を取得したばかりの人の失業率は8.6パーセント。直近でもっとも失業率が高かった2009年10月よりはいくぶん状況が改善されているものの、新卒の失業率は2007～2009年の不況以前よりも依然として高い。(http://www.bls.gov/opub/ted/2013/ted_20130405.htm.)。米国では2014年に21歳から24歳の青少年の8.5パーセント、25歳以上の3.3パーセント、新卒の16.8パーセ

ントが“不完全就業”となっている。
http://www.slate.com/blogs/moneybox/2014/05/08/unemployment_and_the_class_of_2014_how_bad_is_the_job_market_for_new_college.html. また、以下も参照。
http://www.epi.org/publication/class-of-2014/. および以下も参照のこと。
http://www.bls.gov/emp/ep_chart_001.htm.

22. European Commission. "Youth Unemployment Trends." Eurostat Unemployment Statistics, December 2013. 以下から取得。
http://epp.eurostat.ec.europa.eu/statistics_explained/index.php/Unemployment_statistics#Youth_unemployment_trends.

23. 1990年～2012年、米国では大卒者の失業率が世界金融危機のさなかである2010年に最高潮に達し、大卒者の平均が約2.9パーセント、新卒の平均が4.3パーセントだった。Jaison R. Abel, Richard Deitz, and Yaquin Su. "Are Recent College Graduates Finding Good Jobs?" Federal Reserve Bank of New York report, *Current Issues in Economics and Finance*, Vol. 20, No. 1 (2014), pp. 1-8.

24. 2008年には、大卒者の35パーセント以上が不完全就業であり、昨年6月までにニューヨーク連邦準備銀行は何と大卒者の44パーセントが不完全就業だと報じた。また、これは不況だけに起因するものではない。2001年から失業率は上がり続けていた。さらに高い学歴を手にすることでは事態は大きく改善しない。実のところ、大学院に進学すると事態が悪化することもある。2008年には博士号や専門職学位を取得した人の22パーセントが不完全就業だった。修士号だと59パーセントにものぼる。

25. "Sustainable and Liveable Cities: Toward Ecological Civilization." *China National Human Development Report 2013*. February 2, 2014. 以下から取得。
http://www.cn.undp.org/content/dam/china/docs/Publications/UNDP-CH_2013%20NHDR_EN.pdf.

26. OECD. *Education at a Glance 2013: OECD Indicators*. OECD Publishing, 2013. DOI: 10.1787/eag-2013-en.

27. 他の種類の借金と異なり、破産により学生ローンから解放されることはない。この事実は債権回収業界にとっては朗報である。2008年の大不況より、

借金取立人は厳しい時代を迎えていた。多くの債務を抱えた企業が債務不履行を起こし、破産手続きをとり、借金取立人は委託手数料を取りはぐれるというわけである。学生ローンは事情が異なり、支払い義務がなくならない。債権回収業者のトップのインタビュー記事を読んだが、業界の未来もこれでまた明るいとうれしそうに語っていた。学生ローンの回収を思うと「よだれが出る」という背筋も凍るような一言は、崩壊しつつある制度の恐ろしい一例だ。

28. Donghoon Lee. "Household Debt and Credit: Student Debt." Federal Reserve Bank of New York media advisory, February 18, 2013.

29. 詳細についてはたとえば以下を参照のこと。Tony Wagner. *The Global Achievement Gap: Why Even Our Best Schools Don't Teach the New Survival Skills Our Children Need—and What We Can Do About It.* New York: Basic Books, 2014.

30. Yong Zhao. "Test Scores vs. Entrepreneurship: PISA, TIMSS, and Confidence." Zhaolearning.com, June 6, 2012. 以下から取得。
http://zhaolearning.com/2012/06/06/test-scores-vs-entrepreneurship-pisa-timss-and-confidence/.

31. "The Enterprise of the Future." IBM 2008 Global CEO Study. 以下から取得。
https://www-935.ibm.com/services/uk/gbs/pdf/ibm_ceo_study_2008.pdf.

32. http://zhaolearning.com/2012/06/06/test-scores-vs-entrepreneurship-pisa-timss-and-confidence/.

33. Yong Zhao. "'Not Interested in Being #1': Shanghai May Ditch PISA." Zhaolearning.com, May 25, 2014. 以下から取得。
http://zhaolearning.com/2014/05/25/not-interested-in-being-#1-shanghai-may-ditch-pisa/.

34. U.S. Census Bureau. "Current Population Survey 2013." *Annual Social and Economic Supplement 2012.* 以下から取得。
http://www.census.gov/hhes/www/cpstables/032013/pov/pov28_001.htm.

35. たとえばワシントンDCやオレゴン州、アラスカ州、ジョージア州、ネバダ州や、多くの都心部の学区で、卒業率は70パーセントを大きく下回る。

36. Henry M. Levin and Cecilia E. Rouse. "The True Cost of High School

Dropouts." *The New York Times*, January 25, 2012. 以下から取得。 http://www.nytimes.com/2012/01/26/opinion/the-true-cost-of-high-school-dropouts.html?_r=3&.

37. Daniel A. Domenech. "Executive Perspective: Real Learning on the Vocational Track." AASA, May 2013. 以下から取得。http://www.aasa.org/content.aspx?id=28036.

38. Mariana Haynes. "On the Path to Equity: Improving the Effectiveness of Beginning Teachers." Alliance for Excellent Education report, July 2014.

39. Richard M. Ingersoll. "Is There Really a Teacher Shortage?" University of Washington research report R-03-4, September 2003.

40. Carla Amurao. "Fact Sheet: How Bad Is the School-to-Prison Pipeline?" PBS.com, *Tavis Smiley Reports*. 以下から取得。http://www.pbs.org/wnet/tavissmiley/tsr/education-under-arrest/school-to-prison-pipeline-fact-sheet/.

41. "School-to-Prison Pipeline." ACLU. 以下から取得。www.aclu.org/school-prison-pipeline.

42. http://www.cea-ace.ca/sites/cea-ace.ca/files/cea-2012-wdydist-report-1.pdf.

43. "South Korea: System and School Organization." NCEE. 以下から取得。 http://www.ncee.org/programs-affiliates/center-on-international-education-benchmarking/top-performing-countries/south-korea-overview/south-korea-system-and-school-organization/.

44. Reeta Chakrabarti. "South Korea's Schools: Long Days, High Results." BBC.com, December, 2, 2013. 以下から取得。http://www.bbc.com/news/education-25187993.

45. "Mental Health: Background of SUPRE." World Health Organization website. 以下から取得。 http://www.who.int/mental_health/prevention/suicide/background/en/.

第２章　新しいメタファーを見つける

1．Edward Peters. "Demographics." Encyclopedia Britannica Online. 2014年6月17日に以下から取得。http://www.britannica.com/EBchecked/topic/195896/history-of-Europe/58335/Demographics.

2．Thomas Jefferson. *The Works of Thomas Jefferson*, ed. Paul Leicester Ford. New York: G. P. Putnam, 1904.

3．たとえばフランスの中等教育は２段階の構成になっている。第１段階のコレージュは11歳から15歳が対象で、第２段階のリセは15歳から18歳を対象に３年間でバカロレア［中等普通教育の修了資格で大学入学資格、またそのための試験］に向けた試験勉強を行う。イタリアは中等教育を２段階に分けており、前期中等教育は３年間で全教科を教える。後期中等教育は５年間。後期の最初の２年間は必修だが、後半の３年間は選択科目となる。米国の中等教育は義務教育の最後の４年間（第９学年から第12学年まで）で、４年制の高校、または中学の最終学年と３年制の高校を指す。

4．このプロセスについては前著『才能を磨く～自分の素質の生かし方、殺し方』で詳しく述べている。

5．リチャードは2005年に全英教員賞の年間最優秀校長賞を受賞し、2006年にはその活動がポルトガル、リスボンで開催されたユネスコ世界芸術教育会議で表彰された。最近では、教育、リーダーシップ、変革、人間の能力に関して、官民のさまざまな組織と仕事をして世界を飛び回っている。

6．http://www.silentspring.org/legacy-rachel-carson.

7．工業化された生活、または農村での生活が人間の健康に与えた影響については、たとえば以下を参照のこと。T. Campbell, T. Colin, and Thomas M. Campbell, *The China Study: The Most Comprehensive Study of Nutrition Ever Conducted and the Startling Implications for Diet, Weight Loss, and Long-term Health*. Dallas, TX: BenBella, 2005.

8．"Principles of Organic Agriculture." IFOAM. 以下から取得。
http://www.ifoam.org/en/organic-landmarks/principles-organic-agriculture.

9．21世紀型スキル・パートナーシップのウェブサイトを参照のこと。http://

www.p21.org.

10. James Truslow Adams. *The Epic of America.* Safety Harbor, FL: Simon Publications, 2001.

11. "Los Angeles, California Mayoral Election, 2013." Ballotpedia. 以下を参照。 http://ballotpedia.org/LosAngelcs,_California_mayoral_election,_2013.

第 3 章　学校を変える

1. ノーススターのウェブサイトを参照のこと。http://northstarteens.org/overview/.

2. "The Story of Liberated Learners." 以下から取得。 http://www.liberatedlearnersinc.org/the-story-of-liberated-learners/.

3. U.S. Department of Education. "A Nation at Risk: The Imperative for Educational Reform." April 1983. 以下を参照。 http://datacenter.spps.org/uploads/sotw_a_nation_at_risk_1983.pdf.

4. Ibid.

5. フィンランドの教育制度について詳しくは以下を参照のこと。P. Sahlberg. *Finnish Lessons 2.0: What Can the World Learn from Educational Change in Finland?* New York: Teachers College Press, 2014.

6. "What Are Complex Adaptive Systems?" Trojanmice.com. 以下から取得。 http://www.trojanmice.com/articles/complexadaptivesystems.htm.

7. 創発のダイナミクスに関する一般的な議論については以下を参照のこと。 Steven Johnson. Emergence: The Connected Lies of Ants, Brains, Cities and Software. New York: Scribner, 2002.

8. 学習に変革を起こす新しいテクノロジーの可能性の見事な説明については以下を参照のこと。Dave Price. "Open: How We'll Work, Live and Learn in the Future," 2013.

9. Dave Price. *Open: How We'll Work, Live and Learn in the Future City*: Crux Publishing, 2013.

10. Marc Prensky. *Digital Game Based Learning.* New York: McGraw Hill, 2001. また、以下を参照のこと。www.janemcgonigal.com および以下も参照の

こと。McGonigal, ed. *Reality Is Broken: Why Games Make Us Better and How They Can Change the World*. Penguin, 2011.

11. Peter Brook. *The Empty Space: A Book About the Theatre: Deadly, Holy, Rough, Immediate*. New York: Touchstone, 1996.

第４章　生まれながらの学習者

1. Sugata Mitra. "The Child-Driven Education." TED talks transcript. 以下を参照。
http://www.ted.com/talks/sugata_mitra_the_child_driven_education/transcript?language=en.
2. Ibid.
3. Chidanand Rajghatta. "NRI Education Pioneer, Dr. Sugata Mitra, Wins $1 Million TED Prize." *The Times of India*, February 27, 2013. 以下から取得。
http://timesofindia.indiatimes.com/nri/us-canada-news/NRI-education-pioneer-Dr-Sugata-Mitra-wins-1-million-TED-Prize/articleshow/18705008.cms.
4. "The School in the Cloud Story." School in the Cloud. 以下から取得。
https://www.theschoolinthecloud.org/library/resources/the-school-in-the-cloud-story.
5. 公正を期すと、スガタ・ミトラの研究を誰もが支持しているわけではない。特に、従来の教授法や制度を減らしていくことをあまりに強く主張していると考える人は批判的だ。*The Journal of Education* で、Brent Silby はこう述べている。「ミトラ氏はかつての知的伝統主義者的教育モデルは現代社会の問題に対応する力を生徒に授けないと考えている。しかし私は意見を異にする。トップダウンの学習アプローチでは、生徒に土台がおぼつかない知識しか与えず、その上に築き上げることは難しい。過去のアイディアは現代の問題を解決するのに使えないとミトラ氏は主張するが、過去を無視することは危険であると私は考える。知的伝統主義的教育モデルは生徒に知識を築く確固とした土台を提供する。新奇の問題に対処するのであればこれは重要なことである。確固とした礎がなくては、新しい知識を取得しようとする試みは失敗に終わるリス

クがある。21 世紀の問題は歴史の経験と知識の恩恵を手に対処するべきなのである。それこそ、21 世紀を築くことを可能にした知識であるのだから」

6. フリースクールについて詳しくは以下を参照のこと。newschoolsnetwork.org.
7. Jeffrey Moussaieff Masson. *The Pig Who Sang to the Moon: The Emotional World of Farm Animals*. New York: Ballantine, 2003.
8. "Are Crows the Ultimate Problem Solvers?" *Inside the Animal Mind*, BBC. 2014. 以下で入手可能。https://www.youtube.com/watch?v=AVaITA7eBZE.
9. 以下を参照。http://www.koko.org/history1.
10. たとえば以下を参照のこと。*Out of Our Minds: Learning to Be Creative*, chapter 4, *The Academic Illusion*.
11. "The Components of MI." MIOasis.com. 以下から取得。http://multipleintelligencesoasis.org/about/the-components-of-mi/.
12. Karl Popper. *Conjectures and Refutations: The Growth of Scientific Knowledge*. New York: Routledge Classics, 2003.
13. この点や、学習と知性のほかのダイナミクスに関する魅力的で示唆に富む議論については以下を参照のこと。Daniel T. Willingham. *Why Don't Students like School?: A Cognitive Scientist Answers Questions about How the Mind Works and What It Means for the Classroom*. San Francisco: Jossey-Bass, 2009.
14. Carl Honoré. *In Praise of Slowness: How a Worldwide Movement Is Challenging the Cult of Speed*. San Francisco: HarperSanFrancisco, 2004.
15. Joe Harrison. "One Size Doesn't Fit All! Slow Education at Holy Trinity Primary School, Darwen." 以下から取得。http://sloweducation.co.uk/2013/06/13/one-size-doesnt-fit-all-slow-education-at-holy-trinity-primary-school-darwen/.
16. Monty Neill. "A Child Is Not a Test Score: Assessment as a Civil Rights Issue." *Root and Branch* (Fall 2009), pp. 29-35.
17. Peter Gray. "The Decline of Play." TEDx Talks: Navesink. 以下を参照。https://www.youtube.com/watch?v=Bg-GEzM7iTk.
18. Peter Gray. *Free to Learn: Why Unleashing the Instinct to Play Will Make*

Our Children Happier, More Self-reliant, and Better Students for Life. New York: Basic, 2013.

第５章　教える技

1. Melissa McNamara. "Teacher Inspires Kids to Love Learning." CBS Interactive, January 31, 2007. 以下から取得。
http://www.cbsnews.com/news/teacher-inspires-kids-to-love-learning/.
2. Ibid.
3. Rafe Esquith. *Teach Like Your Hair's on Fire: The Methods and Madness Inside Room 56.* New York: Viking, 2007.
4. John Hattie. *Visible Learning: A Synthesis of Over 800 Meta-analyses Relating to Achievement.* London: Routledge, 2009.
5. アリステア・スミスは世界的に活躍する教育コンサルタントである。著作の *High Performers: The Secrets of Successful Schools* で彼はこう述べている。「最高の学校で最高の教師に習う生徒は最低の学校で最低の教師に習う生徒の少なくとも３倍は１年間で学ぶ。そのため、学習指導と教員の質を向上させるために投資することは必要不可欠である」Alistair Smith. *High Performers: The Secrets of Successful Schools.* Carmarthen, Wales: Crown House Pub, 2011.
6. "Gove, the Enemy of Promise." Times Higher Education, June 13, 2013. 以下から取得。http://www.timeshighereducation.co.uk/features/gove-the-enemy-of-promise/2004641.article.
7. こう考えるのは彼だけではない。大学は無用の理論や社会批判を潜在的な教師に吹き込んでいるという意見がある。米国では、多くのチャータースクールが州や連邦政府が課す義務を免除されている。つまり、担当教科について膨大な知識を持っていても学習指導に必要なほかのスキルは習わされなかった教師も雇用できるということである。
8. Jessica Shepherd. "NUT Passes Unanimous Vote of No Confidence in Michael Gove." TheGuardian.com, April 2, 2013. 以下から取得。
http://www.theguardian.com/education/2013/apr/02/nut-no-confidence-michael-gove.

9. "Minister Heckled by Head Teachers." BBC.com, May 18, 2013. 以下から取得。http://www.bbc.com/news/education-22558756.
10. シンガポールでは、教員養成機関は国立教育研究所のみだが、非常に競争率が高く、高校卒業者の上位3分の1しか入学できない。教員志望者は教科だけでなく学習指導の技能にも重点が置かれた厳格なプログラムを履修する。韓国では、高資格を取得した教師のみを採用するために、パートタイムの教師ですら教員資格が必要とされるようになっている。
11. Thomas L. Friedman. "Foreign Affairs: My Favorite Teacher." *The New York Times*, January 8, 2001.
12. Hilary Austen. *Artistry Unleashed: A Guide to Pursuing Great Performance in Work and Life*. Toronto: University of Toronto, 2010.
13. *Wright's Law,* dir. Zack Conkle. 2012.
14. Ibid.
15. Rita Pierson. "Every Kid Needs a Champion." Ted.com, May 2013.
16. Joshua Davis. "How a Radical New Teaching Method Could Unleash a Generation of Geniuses." Wired.com, October 13, 2013. 以下を参照。http://www.wired.com/2013/10/free-thinkers/.
17. 以下から引用。http://www.buildinglearningpower.co.uk. BLPの原理、技法、影響について、より詳しくはウェブサイトを参照のこと。
18. Eric Mazur. Keynote Session, SSAT National Conference. 以下から取得。http://youtube/lDK25TlaxVE.
19. Cynthia J. Brame. "Flipping the Classroom." Vanderbilt University Center for Teaching report. 以下から取得。http://cft.vanderbilt.edu/guides-sub-pages/flipping-the-classroom/.
20. "Up Close and Personal in a Khan Academy Classroom." Khan Academy blog, September 6, 2013. 以下から取得。
http://www.khanacademy.org/about/blog/post/60457933923/up-close-and-personal-in-a-khan-academy-classroom.
21. 元教育大臣のマイケル・ゴヴは、子どもは創造性を身に付ける前に必要なスキルを学ばなければならないと断言したことがある。国語では、「創造性は、自分の内側にあるものを表現できるようになる前に、ある種のスキルや、体系

的な知識を習得することにかかっている……。文章がどのように構成されるのか、言葉が何を意味するのか、文法をどう使うのかを理解していなくては創造的にはなれない」。数学では、「知識を教わっていなければ、数字を自在に使えるやり方を知らなければ、掛け算や筆算が使いこなせるようにならなければ、数学を創造的に用いることはできない……将来私たちの生活をより良くする発見をすることはできない」と続ける。音楽の才能があっても、「まずは音階を習わなくてはならない。創造性が花開くための土台を手に入れないといけない」。これは当たり前のことを言っているように聞こえる。が、多くの常識と同じように間違っているか、よくて半面の真理である。

22. マイケル・ゴヴ教育相（当時）に対する返答として、この点は「ガーディアン」紙への投稿（2013年5月17日）で述べている。
http://www.theguardian.com/commentisfree/2013/may/17/to-encourage-creativity-mr-gove-understand.

第6章　学ぶべき価値のあることとは

1. 以下を参照のこと。http://www.hightechhigh.org/.
2. Jeff Robin. "Project Based Learning." Video, October 15, 2013. 以下から取得。http://dp.hightechhigh.org/~jrobin/ProjectBasedLearning/PBL_is.html.
3. たとえば以下を参照のこと。http://www.coreknowledge.org/ed-hirsch-jr. "About the Standards." Common Core State Standards Initiative. 以下から取得。http://www.corestandards.org/about-the-standards/. ウェブサイトでは、コモンコア学習基準は研究と証拠に基づくもので、明白で、理解しやすく、一貫しており、大学や企業の求めるものに合致し、高度な思考スキルによる厳格な履修課程と知識の応用に基づき、現行の州基準の強みと教訓を生かし、このグローバル経済と社会の中ですべての生徒が成功できるように他の高学力国の教育制度を参考に築かれたものであると述べている。
4. 自分の学校生活を振り返って、チャールズ・ダーウィン（1809〜1882）がこう述べている。「この学校ほど私の知性にとって悪影響があったものはない。厳格な古典教育で、あとは古代地理と歴史を少しばかり教えるだけ。私にとってこの学校は教育の手段としてまったくの失敗だった。私は生涯を通じていか

なる言語もまるで習得できなかった……そのような［古典的な］勉強で私が得られた唯一の喜びは、ホラティウスの頌歌のお気に入りの数篇だけだった」Charles Darwin. *The Autobiography of Charles Darwin.* 以下から取得。http://www.public-domain-content.com/books/Darwin/P2.shtml.

5．こういった進展について前著『アウト・オブ・アワ・マインズ』でもう少し詳しく説明している。

6．第1章で、教育制度の仕組みには国によってさまざまなバリエーションがあり、カリキュラムについても異なる見解があると述べた。それは確かにそうである。しかしまた、多くの国で主流となっているカリキュラムがあることも事実だ。たとえば上海では、本格的なカリキュラム改革が80年代に始まり、概念的、体験的学習へとシフトした。カリキュラムは必修科目、選択科目、課外活動の3つの構成要素に分けられ、繰り返されるフレーズは「すべての問題にひとつ以上の答えがあるべきだ」。これは、数科目に重点が置かれ、生徒に試験での点の取り方を教えることに終始していた時代からの大きな方向転換である。

7．この用語は1960年代に英国の教育者、アンドリュー・ウィルキンソンが造語した。たとえば以下を参照のこと。Terry Phillips and Andrew Wilkinson. *Oracy Matters: The Development of Talking and Listening* (Education, English, Language, and Education series), ed. Margaret Maclure. Bristol, PA: Open University Press, 1988.

8．たとえば以下を参照のこと。William Damon. "Peer Education: The Untapped Potential." *Journal of Applied Developmental Psychology,* Vol. 5, Issue 4, October-December 1984, pp. 331-43.

9．この点について詳しくは、シティズンシップ財団の素晴らしい活動を参照のこと。http://www.citizenshipfoundation.org.uk/index.php.

10. Elliot Washor and Charles Mojkowski. "High Schools as Communities in Communities." *The New Educator* 2 (2006), pp. 247-57.

11. Elliot Washor and Charles Mojkowski. *Leaving to Learn: How Out-of-School Learning Increases Student Engagement and Reduces Dropout Rates.* Portsmouth, NH: Heinemann, 2013. 私は同著の序文を寄稿させてもらったことを非常にうれしく思う。

12. Washor and Mojkowski. *Leaving to Learn.*
13. "Big Picture Learning— A School for the 21st Century." Innovation Unit, November 18, 2013. 以下から取得。http://www.innovationunit.org/blog/201311/big-picture-learning-school-21st-century.
14. 以下を参照のこと。http://www.mmhs.co.uk/we-are-different.
15. 以下を参照のこと。http://www.yaacovhecht.com/bio/.
16. Yaacov Hecht. "What Is Democratic Education?" Schools of Trust YouTube Channel. 以下から取得。http://youtube/BlECircdLGs.
17. Yaacov Hecht. "Democratic Education: A Beginning of a Story." *Innovation Culture*, 2010.
18. 以下を参照のこと。http://www.educationrevolution.org/store/jerrymintz/.
19. これがどのように可能なのか、実際にどのようになされているかを詳しくは本書で説明していないが、他所で説明している。たとえば以下を参照のこと。K. Robinson. "All Our Futures: Creativity, Culture and Education." 1999.

第７章　試験の問題

1. Ronda Matthews. "What Testing Looks Like." 以下から取得。https://www.youtube.com/watch?v=KMAjv4s5y3M&feature=youtube.
2. "Washington State's Loss of No Child Left Behind Waiver Leaves Districts Scrambling." Associated Press, May 11, 2014. 以下から取得。http://www.oregonlive.com/pacific-northwest-news/index.ssf/2014/05/washington_states_loss_of_no_c.html.
3. カーンの活動や提案については以下を参照のこと。http://www.alfiekohn.org/bio.htm.
4. Yong Zhao. "Five Questions to Ask About the Common Core." Zhaolearning.com, January 2, 2013. 以下から取得。http://zhaolearning.com/2013/01/02/five-questions-to-ask-about-the-common-core/.
5. "National Resolution on High-Stakes Testing." FairTest. 以下から取得。http://fairtest.org/national-resolution-high-stakes-testing.
6. Catey Hill. "Will New SAT Raise Test-Prep Prices?" MarketWatch.com,

March 9, 2014. 以下から取得。http://www.marketwatch.com/story/test-prep-industry-expects-banner-year-from-new-sat-2014-03-06.
7. Zach Schonfeld. "Princeton Review Founder Blasts the SAT: 'These Tests Measure Nothing of Value.'" Newsweek.com, April 16, 2014. 以下から取得。http://www.newsweek.com/princeton-review-founder-blasts-sat-these-tests-measure-nothing-value-246360.
8. "Unions Opposed to Testdriven Education." M2 PressWIRE, July 31, 2012.
9. "Colleges and Universities That Do Not Use SAT/ACT Scores for Admitting Substantial Numbers of Students into Bachelor Degree Programs." FairTest. May 13, 2014. 以下から取得。http://fairtest.org/university/optional#5. これにはバード大学、ブランダイス大学、コロラド州立大学、グラムリング州立大学、プロビデンス大学、テキサス大学、その他多くが含まれる。
10. "Testing & Educational Support in the U.S." IBISWorld Market Research Report, October 2014. 以下から取得。http://www.ibisworld.com/industry/default.aspx?indid=1549.
11. "2013 Domestic Grosses." Box Office Mojo Yearly Box Office Results. 以下から取得。http://boxofficemojo.com/yearly/chart/?yr=2013.
12. Monte Burke. "How the National Football League Can Reach $25 Billion in Annual Revenues." Forbes.com, August 17, 2013. 以下から取得。http://www.forbes.com/sites/monteburke/2013/08/17/how-the-national-football-league-can-reach-25-billion-in-annual-revenues/.
13. Alyssa Figueroa. "8 Things You Should Know About Corporations Like Pearson That Make Huge Profits from Standardized Tests." *Alternet*, August 6, 2013. 以下から取得。http://www.alternet.org/education/corporations-profit-standardized-tests.
14. Ibid.
15. Jim Armitage. "Watch Your Language: The Tories' U-turn on Testers." NewsBank, February 19, 2014.
16. Leonie Haimson. "The Pineapple and the Hare: Pearson's Absurd, Nonsensical ELA Exam, Recycled Endlessly Throughout Country." *NYC*

Public School Parents (blog), April 19, 2012. 以下から取得。
http://nycpublicschoolparents.blogspot.com/2012/04/pineapple-and-hare-pearsons-absurd.html.

17. OECD. "PISA 2012 Results." 以下から取得。
http://www.oecd.org/pisa/keyfindings/pisa-2012-results.htm.

18. "Singapore: Instructional Systems." Center on International Education Benchmarking. 以下から取得。
http://www.ncee.org/programs-affiliates/center-on-international-education-benchmarking/top-performing-countries/singapore-overview/singapore-instructional-systems/.

19. Anu Partanen. "What Americans Keep Ignoring About Finland's School Success." TheAtlantic.com, December 29, 2011. 以下から取得。
http://www.theatlantic.com/national/archive/2011/12/what-americans-keep-ignoring-about-finlands-school-success/250564/#.Tv4jn7hW2CU.twitter.

20. Tien Phong. "Vietnam Stops Using Grades in Elementary Schools." PangeaToday.com, July 18, 2014. 以下を参照のこと。http://www.pangeatoday.com/vietnam-stops-using-grades-in-elementary-schools/.

21. "OECD and Pisa Tests Are Damaging Education Worldwide—Academics." TheGuardian.com, May 6, 2014. 以下から取得。
http://www.theguardian.com/education/2014/may/06/oecd-pisa-tests-damaging-education-academics.

22. Joe Bower and P. L. Thomas. *De-testing and De-grading Schools: Authentic Alternatives to Accountability and Standardization*. New York: Peter Lang, 2013.

23. "The Learning Record." FairTest, August 28, 2007. 以下から取得。
http://fairtest.org/learning-record.

24. Erin Millar. "Why Some Schools Are Giving Letter Grades a Fail." TheGlobeandMail.com, April 4, 2014. 以下を参照のこと。
http://www.theglobeandmail.com/news/national/education/schools-that-give-letter-grades-afail/a-rticle17807841/.

第8章 校長のための教育方針

1. 以下を参照のこと。http://en.wikipedia.org/wiki/Alex_Ferguson.
2. Kurt Badenhausen. "Manchester United Tops the World's 50 Most Valuable Sports Teams." Forbes.com, July 16, 2012. 以下から取得。 http://www.forbes.com/sites/kurtbadenhausen/2012/07/16/manchester-united-tops-the-worlds-50-most-valuable-sports-teams/.
3. Jamie Jackson. "David Moyes Sacked by Manchester United and Replaced by Ryan Giggs." TheGuardian.com, April 22, 2014. 以下から取得。 http://www.theguardian.com/football/2014/apr/22/david-moyes-sacked-manchester-united.
4. この点についての優れた論は以下を参照のこと。Simon Sinek. *Leaders Eat Last: Why Some Teams Pull Together and Others Don't*. New York: Portfolio/Penguin, 2014.
5. T. Wagner. *Creating Innovators: The Making of Young People Who Will Change the World*. Scribner, 2012.
6. "House of Commons Rebuilding." *Hansard*, October 28, 1943, November 10, 2014. http://hansard.millbanksystems.com/commons/1943/oct/28/house-of-commons-rebuilding.
7. Tamsyn Imison, Liz Williams, and Ruth Heilbronn. *Comprehensive Achievements: All Our Geese Are Swans*. London: Trentham, 2013.
8. 詳しくは以下を参照のこと。http://www.thethirdteacher.com.
9. "LEEP (Liberal Education and Effective Practice)." Clark University. 以下から取得。http://www.clarku.edu/leep/.
10. "The School with a Promise." Clark University. 以下から取得。https://www.clarku.edu/departments/education/upcs/.
11. "University Park Campus School." *Dispelling the Myth*. Education Trust. http://action.org/content_item/university-park.
12. 当初の報告書を提出して以来、NASSPは教育改革についてさらに6件の報告書を公開し、現在も続いているブレーキング・ランクスのリーダーシッププ

ログラムを立ち上げた。

13. "School Improvement." NASSP. 以下から取得。http://www.nassp.org/School-Improvement.

14. "MetLife Foundation-NASSP Breakthrough Schools." MetLife Foundation—NASSP Breakthrough Schools. May 29, 2014. http://www.nassp.org/AwardsandRecognition/MetLifeFoundationNASSPBreakthroughSchools.aspx.

15. *An Executive Summary of Breaking Ranks: Changing an American Institution.* Reston, VA: National Association of Secondary School Principals, 1996.

第9章　家庭で教える

1．2014年のピュー財団の報告書によると、1960年に米国の子どもの73パーセントが異性愛主義者で初婚の両親と暮らしていたが、1980年にはこの数値は61パーセントになり、2014年には46パーセントとなっている。

2．この子育て法に関する標準的なマニフェストは以下を参照のこと。Amy Chua. *Battle Hymn of the Tiger Mother.* New York: Penguin Press, 2011.

3．それに相対するマニフェストは以下を参照のこと。Tanith Carey. *Taming the Tiger Parent: How to Put Your Child's Well-being First in a Competitive World.* London: Constable and Robinson, 2014.

4．Anne T. Henderson, Karen L. Mapp, and Amy Averett. *A New Wave of Evidence: The Impact of School, Family, and Community Connections on Student Achievement.* Austin, TX: National Center for Family and Community Connections with Schools, 2002.

5．Ibid.

6．"Organizing Schools for Improvement: Lessons from Chicago." University of Chicago Urban Education Institute, January 30, 2010. 以下から取得。http://uei.uchicago.edu/news/article/organizing-schools-improvement-lessons-chicago.

7．Ibid.

8. Patrick F. Bassett. "When Parents and Schools Align." *Independent School*, Winter 2009. 以下から取得。http://www.nais.org/Magazines-Newsletters/ISMagazine/Pages/When-Parents-and-Schools-Align.aspx.
9. Ibid.
10. 同校について詳しくは以下を参照のこと。http://www.blueschool.org.
11. "National Standards for Family-School Partnerships." National PTA. 以下から取得。http://www.pta.org/programs/content.cfm?ItemNumber=3126&navItemNumber=3983.
12. Otha Thornton. "Families: An Essential Ingredient for Student Success and Excellent Schools." HuffingtonPost.com, April 29, 2014. 以下から取得。http://www.huffingtonpost.com/otha-thornton/families-an-essential-ing_b_5232446.html.
13. U.S. Dept. of Education. "Partners in Education: A Dual Capacity-Building Framework for Family-School Partnerships." 以下から取得。http://www2.ed.gov/documents/family-community/partners-education.pdf.
14. 「二重の能力育成の枠組みではぐくまれた知識は、教師、保護者、研究者、学校経営者、政策立案者、そして地域社会の人々が何十年も行ってきた努力の結果である。家庭と学校の関係がうまくいくためには、子どもの教育に責任を負う大人が生徒の学習と成長を支援するのと同様に、自分たちも学び、成長しないといけないことをこの枠組みは示した」U.S. Dept. of Education, "Partners in Education."
15. *Home-to-School Connections Resource Guide*. Edutopia. 以下から取得。http://www.edutopia.org/home-to-school-connections-resource-guide.
16. 以下を参照のこと。http://www.familiesinschools.org/about-us/mission-history/.
17. "Fast Facts." National Center for Education Statistics. 以下から取得。http://nces.ed.gov/fastfacts/display.asp?id=91.
18. Quinn Cummings. *The Year of Learning Dangerously: Adventures in Homeschooling*. New York: Penguin Group, 2012.
19. Logan LaPlante. "Hackschooling Makes Me Happy." TEDx Talks: University of Nevada. 以下から取得。https://www.youtube.com/watch?v=

h11u3vtcpaY&feature=kp.
20. Lisa Miller. "Homeschooling, City-Style." NYMag.com, October 14, 2012. 以下から取得。http://nymag.com/guides/everything/urban-homeschooling-2012-10/.

第10章　環境を変える

1. "South Carolina Loses Ground on "Nation's Report Card." *FITSNews South Carolina Loses Ground on Nations Report Card Comments*. November 7, 2013. http://www.fitsnews.com/2013/11/07/south-carolina-loses-ground-on-nations-report-card/.
2. C. M. Rubin. "The Global Search for Education: Creative China." HuffingtonPost.com, August 10, 2014. 以下から取得。http://www.huffingtonpost.com/c-m-rubin/the-global-search-for-edu_b_5665681.html.
3. Ian Johnson. "Solving China's Schools: An Interview with Jiang Xueqin. *New York Review of Books* blog, April 8, 2014. 以下から取得。http://www.nybooks.com/blogs/nyrblog/2014/apr/08/china-school-reform-jiang-xueqin/.
4. C. M. Rubin. "The Global Search for Education: The Middle East." HuffingtonPost.com, August 5, 2014. 以下から取得。http://www.huffingtonpost.com/c-m-rubin/the-global-search-for-edu_b_5651935.html.
5. ASKのミッションステートメントは以下を参照のこと。http://www.ask-arabia.com/?page_id=644.
6. Rubin. "The Global Search for Education: The Middle East."
7. この教育改革プログラムの説明で、フィンランドの教育科学大臣であるクリスタ・キウルはこう述べている。「フィンランドの教育を発展させるために強力なアクションを取らなければならない……研究や教育に関する専門家や政治のディシジョンメーカーを引き入れるだけでなく、生徒の代表者や保護者にも参加してもらう……学習と勉強のモチベーションを向上させ維持する方法を見

つけ、学校環境を改善させなくてはならない」

8. John Taylor Gatto. *Weapons of Mass Instruction: A Schoolteacher's Journey Through the Dark World of Compulsory Schooling*. Gabriola Island, BC: New Society, 2009.
9. たとえば以下を参照のこと。 Diane Ravitch. *Reign of Error: The Hoax of the Privatization Movement and the Danger to America's Public Schools*. New York: Vintage, 2014.
10. T. Knoster（1991）の T. Brighouse による翻案。Presentation at TASH Conference, Washington, D.C.（Adapted by Knoster from Enterprise Group Ltd.）
11. Ibid.

あとがき

1. Maria Montessori and Anne E. George. *The Montessori Method*. New York: Schocken, 1964.
2. "How Many Montessori Schools Are There?" North American Montessori Teacher's Assoc. 以下から取得。http://www.montessori-namta.org/FAQ/Montessori-Education/How-many-Montessori-schools-are-there.
3. "What Is Steiner Education?" Steiner Waldorf Schools Fellowship. 以下から取得。http://www.steinerwaldorf.org/steiner-education/what-is-steiner-education/.
4. 以下を参照のこと。http://www.summerhillschool.co.uk/about.php.

【著者】

ケン・ロビンソン Ken Robinson

創造性とイノベーション、能力開発の第一人者として世界的に活躍。TED カンファレンスでのプレゼンテーション「学校教育は創造性を殺してしまっている」は、TED 史上最高の 5000 万再生超。英国ウォーリック大学で芸術教育の教授を務め、現在名誉教授。2013 年に経営思想家トップ 50 人「Thinker 50」に選出。著書に『才能を引き出すエレメントの法則』(祥伝社)、『才能を磨く』(大和書房)、『パワー・オブ・クリエイティビティ 個性と才能を思いっきり引き出そう!』『ライフロング・キンダーガーテン 創造的思考力を育む 4 つの原則』(以上、日経 BP 社) などがある。

ルー・アロニカ Lou Aronica

編集者・作家。共著に『才能を引き出すエレメントの法則』(祥伝社)、『才能を磨く』(大和書房) などがある。

【翻訳者】

岩木 貴子 Takako Iwaki

翻訳者。早稲田大学文学部、ダブリン大学文学部卒業。訳書に『大型商談を成約に導く「SPIN」営業術』(海と月社)、『ミック・ジャガー:ワイルド・ライフ』『フレディ・マーキュリー:孤独な道化』(以上、ヤマハミュージックメディア) 等がある。

Creative Schools
創造性が育つ世界最先端の教育

2019（平成31）年3月31日 初版第1刷発行

著　者　ケン・ロビンソン
　　　　ルー・アロニカ
訳　者　岩木 貴子
発行者　錦織 圭之介
発行所　株式会社 東洋館出版社
〒113-0021　東京都文京区本駒込5丁目16番7号
営業部　電話 03-3823-9206／FAX 03-3823-9208
編集部　電話 03-3823-9207／FAX 03-3823-9209
振　替　00180-7-96823
URL　http://www.toyokan.co.jp

カバーデザイン　水戸部 功
本文デザイン　竹内宏和（藤原印刷株式会社）
印刷・製本　藤原印刷株式会社

ISBN 978-4-491-03666-3
Printed in Japan